Manipulación, Fortaleza Mental y Estoicismo:

7 Poderosas Técnicas de Persuasión para Influenciar a las Personas y Controlar la Mente. Aprende Inteligencia Emocional y Crea Hábitos a partir de la Filosofía Estoica y los Emperadores Romanos.

Table of Contents

Table of Contents 2

Tabla de Contenidos .... **Error! Bookmark not defined.**

Introducción 20

   1. ¿Qué es la fortaleza mental para ti? 23

   2. ¿Cuáles son tus metas y motivaciones? 24

   3. ¿Qué estás dispuesto a sacrificar? 24

Cómo leer este libro: 26

Puntos clave: 29

Capítulo 1: 34

   "Si pasas demasiado tiempo pensando en algo, nunca lo lograrás. Haz al menos un movimiento definitivo diario hacia tu objetivo." Bruce Lee 34

   Pasos Accionables: 38

Día 2: Enfoque 39

   "Siempre que quieras lograr algo, mantén los ojos abiertos, concéntrate y asegúrate de saber exactamente lo que quieres. Nadie puede dar en el blanco con los ojos cerrados." - Paulo Coelho 39

   "La gran pregunta es si vas a ser capaz de decir un rotundo sí a tu aventura." -Joseph Campbell 40

   "Sólo un tonto aprende de sus propios errores. El hombre sabio aprende de los errores de otros." - Otto von Bismarck 41

   "Tu vida es el fruto de tus propias acciones. No tienes a quien culpar excepto a ti mismo." - Joseph Campbell 41

   "Sigue tu felicidad y el universo abrirá puertas para ti donde solo había paredes." -Joseph Campbell 42

"Debemos estar dispuestos a deshacernos de la vida que hemos planeado, para tener la vida que nos está esperando." - Joseph Campbell..................................44

"Un héroe es alguien que ha dado su vida por algo más grande que uno mismo." - Joseph Campbell....................45

"La cueva que temes entrar guarda el tesoro que buscas." -Joseph Campbell..45

"El dragón definitivo está dentro de ti..." - Joseph Campbell..47

"Es al bajar al abismo que recuperamos los tesoros de la vida. Donde tropiezas, allí yace tu tesoro." -Joseph Campbell..48

"El privilegio de toda una vida es ser quien eres." - Joseph Campbell..48

El objetivo de la vida es hacer que tu corazón lata al ritmo del universo, para que tu naturaleza coincida con la Naturaleza. -Joseph Campbell..49

Pasos Accionables:..49

Día 4: Hacer..50

"Si no puedes volar, entonces corre. Si no puedes correr, entonces camina. Si no puedes caminar, entonces gatea, pero de todas maneras, sigue moviéndote." - Martin Luther King Jr...50

"Si no apuntas a nada, lo alcanzarás cada vez." - Zig Ziglar..51

"Falta de dirección, no falta de tiempo, es el problema. Todos tenemos días de veinticuatro horas." - Zig Ziglar....52

"No tienes que ser excelente en algo para empezar, pero tienes que empezar para ser excelente en algo." - Zig Ziglar..52

"Las personas destacadas tienen una cosa en común: Un sentido absoluto de misión." - Zig Ziglar.......................53

"A veces la adversidad es lo que necesitas enfrentar para ser exitoso" - Zig Ziglar 53

"Obtendrás todo lo que desees en la vida, si ayudas lo suficiente a otras personas a obtener lo que quieren." - Zig Ziglar 54

"Lo que obtienes al alcanzar tus metas no es tan importante como lo que te conviertes al alcanzar tus metas." - Zig Ziglar 55

"EL MIEDO tiene dos significados: 'Forget Everything And Run' o 'Face Everything And Rise'. La elección es tuya." - Zig Ziglar 56

"La gente suele decir que la motivación no dura. Bueno, tampoco lo hace el baño, por eso lo recomendamos a diario." - Zig Ziglar 57

Día 6: Sueño 59

"Un sueño no se convierte en realidad a través de la magia; se logra con sudor, determinación y trabajo duro." - Colin Powell 59

"Si el desafío que enfrentamos no nos asusta, entonces probablemente no es tan importante." Tim Ferriss 60

Lo que más tememos hacer suele ser lo que más necesitamos hacer. - Tim Ferriss 61

"La gente elegirá la infelicidad sobre la incertidumbre." - Timothy Ferriss 63

"Enfócate en ser productivo en lugar de estar ocupado." - Tim Ferris 64

Pasos a seguir: 64

"Las condiciones nunca son perfectas. 'Algún día' es una enfermedad que se llevará tus sueños a la tumba contigo." Tim Ferriss 65

Día 8: Escribir 66

"El primer borrador es simplemente contarte a ti mismo una historia" - Terry Pratchett...............66

"Verdadera fuerza de voluntad. Voy a (expletivo) fracasar, voy a (expletivo) fracasar, voy a (expletivo) fracasar, y tendré éxito." - David Goggins...............66

"Vas a fallar, vas a estar en tu cabeza y vas a estar diciendo que no soy lo suficientemente bueno. Se trata de cómo superas eso." - David Goggins...............68

"Al final del día, el trabajo duro puede que no sea suficiente. Aún puedes fallar. Pero sigues saliendo ahí afuera y sigues tras ello." - David Goggins...............70

"Un guerrero es una persona que dice 'estoy aquí de nuevo hoy. Estaré aquí de nuevo mañana y al día siguiente.' Es alguien que no pone límites a lo que es posible." - David Goggins 70

Pasos accionables: 71

Día 10: Chupar...............72

"El fracaso no es fatal, pero la incapacidad de cambiar podría ser" - John Wooden...............72

"La relajación ocurre solo cuando se permite, no como resultado de 'intentar' o 'hacer'." - Timothy Gallwey...............73

Se dice que al respirar, el hombre recapitula el ritmo del universo. Cuando la mente se adhiere al ritmo de la respiración, tiende a volverse absorbida y calmada. - Timothy Gallwey...............76

El jugador del juego interior llega a valorar el arte de la concentración relajada por encima de todas las demás habilidades; descubre una verdadera base para la confianza en sí mismo; aprende que el secreto para ganar cualquier juego radica en no esforzarse demasiado. - Timothy Gallwey...............76

El desarrollo de habilidades internas es necesario, pero es interesante notar que si, mientras aprendes tenis, comienzas a aprender cómo enfocar tu atención y cómo confiar en ti mismo, has aprendido algo mucho más valioso que cómo golpear un revés contundente. - Timothy Gallwey 78

    Pasos accionables: 78

    Día 12: 79

"Escuchar es un arte que requiere atención por encima del talento, espíritu por encima del ego, otros por encima de uno mismo." Dean Jackson 79

    Capítulo 7: 80

    Acciones concretas: 83

    Día 14: Aprender 84

"Vive como si fueras a morir mañana. Aprende como si fueras a vivir para siempre." - Gandhi 84

    Capítulo 8: 85

"El propósito de la vida es encontrar la carga más pesada que puedas soportar y soportarla." - Jordan B. Peterson 85

"No creo que tengas ninguna idea de tu capacidad para hacer el bien hasta que tengas una idea bien desarrollada de tu capacidad para hacer el mal." - Jordan B. Peterson .. 85

"Afronta voluntariamente las exigencias de la vida. Responde a un desafío, en lugar de prepararte para una catástrofe." - Jordan B. Peterson 86

"Cada aprendizaje es una pequeña muerte. Cada nueva información desafía una concepción anterior, obligándola a disolverse en el caos antes de renacer como algo mejor. A veces, tales muertes prácticamente nos destruyen." - Jordan B. Peterson 87

"No tienes la opción de elegir no pagar el precio, solo puedes elegir cuál precio pagar" - Jordan B. Peterson 88

"Vas a pagar un precio por cada maldita cosa que hagas y por todo lo que no hagas. No puedes elegir no pagar un precio. Puedes elegir qué veneno vas a tomar. Eso es todo." - Jordan B. Peterson...89

Otras 12 reglas de Jordan B. Peterson 90

Pasos concretos: 91

Día 16: Levantar 92

"Solo recuerda, en algún lugar, una niña china está calentando con tu máximo." - Jim Conroy 92

Capítulo 9: 93

"La fuerza mental es salir y hacer lo mejor para el equipo, incluso si las cosas no van exactamente como quieres." - Bill Belichick...93

"Se hace el trabajo o no se hace." - Bill Belichick 94

"No hay atajos para construir un equipo cada temporada. Construyes la base ladrillo a ladrillo." - Bill Belichick 94

Encuentra tu pasión y desarrolla tus talentos naturales. 96

2. Ganar es un hábito que debe ser perfeccionado...96

"Cada juego es un juego importante para nosotros. No importa qué semana sea la próxima, a quién enfrentamos, si es una semana de descanso, Día de Acción de Gracias, Navidad, Halloween, Día de Colón. No nos importa. Solo estamos tratando de salir y ganar un juego." - Bill Belichick 96

"Creo que seguiremos intentando mirarnos en el espejo y ver dónde podemos hacer un mejor trabajo, tal vez dónde podemos mejorar el proceso. Pero creo que los fundamentos del proceso seguirán siendo los mismos." - Bill Belichick..97

"Sin días libres." - Bill Belichick..................................98

Pasos Accionables: 99

Día 18: Círculos Pequeños 100

El secreto es que todo está siempre en juego. Cuanto más presentes estemos en la práctica, más presentes estaremos en la competencia, en la sala de juntas, en el examen, en la mesa de operaciones, en el gran escenario. Si tenemos alguna esperanza de alcanzar la excelencia, ni hablar de mostrar lo que tenemos bajo presión, tenemos que estar preparados con un estilo de vida de refuerzo. La presencia debe ser como respirar. 100

Capítulo 10: 101

Esta es la lección: nunca ceder, nunca ceder, nunca, nunca, nunca, nunca - en nada, grande o pequeño, importante o trivial - nunca ceder excepto a convicciones de honor y buen sentido. Nunca cedas ante la fuerza; nunca cedas ante la aparentemente abrumadora fuerza del enemigo. - Winston Churchill 101

"El valor es lo que se necesita para levantarse y hablar, también es lo que se necesita para sentarse y escuchar." - Winston Churchill 102

"Todas las cosas más grandes son simples, y muchas pueden ser expresadas en una sola palabra: libertad; justicia; honor; deber; misericordia; esperanza." - Winston Churchill 103

Coraje 103

"El coraje es justamente estimado como la primera de las cualidades humanas porque se ha dicho que es la cualidad que garantiza todas las demás." -Winston Churchill 104

Confianza 104

Tenemos ante nosotros muchos, muchos largos meses de lucha y sufrimiento. ¿Preguntáis cuál es nuestra política? Puedo decir: Es librar guerra, por mar, tierra y aire, con todo nuestro poder y con toda la fuerza que Dios nos pueda dar; librar guerra contra una monstruosa tiranía, nunca superada en el oscuro, lamentable catálogo de crímenes humanos. Esa es nuestra política. ¿Preguntáis cuál es nuestro objetivo? Puedo responder en una palabra: Es la victoria, la victoria a toda costa, la victoria a pesar de todo terror, la victoria, por más larga y difícil que sea la senda; porque sin victoria, no hay supervivencia.............. 105

Educación 105

"Mejorar es cambiar, así que ser perfecto es cambiar a menudo." -Winston Churchill................................... 106

Aventura 106

"Cada día puedes avanzar. Cada paso puede ser fructífero. Sin embargo, se extenderá ante ti un camino cada vez más largo, cada vez más ascendente, cada vez mejor. Sabes que nunca llegarás al final del viaje. Pero esto, lejos de desanimarte, solo agrega alegría y gloria a la escalada." -Winston Churchill.................................... 107

Pasos Accionables:... 107

Día 20: Triturar... 108

"No es que sea tan inteligente, es solo que me quedo con los problemas por más tiempo." - Albert Einstein 108

Capítulo 11: 109

"La disciplina equivale a la libertad" - Jocko Willink. 109

"Propiedad extrema. Los líderes deben ser dueños de todo en su mundo. No hay nadie más a quien culpar." - Jocko Willink 109

"Cuando crees que no puedes soportar más... ¿adivina qué? Puedes - Está COMPROBADO por las historias de PERSONAS ORDINARIAS en la guerra." - Jocko Willink .. 110

Las personas que tienen éxito deciden que van a ser exitosas. Ellos toman esa elección. Deciden estudiar duro.

Deciden trabajar duro. Deciden ser la primera persona en llegar al trabajo y la última en irse a casa. - Jocko Willink 111

"Todo el mundo quiere una especie de píldora mágica, algún truco de la vida, que elimine la necesidad de hacer el trabajo. Pero eso no existe." - Jocko Willink 112

"La Oscuridad no puede extinguir tu luz. Tu VOLUNTAD. Tu determinación. No importa lo que esté sucediendo, no importa lo difícil que sea la lucha. Mientras sigas luchando, ganas." - Jocko Willink 113

Pasos Accionables: 113

Día 22: Hábito 114

"Las cadenas de hábito son tan ligeras que no se sienten hasta que son tan pesadas que no se pueden romper." - Warren Buffett 114

Capítulo 12: 115

"Durante la temporada, tu equipo debe ser liderado con exuberancia y emoción. Debes vivir la aventura. Debes vivirla correctamente. Debes vivirla juntos. Debes vivirla compartida. Debes tratar de hacer que los demás sean mejores. Debes llamar la atención si alguien no está haciendo su parte. Debes abrazar a los demás cuando lo están haciendo. Debes estar decepcionado en una derrota y exaltado en una victoria. Todo se trata de la aventura." - Coach K 115

"Enfrentarse simplemente significa enfrentar la verdad de frente." - Coach K 116

"Intento ver cada nueva temporada como un nuevo desafío porque tengo un nuevo equipo con el que trabajar, nuevos oponentes a enfrentar y a menudo nuevas ideas y teorías para probar." - Coach K 117

"Desarrollas un equipo para lograr lo que una sola persona no puede lograr sola. Todos nosotros solos somos más débiles, por mucho, que si todos estamos juntos." - Coach K 118

2. "Demasiadas reglas se interponen en el camino del liderazgo. Simplemente te encasillan... Las personas establecen reglas para evitar tomar decisiones." - Coach K 120

3. "Se necesita valentía no solo para tomar decisiones sino para vivir con esas decisiones después" - Coach K .. 122

"Cuando eres apasionado, siempre tienes tu destino a la vista, y no te distraes por los obstáculos. Debido a que amas lo que estás persiguiendo, cosas como el rechazo y contratiempos no te impedirán en tu búsqueda. ¡Creas que nada puede detenerte!" - Coach K 123

Pasos a seguir: 124

Día 24: Nombre 125

"Solo por una vez, déjame mirarte con mis propios ojos... Tenías razón. Tenías razón sobre mí. Dile a tu hermana que tenías razón." - Darth Vader 125

Capítulo 13: 126

"Recuerda que este momento no es tu vida, es solo un momento en tu vida. Concéntrate en lo que tienes frente a ti, en este momento. Ignora lo que 'representa' o 'significa' o 'por qué' te sucedió." - Ryan Holiday 126

"El obstáculo en el camino se convierte en el camino. Nunca olvides, dentro de cada obstáculo hay una oportunidad para mejorar nuestra condición." - Ryan Holiday 127

"El impedimento para la acción fomenta la acción. Lo que se interpone en el camino se convierte en el camino." - Marco Aurelio 128

"El fracaso nos muestra el camino, al mostrarnos lo que no es el camino" - Ryan Holiday 128

"Piensa en progreso, no en perfección" - Ryan Holiday 129

"Está bien desanimarse. No está bien rendirse. Saber que quieres rendirte pero plantar tus pies y seguir avanzando hasta que tomes la fortaleza impenetrable a la que has decidido sitiar en tu propia vida, eso es persistencia." - Ryan Holiday 130

"El universo cambia; nuestra vida es lo que nuestros pensamientos hacen de ella." - Marco Aurelio 131

Pasos Accionables: 131

Día 26: Valores 133

"El coraje es la más importante de todas las virtudes porque, sin coraje, no puedes practicar ninguna otra virtud de manera constante." - Maya Angelou 133

Capítulo 14: 134

"Prefiero vivir por elección, no por casualidad." Miyamoto Musashi 134

"Estudia la estrategia a lo largo de los años y alcanza el espíritu del guerrero. Hoy es la victoria sobre ti mismo de ayer; mañana es tu victoria sobre hombres inferiores." - Musashi 135

"No dejes que el cuerpo sea arrastrado por la mente ni que la mente sea arrastrada por el cuerpo." - Musashi ... 136

"No hay nada fuera de ti mismo que pueda permitirte mejorar, fortalecerte, enriquecerte, acelerarte o volverte más inteligente. Todo está dentro. Todo existe. No busques nada fuera de ti mismo." - Musashi 136

"El Camino está en el entrenamiento." - Musashi 137

"Hay más en la vida que aumentar su velocidad." - Musashi 137

"Dejemos dicho que en Japón, un guerrero lleva dos espadas como cuestión de deber, ya sea que sepa cómo usarlas o no. Es el Camino del guerrero." - Musashi 138

"Determina que hoy te superarás a ti mismo del día anterior, mañana vencerás a aquellos de menor habilidad y más adelante vencerás a los de mayor habilidad." - Musashi 138

"Para ganar cualquier batalla, debes luchar como si ya estuvieras muerto." - Musashi 139

"No hagas nada que no sea útil" - Musashi 140

"Pensar poco de ti mismo y profundamente en el mundo." - Musashi 140

Pasos Accionables: 141

Día 28: Apostar 142

"Ya sabes, los caballos son más listos que las personas. Nunca has oído hablar de un caballo quebrando al apostar por las personas." - Will Rogers 142

Capítulo 15: 143

"El juego ha comenzado." - Sherlock Holmes 143

"El mundo está lleno de cosas obvias que nadie, por casualidad, nunca observa." - Sherlock Holmes 144

"Ves, pero no observas. La distinción es clara." - Sherlock Holmes 147

"Es un error capital teorizar antes de tener datos. Inadvertidamente uno comienza a torcer los hechos para que se ajusten a las teorías, en lugar de que las teorías se ajusten a los hechos." - Sherlock Holmes 148

"No puedo vivir sin trabajo cerebral. ¿Qué más hay para vivir?" - Sherlock Holmes 149

Pasos Accionables: 150

Día 30: Acábalo 151

13

"Somos lo que hacemos repetidamente. La excelencia entonces no es un acto, sino un hábito." - Aristóteles 151

"Cuidado con la esterilidad de una vida ocupada." - Sócrates 151

Más lecturas 154

Epílogo: 155

Tabla de Contenidos ....**Error! Bookmark not defined.**

Introducción: Tomando el control en un mundo que parece estar fuera de control. 167

Capítulo 1: Estoicismo 101 171

   Una forma de vida 171

     Definiendo los términos 176

     Lo que no es el Estoicismo 179

Capítulo 2: Historia del Estoicismo 184

   Orígenes antiguos 185

     Marcus Aurelius 187

     Estoicismo moderno 191

Capítulo 3: El Poder de la Percepción 195

   La Distancia Entre el Mundo y Nuestra Percepción .. 195

   Un Cambio en la Percepción 199

   Separando la Aceptación del Acuerdo 201

Capítulo 4: Pasiones saludables y no saludables 206

   Examinando las pasiones 207

     El Único Problema del Dolor 212

     Lograr un equilibrio 215

Capítulo 5: Tomando Acción 219

   No More Armchair Philosophers 219

     Superando la Parálisis por Análisis 223

Moviéndose rápidamente y audazmente 228
Capítulo 6: Viendo el mundo a través de una lente estoica 233
Ni Pesimismo ni Optimismo 234
Leyendo más allá de los titulares 236
Memento Mori 241
Capítulo 7: Vivir de acuerdo con la Naturaleza 245
El Mundo Natural, por dentro y por fuera 245
El Estado Innatural de la Vida Moderna 249
Recortando el desorden y encontrando el control . 251
Capítulo 8: Estoicismo y Psicología 256
Filosofía antigua se encuentra con la ciencia moderna 257
Terapia Cognitivo-Conductual 260
Trabajando con tu Química Cerebral Única 264
Capítulo 9: Aceptando lo Inaceptable 268
Tratando con el Dolor y el Sufrimiento 268
Procesamiento del duelo 271
Interactuando con los demás 274
Capítulo 10: El estoicismo en la práctica 279
Separando la entrada y la acción 280
Abrazando la incomodidad/Practicando la desgracia 282
Movimiento constante hacia adelante 287
Conclusión: Una Filosofía para la Vida 290
Tabla de Contenidos .... **Error! Bookmark not defined.**
© Derechos de autor 2024 por Robert Clear - Todos los derechos reservados 294

Introducción 296

Capítulo Uno: ¿Qué es la Autodisciplina? 299

Capítulo Dos: Formas Poderosas de Comenzar el Apilamiento de Hábitos 301

Capítulo Tres: Estrategias Probadas para Construir y Mantener Hábitos Poderosos. 313

Capítulo Cuatro: Ganando el Juego de Gestión del Tiempo 322

Capítulo Cinco: Dominando Hábitos Positivos 340

Capítulo Seis: Construye Tu Red y Relaciones 351

Capítulo Siete: ¿Obstáculos o Oportunidades? 356

Capítulo Ocho: Ejercicio Diario y Salud 361

Capítulo Nueve: ¿Por qué reinventar la rueda? 367

Capítulo Diez: Consigue un Mentor 377

Capítulo Once: Mantén un Enfoque Proactivo, No Reactivo 393

Capítulo Doce: Construye tu músculo de perseverancia 404

Conclusión 413

Guía Definitiva Joven Atleta Para la Fortaleza Mental:

30 Días Para Convertirse en Mentalmente Fuerte, Desarrollar una Mente Imbatible, Cultivar la Autodisciplina y una Mente Estoica.

Derechos de autor 2024 por Robert Clear - Todos los derechos reservados.

Este Libro se proporciona con el único propósito de ofrecer información relevante sobre un tema específico para el cual se ha hecho todo esfuerzo razonable para asegurar que sea preciso y razonable. Sin embargo, al adquirir este Libro usted acepta el hecho de que el autor, así como el editor, no son en modo alguno expertos en los temas aquí contenidos, independientemente de cualquier afirmación como tal que pueda hacerse. Por lo tanto, cualquier sugerencia o recomendación que se haga aquí se hace puramente con fines de entretenimiento. Se recomienda que siempre consulte a un profesional antes de emprender cualquier consejo o técnica discutida aquí.

Esta es una declaración legalmente vinculante que es considerada válida y justa tanto por el Comité de la Asociación de Editores como por la Asociación de Abogados de Estados Unidos y debe considerarse como legalmente vinculante dentro de los Estados Unidos.

La reproducción, transmisión y duplicación de cualquier contenido encontrado aquí, incluyendo cualquier información específica o extendida, se considerará un acto ilegal independientemente de la forma final que tome la información. Esto incluye versiones copiadas del trabajo tanto físicas, digitales y de audio a menos que se brinde el consentimiento expreso del Editor con antelación. Se reservan todos los derechos adicionales.

Además, la información que se puede encontrar en las páginas descritas en adelante se considerará tanto precisa como verídica en lo que respecta a la narración de los hechos. Como tal, cualquier uso, correcto o incorrecto, de la información proporcionada eximirá al Editor de responsabilidad en cuanto a las acciones tomadas fuera de su alcance directo. Sin embargo, no hay escenarios en los que el autor original o el Editor puedan considerarse responsables de ninguna manera por los daños o dificultades que puedan resultar de cualquiera de los detalles discutidos aquí.

Además, la información en las siguientes páginas está destinada únicamente con fines informativos y, por lo tanto, debe considerarse universal. Como corresponde a su naturaleza, se presenta sin garantía respecto a su validez prolongada o calidad provisional. Las marcas comerciales mencionadas se mencionan sin consentimiento por escrito y de ninguna manera pueden considerarse como un respaldo por parte del titular de la marca.

Introducción

En este momento, "Mental Toughness" se ha convertido en una palabra de moda compartida en retiros corporativos y acompañada de malas fotos de stock. Estoy seguro de que en este momento te estás imaginando a una mujer rubia moderadamente atractiva señalando un tablero con gráficos mientras sus compañeros asienten con acuerdo, o quizás has decidido ir más por el lado del metal y has imaginado gráficos erosionados y un campo de batalla que proclama frases como "Los líderes lideran," y tal vez incluso haya un lobo en algún lugar del fondo. Esperemos que no estés pensando en un tipo con traje de negocios de los años 90 con los brazos cruzados mientras parece "listo para enseñarte cómo ser fuerte," con seis pasos fáciles.

El hecho es que hay un gran mercado ahí fuera para jugar con las fantasías de la gente. Giramos libros como "Cómo ganar dinero y liderar con confianza" y "Percepción: El secreto del secreto" para atraer a la gran cantidad de personas que simplemente quieren saber cómo ser mejores.

Y ahí radica nuestra búsqueda. Quieres ser mejor en algo. Tal vez ni siquiera estás seguro de qué es, pero sabes que mentalmente te sientes débil y quizás esta idea de mentalidad guerrera tenga algo de verdad. ¿Podrías ser Aquiles?

Lamentablemente, no, tú no eres Aquiles, a menos que tus padres te hayan llamado Aquiles, en cuyo caso, ¡buena suerte! Sin embargo, el 99% restante de nosotros que no somos los atletas/guerreros más celebrados en el planeta tenemos que encontrar una forma de ser mejores, de lograr nuestros objetivos.

Entonces, ¿qué hacemos?

Aprendemos.

Los seres humanos estamos donde estamos hoy, tanto por lo bueno como por lo malo, porque nos adaptamos. Vemos que algo no funciona tan bien como podría, y lo arreglamos. Buscamos cinta adhesiva, y solucionamos problemas, a veces solucionamos problemas con cinta adhesiva, pero luego alguien finalmente viene y arregla lo que estábamos tratando desesperadamente de mantener unido.

Si tu vida es una serie tras otra de soluciones de cinta adhesiva, entonces es hora de retroceder y afilar la sierra. Lo mejor que podemos hacer por nosotros mismos es enseñarnos a aprender y establecer una nueva serie de principios.

Por lo tanto, estás aquí. Si esperabas encontrar lemas para colgar sobre un gato que se aferra a una cuerda, entonces tal vez compraste el libro equivocado. Si, por otro lado, buscas conocimiento práctico, ejemplos precisos y lecciones aplicables, entonces empecemos.

¿Qué nos viene a la mente cuando pensamos en las palabras clave para describir la fortaleza mental? Determinación. Tenacidad. Carácter.

En líneas generales, la fortaleza mental es el enfoque y la fuerza de voluntad para completar tu camino a pesar de obstáculos difíciles. En otras palabras, nunca te rindas.

En detalle más minucioso, la fortaleza mental es la voluntad de tomar decisiones difíciles, la fuerza para actuar, la capacidad de concentrarse, la tenacidad para cumplir, y el poder de cargar con el peso.

Quizás te imaginas al estoico tranquilo y recogido observando un campo de batalla o a un emprendedor resiliente liderando una sala de juntas. Quizás imágenes de atletas de élite avanzando a través del infierno y el agua o SEAL de la Marina abriéndose camino a través de BUDS aparecen en tu psique.

Sea cuales sean las imágenes que vengan a la mente, la fortaleza mental representa el pináculo de lo que necesitamos para tener éxito. Sin embargo, a pesar de todo su elogio, sin duda es una de esas habilidades que no se pueden reducir a unos y ceros. La característica misma de la fortaleza mental es tan única como las personas que la poseen.

Cuando hablamos de éxito, rara vez hablamos de los más talentosos. A menudo, deseamos conjeturar que aquellas personas que alcanzan la cima son simplemente las más dotadas, sin embargo, una y otra vez no es el caso. Tom Brady ciertamente no es el mariscal de campo más talentoso físicamente, tampoco lo fue Michael Jordan, el jugador de baloncesto más versátil a una edad temprana. Entonces, ¿qué les dio una ventaja? La fortaleza mental.

Toma nota, el talento está sobrevalorado. Aquellos que tienen éxito son los que aprenden a superar lo que son capaces de hacer desde el principio.

Primero, ¿cuáles son algunas de las características de las personas mentalmente fuertes? Valor y determinación, fuerza de carácter, estabilidad emocional, tranquilidad bajo presión, perspectiva y desapego, habilidad para actuar rápidamente, aceptación del cambio, versatilidad, preparación, disciplina, enfoque, autoestima, resistencia, paciencia, tenacidad y propósito.

Las personas mentalmente fuertes aprenden a retrasar la gratificación hasta que se logra el objetivo, y aún entonces, trabajan duro a diario, celebran raramente. Los mentalmente fuertes aprenden a controlar el miedo y a utilizarlo. Convierten el miedo en un superpoder, utilizándolo para guiar sus decisiones y expandir sus límites. No solo priorizan, sino que construyen sus prioridades en torno a su propósito. En otras palabras, las personas con determinación desarrollan su carácter al nivel de la grandeza. ¿Cómo vencer errores, te preparas?

Como dice Bill Belichick, "El talento establece el límite, el carácter establece el techo". La fuerza mental te lleva a través de los momentos difíciles cuando todo el mundo se vuelve en tu contra. Nos proporciona un modelo para trabajar una vez que la presión está encima.

La vida se vive bajo presión. Los momentos más grandes no esperan nuestro ocio. Debemos aprender a controlar las cosas en nuestro poder y aceptar las cosas que no podemos cambiar. Aprende las lecciones que te ayudarán en el futuro y sigue adelante. El fracaso es parte del éxito. La determinación es el fuego en tu interior que sigue ardiendo incluso cuando todo va mal. Es la voz que te guía en esos momentos y te dice que sigas intentando hasta que lo logres. Nunca te rindas. Mantente fiel a tu camino. Mantén tus estándares altos.

La pregunta es: ¿Cómo lo conseguimos?

1. ¿Qué es la fortaleza mental para ti?

¿Cómo defines la fortaleza mental? ¿Es la capacidad de superar el desafío? ¿Es el control? ¿Es el compromiso? ¿Es la confianza?

2. ¿Cuáles son tus metas y motivaciones?

El primer paso para desarrollar la fuerza mental es descubrir lo que buscas. Nadie te va a dar lo que quieres. Tienes que ir tras ello tú mismo. Debes ser una persona proactiva. Define lo que quieres y cuál es tu objetivo.

3. ¿Qué estás dispuesto a sacrificar?

Nadie lo consigue todo. Para lograr algo, también debemos renunciar a algo. Hemos sabido esto desde la escuela primaria. Debemos elegir nuestras prioridades y al hacerlo decidir a qué debemos renunciar. Las antiguas civilizaciones sacrificaban corderos a los dioses para proteger la cosecha, así que también debemos hacer un sacrificio metafórico para nuestro objetivo.

El objetivo de este libro es darte una visión de qué es la fortaleza mental y cómo puedes desarrollarla al brindarte consejos sabios de algunos de los individuos más fuertes de la historia. Te equiparemos con las ideas, prácticas y estratagemas para desarrollar tu fortaleza mental y ejecutar en cualquier ámbito en el que vivas: deportes, negocios, arte. Sin embargo, sin importar la sabiduría ofrecida en este libro, nada se puede lograr si te faltan los dos principios fundamentales para la fortaleza mental: determinación y consistencia.

Las personas mentalmente fuertes trabajan todos los días. Aprenden a perseverar debido a la constancia en su día a día. Para lograr cualquier cosa, debemos mantenernos. La sabiduría no se obtiene sin sacrificio. Por lo tanto, para aprender la fortaleza mental, debemos desarrollar un nuevo hábito y ser consistentes con nuestro esfuerzo.

Winston Churchill dijo una vez: "El éxito no es definitivo, el fracaso no es fatal: es el valor para seguir adelante lo que cuenta."

Cómo leer este libro:

¡Felicidades, estás un paso más cerca de desarrollar tu fortaleza mental! Digo un paso porque así es como se recorre este camino, un paso a la vez, un capítulo a la vez (a menos, claro está, que solo leas el capítulo de "Conclusiones clave" y luego te vayas).

De cualquier manera, este libro es tanto un documento legible como un cuaderno de trabajo. Los capítulos que siguen se centrarán en individuos mentalmente fuertes y las lecciones que nos ofrecen. He elegido personas como David Goggins y Bill Belichick (perdón para aquellos que lo odian, pero el hombre tiene más anillos que Thanos) así como personajes como Yoda y Sherlock Holmes.

El punto es ofrecerte diferentes grados de fortaleza mental y cómo se aplica a diferentes áreas. La fortaleza mental ha llevado a los guerreros a la victoria sobre oponentes más fuertes, y ha impulsado a las personas a través de carreras Ironman y pérdida de peso. La fuerza mental, la determinación y la perseverancia son factores determinantes de éxito mejores que el talento, el acceso y la educación.

Entonces, ¿cómo lees este libro?

Primero, puedes leer el siguiente capítulo y dar por concluido el día. Es un resumen que te brinda las lecciones esenciales. Si buscas algo con qué aburrir a tu cita esta noche o simplemente te quedaste sin podcasts para hablar con tus amigos en el trabajo, entonces ese es el único capítulo que necesitas.

Segundo, puedes leer el maldito libro. Simple, pero efectivo. Desde que el hombre descubrió la escritura, no ha habido mejor manera de transmitir el conocimiento que un hombre, o un grupo de hombres, poniendo una letra o figura después de la otra en papel y luego otra persona sentándose en silencio consumiendo esa información. Si te lo estás preguntando, la respuesta es sí, acabo de describirte qué es leer.

El libro tiene 15 capítulos principales, cada uno con un Paso Accionable al final. Después de cada capítulo hay una breve lección acompañante para el día siguiente.

El objetivo es leer un capítulo cada dos días y seguir el Paso Accionable durante esos dos días. ¿Por qué dos días? ¿Por qué no sentarse y devorar este libro de una sola vez? Bueno, puedes si quieres, pero es mejor darle tiempo a las cosas.

Vivimos en un mundo que quiere resultados ahora. Queremos cambios en un instante. Queremos curas milagrosas y dietas de moda en lugar de salud y ejercicio. La fortaleza mental es como desarrollar callos en tu cerebro, y la única forma de hacerlo es a través del trabajo duro y el hábito.

Ya posees tanto potencial simplemente viviendo la vida que has vivido o sobrevivido, y ahora es el momento de aprovechar ese potencial. Para hacerlo, date el tiempo necesario para hacer el cambio.

Vemos la flor cuando brota al igual que vemos a la celebridad cuando se convierten en un éxito de la noche a la mañana. Ambos tardaron semanas, meses o años en florecer y marketing lo vendió como un éxito repentino.

Además, en este libro hay lecciones que probablemente hayas escuchado mil veces. Me apoyo en clichés como "La defensa gana campeonatos" y "El trabajo duro construye el éxito". ¿Por qué estos clichés ardientes se abren paso en un libro escrito para internet en 2019, porque la sabiduría atemporal se abre camino a lo largo de los siglos por una razón? Te garantizo que un caballero estaba sentado en la parte superior de un caballo hace quinientos años gritando a sus alumnos sobre cómo "Bloquear gana batallas".

A veces, las cosas se pegan. Si lo hacen, úsalas. Reflexiona sobre ellas, reescríbelas, elabora en ellas, analízalas y, en última instancia, hazlas tuyas, pero de cualquier manera, úsalas.

Después de cada capítulo inicial, hay un nuevo pensamiento para el próximo día. Mientras quiero que te enfoques en las lecciones del capítulo anterior, se ofrece un pensamiento de seguimiento para que reflexiones sobre él.

Por último, este libro trata sobre ti. En su mayor parte, trato de mantenerme al margen. No soy tu gurú. No voy a arreglarte. Te voy a dar las herramientas para que te vuelvas más fuerte, pero no te voy a proporcionar un libro mágico de trucos que te convierta en Bruce Lee de la noche a la mañana.

No puedo cambiar quien eres, pero tú puedes.

Puntos clave:

No tienes tiempo en realidad para leer un libro, ya sea en tu Kindle, iPhone o tableta? Bueno, entonces este es el único capítulo para ti.

A continuación se enumeran los puntos clave, sin acciones concretas, de cada sección con una breve lección mencionada debajo de cada uno. De esta manera, cuando llegues al trabajo hoy, aún podrás llevar algo inteligente a la reunión.

Capítulo 1: Prepara tu mente, una lección de Bruce Lee

Haz una elección para comenzar hoy. La mente dicta al cuerpo. Para lograr cualquier cosa, debemos ponernos en el estado mental correcto. La fortaleza mental tiene tanto que ver con la mentalidad como con la fortaleza física. A veces, la fuerza para enfrentarse a un problema es la fuerza para resolverlo. Deja de pensar que todo se puede solucionar con Google y comienza a prepararte para tomar decisiones importantes.

Capítulo 2: El Viaje Antes de Ti. Una Lección de Joseph Campbell

La vida es un viaje. Todos sabemos esto. Pero no lo entendemos del todo tan bien como el hombre que estudió el mito toda su vida y descubrió que cada cultura cuenta un cuento similar que él apodó como el "monomito". Este descubrimiento llevó a la creación de historias como Star Wars y The Matrix. La lección a aprender es que si abordamos nuestras vidas como el viaje que es, en lugar de alguna maldición mundana, y seguimos nuestra dicha o verdadero propósito, entonces las pruebas de la vida se vuelven más soportables. Descubrimos qué dragón debemos enfrentar y qué premio debemos buscar.

Capítulo 3: Establece tu objetivo, una lección de Zig Ziglar

El maestro orador Zig Ziglar fue uno de los primeros gurús de autoayuda que trascendió el género, y con buena razón. Es divertido, ingenioso y acertado. ¿Su lección más importante? Establece tu objetivo (tu dicha) y recuérdalo diariamente. Desarrolla mantras y afirmaciones para impulsar tus deseos en tu subconsciente. La motivación es como bañarse, debemos hacerlo todos los días. Las afirmaciones son entrenamiento cerebral. Si quieres construir una mente más fuerte, comienza entrenando al cerebro a pensar de manera diferente.

Capítulo 4: Escríbelo, Una Lección de Tim Ferris y el Diario de Cinco Minutos

Una de las mejores formas de reentrenar tu cerebro es escribir. Todavía no se ha creado una herramienta más poderosa para cambiar tu perspectiva que poner un lápiz en papel. Tim Ferris es famoso por muchas cosas: tiene un brillante podcast, varios best sellers incluyendo "La semana laboral de 4 horas," y ha desarrollado una marca en torno a ser un Lifehacker y diletante. ¿Su mayor descubrimiento? Hay muchos, pero mi herramienta favorita personal es "Morning Pages" de Julia Cameron. Dado que esta es la versión corta, siéntate cada mañana durante cinco minutos y escribe tus pensamientos. No juzgues lo que escribes, solo escríbelo y olvídalo.

Capítulo 5: Vas a Fracasar, Una Lección de David Goggins

El fracaso es parte del éxito. Nadie que haya logrado algo lo ha hecho en una ola perfecta. David Goggins es una de las personas más duras en el planeta. ¿Cómo lo sé? Escucha una entrevista con él o lee su libro y te lo dirá; sin embargo, el hombre lo respalda. Ha destrozado Ironmans así como sus bíceps mientras rompía el récord de dominadas. ¿La lección más importante que tiene para ofrecernos? Ya sea correr largas distancias, empujar tu cuerpo a través de un calor extremo, o construir un negocio, en el camino hacia tu objetivo, en algún momento te equivocarás y fallarás. Esto es un regalo. Aprendemos más perdiendo que ganando, y la única forma de llegar a la cima de la montaña es aprender y hacerlo de nuevo, pero mejor.

Capítulo 6: Meditación, de Tenis a Tatooine

Si escribir es la mejor herramienta para desarrollar la fuerza mental, entonces la meditación es el mejor entrenamiento cardiovascular. Este hábito simple ha sido practicado por personas durante siglos, y sin embargo está volviendo a estar de moda recientemente. En el mundo en el que vivimos hoy en día, con acceso constante a entretenimiento y datos, nuestros cerebros se están sobrecalentando, y necesitamos una forma de reiniciar. Los atletas han aprendido que la concentración requerida en el juego y el estado de flujo es similar a la mentalidad de los monjes en profunda meditación. Utiliza esta herramienta para enfocar tu mente y recuperar un poco de tu espacio libre.

Capítulo 7: Haz preguntas, una lección de Toyota

¿Por qué? ¿Por qué? ¿Por qué? ¿Por qué? ¿Por qué? Cinco veces. El regalo de Toyota es una pala para cavar en tu psique. Te obliga a profundizar en tu proceso de pensamiento, tus fracasos, tus éxitos y aprender por qué hiciste lo que hiciste y cómo puedes mejorarlo.

Capítulo 8: Llevar ese Peso, Una Lección de Jordan Peterson

En la vida, tomamos decisiones. Cada decisión que tomamos lleva un peso. No importa lo que hagamos, no importa quiénes seamos, todos debemos llevar la carga de nuestras decisiones. Para vivir una vida mejor, no hagas nada que te haga sentir vergüenza. Si lo haces, o si lo has hecho, acepta tu carga, pero entiende que si deseas poner tu vida en orden, comienza contigo y tus decisiones. Además, lee grandes obras literarias si deseas entender los peligros de la vida.

Capítulo 9: Domina el Trabajo Duro, Una Lección de Bill Belichick

Sin días libres. Belichick cantó esto desde el podio después de ganar su quinto campeonato. El entrenador que todos odian llegó a la cima de la montaña haciendo el trabajo que nadie más quería hacer. Si eres actor, memorizas líneas en lugar de ir a fiestas. Si eres escritor, te sientas solo y haces el trabajo. El éxito se construye sobre la base del trabajo duro. Sencillo y simple, como Belichick.

Capítulo 10: Perseverancia, Una Lección de Winston Churchill

El Bulldog Británico llevó a su país a través del momento más difícil en la historia. Aunque es posible que no enfrentemos un blitzkrieg en nuestra vida, sin duda sentiremos que la vida nos está lanzando todo lo que tiene. Si estás pasando por el infierno, sigue adelante. Esto también pasará.

Capítulo 11: La disciplina equivale a la libertad, una lección de Jocko Willink

Volviendo a mencionar al Dr. Peterson, cuanta más disciplina desarrollemos en la vida, desde hacer la cama hasta hacer ejercicio diariamente, más libertad comenzaremos a descubrir. Aprendiendo lecciones del ejército, las opciones a menudo nos atan, estamos encarcelados por las opciones. Cuanto más disciplinados seamos hoy, más tiempo tendremos mañana. Un hombre sin tiempo es un hombre sin prioridades.

Capítulo 12: Abraza el Obstáculo, Una Lección del Estoicismo

Aunque esto podría verse como una repetición de Campbell, los estoicos, técnicamente, fueron los primeros. La vida apesta si la miras de esa manera. Si cambias tu mentalidad y te das cuenta de que el obstáculo en tu camino es tu camino, entonces de repente tu carga se convierte en tu propósito. La barrera es el camino, como cita Ryan Holiday.

Capítulo 13: Éxito, una lección del Entrenador K

Integridad. Sin escándalos. Sin suspensiones. Sin pasar tiempo en la portada de The National Enquirer. El entrenador K lo ha hecho bien a lo largo de su exitosa carrera. Lidera con integridad, ya sea con los Duke Blue Devils o el equipo olímpico. Aprende a adaptarse y cambiar con los tiempos, comenzando con un sólido liderazgo senior y luego adoptando a jugadores de un solo año más adelante en su carrera, pero siempre eligiendo a los mejores jugadores y enseñándoles a jugar el juego de la manera correcta. Cuando tienes integridad, cuando sabes en qué crees, el éxito está predeterminado, porque sabes quién eres.

Capítulo 14: Llevar dos espadas, una lección de Musashi

Siempre estar preparado. A menudo, el Plan A no funciona. Por lo tanto, debes llevar una segunda espada. Aunque Musashi tiene más que eso, querías la versión corta.

Capítulo 15: El Entrenamiento, Una Lección de Sherlock Holmes

Tu cerebro opera en dos niveles cuando se enfrenta a nueva información: rápido y lento. Entrena tu mente para conectar los dos, de manera que tus reacciones rápidas se basen en tu análisis lento, como Holmes. Esto lo logras, al principio, creando distancia del problema en cuestión y pensando lentamente en las posibilidades. Con el tiempo, lo que era lento se volverá rápido. Es la forma en que funciona el cuerpo humano. Piensa en un luchador en un ring que no piensa, sino que se mueve por memoria muscular.

Conclusión: Eres Suficiente

Ve y arrasa. Como todo héroe en cada viaje, la búsqueda final es aquella que tiene lugar dentro. Fuimos suficientes para conquistar la montaña o el dragón, o ambos, y reclamar el premio, pero necesitábamos el viaje para enseñarnos eso. También lo eres tú. Siempre lo fuiste. Aun así, necesitas practicar y desarrollarte, porque algún día necesitarás transmitir lo que sabes.

Capítulo 1:

"Si pasas demasiado tiempo pensando en algo, nunca lo lograrás. Haz al menos

un movimiento definitivo diario hacia tu objetivo." Bruce Lee

Esto no se trata de inspirarte a ti. Al final del día, estás listo para cambiar, o no lo estás. Estás dispuesto a volverte más fuerte, o no lo estás. Estás preparado para dar el salto, o no lo estás.

Ojalá pudiera decirte que hay un secreto mágico al final del libro, o que absolutamente, 100% garantizado, al final de 30 días serás una persona cambiada.

Ojalá pudiera ladrarte con sinceridad de carnaval que si sigues esta guía paso a paso, saldrás del otro lado más fuerte, más atractivo/a y con un cabello más grueso y lleno.

Ojalá pudiera decirte que después de leer este libro el mundo será un lugar mejor y que no se está yendo al infierno en una cesta.

Pero, no puedo. La verdad es que depende enteramente de ti.

Sin duda, en este libro, encontrarás trucos, citas y cómo hacerlo. Encontrarás inspiración diaria y pasos que puedes seguir para empezar a triunfar y dejar huella. Te lo garantizo.

Sin embargo, lo que no puedo prometer es esa frase en la portada del libro, ese vacío discurso de infomercial nocturno, porque ambos sabemos de quién depende.

Y sin embargo, ya has dado el primer paso. Has tomado la decisión de invertir en ti mismo y crecer.

La psicóloga de Stanford Carol Dweck, autora de La nueva psicología del éxito, promueve la idea de la "mentalidad de crecimiento", o la creencia de que nuestra inteligencia, creatividad y carácter pueden adaptarse y cambiar para mejor. No estamos fijos en nuestras formas, somos máquinas de aprendizaje siempre en evolución.

A medida que has envejecido, ¿cómo has cambiado? Si excluyeras lo físico, ¿cuáles son los nuevos modelos mentales que has adaptado y que han dado resultados positivos? ¿Eres la misma persona que eras en la secundaria?

Hay dos enfoques, según Dweck, fijos y de crecimiento. Cuando se enfrenta a un problema, una persona cae en una de dos interpretaciones. O luchan o fallan y dicen, "Soy tan estúpido, ni siquiera debería intentarlo," o "Todavía no he dominado esto, pero lo haré, con el tiempo y el conocimiento."

Estos dos pensamientos resultan en resultados dramáticamente diferentes. Imagina decirte a ti mismo día tras día, "Soy tonto," o "Soy igual que X," o incluso "Soy un fracaso."

¿Te rindes fácilmente? ¿Evitas el fracaso? ¿Desprecias la crítica? ¿Es el éxito de los demás una amenaza para tu éxito?

Esta es una mentalidad fija.

¿Qué pasaría si tu mejor amigo te dijera estas cosas todos los días? ¿Qué tan amigo sería? Y sin embargo, no tenemos problema en castigarnos con este discurso de odio cada vez que fallamos en nuestras vidas.

Termina hoy.

Hemos construido el hábito de hablarnos mal a nosotros mismos, y no va a desaparecer en una hora. Pero, hoy es el día en que vamos a prestar atención a eso y cambiar nuestros pensamientos hacia una mentalidad de crecimiento.

En lugar de culparnos cuando encontramos un obstáculo, vamos a cambiar el flujo de energía hacia pensamientos como, "Necesito trabajar de manera más inteligente", o "Lo lograré la próxima vez", o incluso, "Esto va a ser divertido".

Estar abierto a nuevas ideas, al cambio. Entender que siempre puedes aprender y crecer. Reflexionar sobre el desafío, aprender de la lección y permitirte crecer a partir de la experiencia.

La verdad es que la vida se ha vuelto cómoda. Ya no tenemos que luchar de la manera en que lo hacían nuestros antepasados. ¿Quieres una hamburguesa? Bueno, solíamos tener que cazar y acechar al ternero antes de poder comer. Hoy en día, simplemente cogemos nuestro teléfono y ordenamos en GrubHub, quejándonos si no se entrega en menos de 30 minutos.

Este tipo de letargo se ha filtrado en nuestras mentes. Esperamos resultados inmediatos. Esperamos conocimiento sin inversión. Esperamos éxito sin tribulación.

Arnold Schwarzenegger no comenzó como The Terminator. Dwayne "The Rock" Johnson, no llegó a la NFL, que era su sueño inicial. Comediantes como Joe Rogan, Kevin Hart y Dave Chapelle han hablado una y otra vez sobre el largo camino para ser gracioso.

Piensa en eso por un segundo. La comedia es difícil. Algo que hacemos todos los días, reír y sonreír cuando se pone bajo el microscopio y se espera que funcione cada vez, es difícil. Los mejores del mundo en estar sobre un escenario y hacer reír a la gente nos dicen una y otra vez, que escribir chistes es una ciencia.

Las personas serias triunfan en la comedia. Aunque queremos creer que es el payaso de la clase el que sigue su corazón hasta el Comedy Store, más a menudo es la persona que se toma en serio el arte de escribir chistes y la habilidad de entregarlos noche tras noche la que tiene éxito en la comedia.

Jerry Seinfeld escribe un chiste todos los días. Tiene un gran calendario en su pared. Cada día que escribe un chiste, pone una 'X' a través del día. De esta manera, puede ver cuándo rompe la cadena y cuándo está en racha. Dave Chappelle pone remates aleatorios en un bol y luego saca uno cada día. Antes de que termine el día, tiene que idear un chiste para el remate.

Si escribir chistes es ciencia y estar musculoso no viene al final de una aguja, entonces ¿dónde nos deja eso?

Como dijo Hunter S. Thompson, "Compra el boleto, toma el viaje".

Nuestro viaje comienza.

Pasos Accionables:

El viaje de mil millas comienza con el primer paso, pero en realidad, comienza con la elección de dar ese paso. Haz la elección de poner tu mente en el estado adecuado para volverte más fuerte mentalmente.

Día 2: Enfoque

"Siempre que quieras lograr algo, mantén los ojos abiertos, concéntrate y asegúrate de saber exactamente lo que quieres. Nadie puede dar en el blanco con los ojos cerrados." - Paulo Coelho

Aprender a enfocarse en un mundo que ansía tu atención es crucial. Desconectar puede ser vital para descubrir tus habilidades. No se trata solo de saber lo que queremos, sino de aprender cómo conseguirlo. A veces, puede ser tan simple como sacar las voces de tu cabeza. Hoy, tómate tiempo para estar contigo mismo. Sin podcasts. Sin noticias. Sin audiolibros. Sin redes sociales. Solo tú. Presta atención a tus pensamientos. Obsérvalos. Si sientes la necesidad, escríbelos, pero disfruta del silencio del día.

Capítulo 2:

"La gran pregunta es si vas a ser capaz de decir un rotundo sí a tu aventura." - Joseph Campbell

Eres el héroe de tu propia historia.

Joseph Campbell fue un mitólogo, escritor y conferencista estadounidense, más conocido por su trabajo en mitología comparada, religión comparada y el libro "El héroe de las mil caras", que más tarde influiría en la película Star Wars de George Lucas. También es el filósofo que acuñó la frase "Sigue tu dicha".

Sus escritos son densos, pero su mensaje es simple. En todas las historias que los seres humanos han estado contando hay un monomito congruente. Todos nuestros héroes están en el mismo viaje, desde Gilgamesh y Odiseo hasta Luke y Dorothy.

¿Por qué se incluye esto en este libro? Los mitos ofrecen orientación para tiempos difíciles. Pueden brindar consejos, lecciones y ejemplos mientras luchamos por sobrevivir a nuestros propios desafíos. En esencia, los mitos que leemos en libros o vemos en películas se convierten en nuestros mentores sobre cómo lidiar con tiempos turbulentos.

Además, estás en un viaje. Te has propuesto ser mentalmente más fuerte, y no hay mejor metáfora para entender al enfrentar desafíos que el monomito. Todos tenemos nuestros héroes favoritos: Batman, Bond, Sherlock, Wolverine, Wonder Woman. Si podemos aprender de su viaje y experimentar el nuestro, entonces estamos en camino de experimentar la vida.

"Sólo un tonto aprende de sus propios errores. El hombre sabio aprende de los errores de otros." - Otto von Bismarck

El llamado a la aventura.

Al principio, todos nos encontramos en el mundo ordinario: el pueblo, el pequeño pueblo, de 9 a 5. El Héroe es igual que tú y yo, tiene sueños y aspiraciones de algo mayor pero está atrapado por las cadenas de su entorno. Si tan solo algo viniera a agitar esta vida provinciana, si tan solo.

"Tu vida es el fruto de tus propias acciones. No tienes a quien culpar excepto a ti mismo." - Joseph Campbell

Este es Luke anhelando unirse a la Rebelión pero encontrándose atrapado en Tatooine; sin embargo, cuando ve dos nuevos androides, la llamada a la aventura ha comenzado. Uno lleva un mensaje para Obi-Wan que cambiará el rumbo de la vida de Luke; sin embargo, un componente clave del monomito de Campbell es la "negativa a la llamada." Es decir, nuestro héroe, una y otra vez, intenta aferrarse al Mundo Ordinario. Trabajan y juegan de manera segura todo lo que pueden. Incluso Luke Skywalker, quien ahora todos sabemos que está destinado a convertirse en el próximo Jedi, encuentra una excusa para quedarse en Tatooine, sin embargo, una vez que regresa a casa, descubre que el destino lo ha empujado hacia la aventura, ya que su tía y su tío han sido asesinados por el Imperio.

¿Responderás la llamada?

Ayuda sobrenatural. Encuentro con el mentor.

El héroe ahora necesita orientación. La persona que son hoy no es el héroe que está listo para enfrentar la Sombra. En este punto, nuestro héroe necesita un mentor, alguien que posea un objeto, información, consejo, o comprenda un arte perdido. Piensa en Gandalf, Morfeo, o incluso un simple profesor universitario. Sea quien sea el mentor y la sabiduría que posean, su misión es transmitirla al héroe para que pueda continuar su búsqueda.

Obi-Wan posee el sable de luz, el arma de una antigua secta de guerreros los Jedi, del padre de Luke. También es la persona que la Princesa Leia busca para salvar la Rebelión.

"Sigue tu felicidad y el universo abrirá puertas para ti donde solo había paredes." -Joseph Campbell

El punto es que ninguno de nosotros está listo para alcanzar nuestras metas aún. El autoayuda y el pensamiento positivo te harían creer que todo lo que necesitas es la mentalidad correcta y el mundo es tuyo. Y para ser justos, no están equivocados.

Sí, realmente necesitas la mentalidad adecuada para lograr tus metas, sin embargo, simplemente cambiar tu enfoque de pensamiento de repente no te va a convertir en un linebacker titular o enseñarte cómo jugar ajedrez o esgrima.

Necesitamos mentores; sin embargo, un mentor puede ser cualquier cosa, desde un maestro hasta un libro. Hoy en día, tenemos acceso a más información que nunca. Hay canales de YouTube dedicados a enseñar a la gente, sitios web con cursos que solían pertenecer solo a universidades de élite, y podcasts que ofrecen horas y horas de entrevistas, investigaciones y ensayos de audio.

Entonces, incluso si no puedes encontrar a tu Obi-Wan, puedes encontrar personas dispuestas a compartir sus secretos. Una vez que tomes la decisión de volverte más fuerte, abre tu mente a las posibilidades de aprendizaje. Cuando el estudiante está listo, el maestro aparecerá.

Cruzando el umbral. Pruebas y tribulaciones.

Una vez tomada la decisión y contestada la llamada, el Héroe está listo para comenzar su búsqueda. A veces es voluntariamente, a veces el héroe es empujado. Como escribió Shakespeare, "No tengas miedo de la grandeza: algunos nacen grandes, algunos logran la grandeza y a otros se les impone la grandeza".

De cualquier manera, el héroe ahora entra en un mundo desconocido. Puede ser Odiseo cruzando al Inframundo, Luke saltando al espacio exterior con Han, o incluso Rick y Morty yendo en alguna aventura loca (nota que el creador de Rick y Morty Dan Harmon ama el monomito y ha creado su propia versión en la que cada episodio se basa).

> "Debemos estar dispuestos a deshacernos de la vida que hemos planeado, para tener la vida que nos está esperando." - Joseph Campbell

Cruzar el umbral significa el compromiso del Héroe con su viaje y todo lo que pueda tenerle guardado; sin embargo, una vez hecho el salto, le esperan pruebas y tribulaciones, ya que el héroe debe ser puesto a prueba antes de enfrentar el desafío final. Además, lo que una vez funcionó ya no continuará funcionando para el héroe, y deben aprender nuevas habilidades del Mentor para avanzar en su viaje.

A bordo del Millennium Falcon con Luke y Chewy, Luke debe luchar inmediatamente contra los luchadores Tai del Imperio. Descubrimos que Luke es más que capaz de defenderse como piloto y tirador experto, y que está totalmente comprometido en salvar a la princesa.

Una vez a salvo, vemos a continuación a Obi-Wan enseñándole a Luke los caminos de la Fuerza. Obi-Wan sabe que la determinación y el coraje de Luke no serán suficientes para los desafíos que se avecinan, y que si alguno de los dos ha de tener éxito, Luke debe aprender una habilidad mayor.

> "Un héroe es alguien que ha dado su vida por algo más grande que uno mismo." - Joseph Campbell

El Abismo, La Prueba y La Transformación.

El héroe está completamente fuera de su zona de confort y se enfrentará a desafíos más difíciles. Los obstáculos se presentan, y solo aquellos que son dignos del desafío los superarán.

Además, el Héroe debe encontrar aliados. Debe aprender a quién confiar y a quién no. En Star Wars, Luke desarrolla un vínculo con Han y Chewy mientras salvan a la Princesa (quien se convierte en un aliado aún más grande), y pierde a Obi-Wan ante Darth Vader.

Para el héroe, mayores pruebas le esperan, y es aquí donde reside la parte más sustancial de la historia. Hablando estructuralmente, nos encontramos en los Actos 3 o 4 de la historia, en el medio del libro. A menudo, el Héroe se pierde, al igual que el lector, en su viaje. Lo que una vez parecía claro y fácil ahora es desesperante e insuperable.

> "La cueva que temes entrar guarda el tesoro que buscas." -Joseph Campbell

A menudo es lo que tememos más lo que tiene la mayor recompensa. Conquistar nuestros miedos es más que solo un ejercicio psicológico utilizado por los médicos. En culturas primitivas, algo que Campbell estudió extensamente, cada niño debe enfrentarse a un gran dragón antes de que se le permita entrar en la adultez.

¿Qué tiene que ver esto con algo? Los dragones son la creación de todos los miedos primordiales del hombre: tigres, serpientes, arañas y aves. Todos nuestros primeros depredadores combinados en uno solo. Por lo tanto, en las civilizaciones antiguas, los jóvenes tenían que aprender no solo a enfrentar su miedo a esta criatura, sino también a superarlo.

Luke ahora sabe que debe enfrentarse a este mal enmascarado Darth Vader y que debe luchar junto a la Rebelión mientras derriban la Estrella de la Muerte.

La cueva puede representar el centro de la historia y el terrible peligro o un conflicto interno que el Héroe debe enfrentar. Ya sea enfrentando su mayor miedo o su enemigo más mortal, el Héroe debe recurrir a todo lo que ha aprendido a lo largo de su viaje para superar el obstáculo que tiene frente a él. Esta es la batalla final. Si el Héroe fracasa, o morirá o la vida nunca será la misma.

Apegándose únicamente a la primera película de Lucas en la trilogía original, ya que literalmente tendría a Luke entrar en una cueva y enfrentarse a su Sombra en una película posterior, la Estrella de la Muerte, un arma con la capacidad de destruir planetas, se convierte en la cueva y Darth Vader en el dragón.

"El dragón definitivo está dentro de ti..."
- Joseph Campbell

Una de las cosas que la gente no te dice cuando eres joven es que simplemente vivir es difícil. No estoy poniendo excusas ni cargando el peso de tus hombros, solo te estoy diciendo aquí y ahora, que llevarás ese peso toda tu vida.

Sin embargo, Campbell afirmó sucintamente el secreto de todo ello, "Sigue tu dicha." Encuentra tu propósito, escucha a las musas, y ve en tu aventura y este peso de repente parece más soportable. ¿Por qué? Porque tienes sentido.

Las metas dan al hombre enfoque. Los New England Patriots nunca podrían ganar seis campeonatos (y contando) en el transcurso de dos décadas si no tuvieran metas claras.

La NFL es dura. Lesiones, intercambios y la locura pura de la temporada, desde la prensa hasta el propio juego, hacen que un juego de niños sea algo importante. La vida es dura. Si el fútbol americano fuera solo otra metáfora y extrajéramos significado de ello de la forma en que Campbell lo hizo con los mitos, de repente vemos que pruebas y tribulaciones nos esperan a todos. La única manera en que puedes estar a la altura del desafío y no sucumbir bajo el peso de tu aventura es encontrando tu dicha y llevando tu viaje hasta el final.

> "Es al bajar al abismo que recuperamos los tesoros de la vida. Donde tropiezas, allí yace tu tesoro." -Joseph Campbell

La lección y el regreso a casa.

> "El privilegio de toda una vida es ser quien eres." -Joseph Campbell

El enemigo ahora ha sido derrotado. El Héroe ha sobrevivido o quizás resucitado, pero definitivamente ha sido cambiado. Ya sea que haya sido una lucha interna o una prueba física, el Héroe emerge de la batalla más fuerte con una lección de vida o un premio simbólico.

La recompensa suele ser un objeto sagrado o un conocimiento mayor. Sin embargo, el tesoro no es el fin importante, como señaló Hitchcock con su ahora infame "McGuffin", y lo que más importa es el cambio en el Héroe. Su viaje no ha terminado aún, ya que el Héroe debe regresar a casa con este nuevo Elixir o conocimiento.

Luke es salvado de Vader por Han. Usando la Fuerza, Luke luego destruye la Estrella de la Muerte. Por ahora, la Rebelión ha ganado.

El objetivo de la vida es hacer que tu corazón lata al ritmo del universo, para que tu naturaleza coincida con la Naturaleza. -Joseph Campbell

¡Felicidades, has completado el viaje de este capítulo! ¿Cuál es tu elixir sagrado? Bueno, sería tonto intentar escribirlo mejor que Campbell mismo:

Siglos de labranza, décadas de selección diligente, el trabajo de numerosos corazones y manos, han pasado al rastrillado, clasificación y hilado de este hilo retorcido. Además, ni siquiera tenemos que arriesgarnos a la aventura solos; pues los héroes de todos los tiempos nos han precedido; el laberinto es ampliamente conocido; solo tenemos que seguir el hilo del camino del héroe. Y donde creíamos encontrar una abominación, encontraremos un dios; donde pensábamos matar a otro, nos mataremos a nosotros mismos; donde creíamos viajar hacia afuera, llegaremos al centro de nuestra propia existencia; y donde pensábamos estar solos, estaremos con todo el mundo.

Pasos Accionables:

-Cuestionario del diario: Si fueras el héroe de tu propia película, ¿cómo sería la historia? Escribe una propuesta de película. ¿Cuál es tu Mundo Ordinario? ¿Qué es lo que secretamente anhelas hacer? ¿Quiénes podrían ser tus mentores? ¿Qué obstáculos enfrentarás? ¿Qué Sombra se interpone en tu camino? ¿Qué es lo que temes hacer? Y, ¿a dónde debes viajar para encontrar las respuestas?

Día 4: Hacer

"Si no puedes volar, entonces corre. Si no puedes correr, entonces camina. Si no puedes caminar, entonces gatea, pero de todas maneras, sigue moviéndote." - Martin Luther King Jr.

La vida es un viaje, y todos los viajes comienzan con un solo paso. A menudo, dejamos que el miedo controle nuestras decisiones. Tenemos miedo de siquiera empezar, porque, ¿y entonces? ¿Qué pasa si no estamos listos? Permíteme decirte, nunca lo estás. La vida está hecha para vivirla. Así que, ponte ocupado viviendo, o ponte ocupado muriendo. ¿Qué es algo que has temido intentar? ¿Dónde es algún lugar que siempre has querido visitar? Si tuvieras total libertad, ¿qué harías con tu tiempo? Encuentra una respuesta a una de estas preguntas, y luego encuentra una forma de hacerlo. ¿Quieres viajar a Italia pero no tienes el tiempo ni los fondos, entonces ve a un restaurante italiano y ordena una botella de vino agradable? ¿Quieres escribir un guión, pero no sabes por dónde empezar, entonces mira un documental sobre la realización de películas y mira cómo lo hicieron otras personas? Da un paso de bebé hacia tu objetivo. Alinea tus acciones con dónde quieres estar y haz algo, incluso si es tan simple como disfrutar un martini agitado, no revuelto.

Capítulo 3:

"Si no apuntas a nada, lo alcanzarás cada vez." - Zig Ziglar

Establece tus metas.

Ha sido repetido por mil otros autores, pero merece ser repetido de nuevo. No hay consejo más práctico en este planeta que establecer metas.

Seré honesto. Odiaba esta frase por mucho tiempo. En la escuela secundaria, no soportaba cuando los "conferencistas motivacionales" venían a la escuela. En la universidad, odiaba aún más a los hombres y mujeres que desfilaban como charlatanes promocionando "cómo tener éxito" después de la universidad, o los "secretos para ganar dinero".

Debido a esta animosidad hacia las palabras de moda del éxito y el jerga alegre, me alejé de muchos de los conferenciantes, autores y figuras que podrían guiarme mejor.

Hilary Hinton "Zig" Ziglar era un encantador autor, vendedor y conferencista motivacional estadounidense originario del Condado de Coffee, Alabama. Autor de quince libros y numerosos seminarios, Zig era el conferencista motivacional por excelencia.

Divertido con una voz como la melaza, Zig siempre tenía un chiste a mano y una historia lista; sin embargo, lo que más famoso lo hacía era su defensa de establecer metas.

> "Falta de dirección, no falta de tiempo, es el problema. Todos tenemos días de veinticuatro horas." - Zig Ziglar

A continuación se presenta un resumen y ejemplificación del proceso de siete pasos de Zig para establecer metas claras y precisas.

¿Por qué estamos empezando aquí? Porque, si no sabes hacia dónde vas, ¿cómo sabrás cuando llegues allí?

Antes de continuar, dos notas rápidas:

1) Escríbelo y 2) Date tiempo.

> "No tienes que ser excelente en algo para empezar, pero tienes que empezar para ser excelente en algo." - Zig Ziglar

Paso 1: Establecer el objetivo

¿Qué deseas? Sea lo que sea, escríbelo. Escríbelo en un pedacito de papel y llévalo contigo. Escríbelo en tu pared. Escríbelo en tu pizarra blanca. Toma una foto y guárdala como fondo de pantalla en tu teléfono.

Sea lo que sea que hagas, asegúrate de tener muy claros cuáles son tus objetivos y hacia dónde te diriges.

"Las personas destacadas tienen una cosa en común: Un sentido absoluto de misión." - Zig Ziglar

Bruce Lee dijo, "Una meta no siempre está destinada a ser alcanzada, a menudo sirve simplemente como algo a lo que apuntar." A veces, lo que nos proponemos lograr no es donde terminamos, sin embargo, es el viaje el que nos cambia.

Paso 2: Establecer una fecha límite

El fútbol tiene cuatro cuartos. El béisbol tiene nueve entradas. El hockey tiene tres períodos, y realmente nadie entiende por qué. La cuestión es que todo tiene un plazo. Los deportes, las películas, los libros, todos tienen un final en mente. Establece el tuyo.

Paso 3: Identificar los Obstáculos

"A veces la adversidad es lo que necesitas enfrentar para ser exitoso" - Zig Ziglar

Si fueras el héroe de tu propia película, entonces ¿adivina qué? Vas a enfrentar desafíos. Lee cualquier libro sobre guionismo como "Save the Cat" de Blake Snyder o "Story" de Robert McKee, ¿sabes cuál es la única cosa que todos tienen en común? Los personajes deben enfrentar obstáculos. Por lo tanto, ¿cómo es tu vida diferente? La gran poder que tienes en tus manos, sin embargo, es la imaginación. Puedes imaginar cuáles serán los desafíos que enfrentarás. Así que, escribe lo que crees que serán los obstáculos que se interpondrán en tu camino.

Pero ¿adivina qué? Va a haber algunas pruebas imprevistas. Habrá desafíos que no viste venir. Y al igual que en una novela o una película, también hay una respuesta a eso: tu elenco de apoyo.

Paso 4: Identificar a las Personas, Grupos y Organizaciones que Pueden Ayudar

Existe el gran mito americano del "Hombre Hecho a Sí Mismo". Lo hizo solo. Salió a la naturaleza salvaje y sobrevivió. Luego regresó con un tesoro que salvó al mundo.

Estoy aquí para decirte ahora que nadie lo hace solo. Los novelistas necesitan editoriales. Los guionistas necesitan directores. Los jugadores de pelota necesitan entrenadores. Además, todos necesitamos ayuda de una forma u otra.

"Obtendrás todo lo que desees en la vida, si ayudas lo suficiente a otras personas a obtener lo que quieren." - Zig Ziglar

No importa cuántas veces diga los medios de comunicación que Michael Jordan fue el mejor jugador de baloncesto de todos los tiempos, o que Tom Brady es el más grande de todos los tiempos, o que el Martillo de Dios Mariano Rivera fue el mejor cerrador, todos debemos recordar una cosa simple: fue un equipo. Jordan no ganó nada antes de Phil Jackson y Scottie Pippen, sin mencionar los otros tres jugadores en la cancha. Brady tendría dificultades para conectar con sus receptores sin una línea ofensiva poderosa y un brillante entrenador en jefe, y Rivera nunca habría cerrado tantos juegos si su equipo no lo hubiera puesto allí en primer lugar.

Paso 5: Enumera los Beneficios de Alcanzar el Objetivo

¿Qué sucede cuando alcanzas la cima de la montaña? ¿Hay un trofeo? ¿Dinero? ¿Poder?

El camino va a ser duro. Nada que valga la pena lograr es fácil. Cuando las cosas se ponen difíciles, lo primero que vacila es tu sentido de misión. La primera pregunta que te vas a hacer es, "¿Por qué estoy haciendo todo esto?"

> **"Lo que obtienes al alcanzar tus metas no es tan importante como lo que te conviertes al alcanzar tus metas." - Zig Ziglar**

Una de las cosas más grandes que podemos hacer para profundizar es aferrarnos a nuestra curiosidad infantil y preguntar, "¿Por qué?" ¿Por qué quiero esto? ¿Por qué hago esto? ¿Por qué esto es tan importante para mí? Nos estamos volviendo mentalmente más fuertes, lo cual significa que debemos hacernos preguntas que otras personas no están dispuestas a enfrentar.

Paso 6: Enumera las habilidades que necesitas adquirir para alcanzar el objetivo.

Nadie nació con un kit completo. Lebron James puede ser el jugador de baloncesto más completo que jamás haya jugado el juego. Es alto, fuerte y mentalmente apto para liderar a su equipo; sin embargo, no comenzó de esa manera.

Él puede haber sido bendecido con altura, pero para ser el jugador que quería ser tuvo que aprender a tirar, cómo liderar y cómo ser el jugador que sus compañeros necesitaban que fuera.

Si Lebron James tiene que trabajar todos los días para mejorar, ¿qué crees que deberías estar haciendo?

"EL MIEDO tiene dos significados: 'Forget Everything And Run' o 'Face Everything And Rise'. La elección es tuya." - Zig Ziglar

Este es otro tema común que vemos en las novelas. El héroe toma la decisión de emprender una aventura. Sin embargo, la persona que es al principio de su viaje no es la misma que puede alcanzar el premio. Luke Skywalker no está listo para ser un Jedi al principio de Star Wars, le faltan el conocimiento y las habilidades. Frodo Bolsón no solo necesita aliados, sino que debe descubrir la fuerza para llevar el anillo al Monte del Destino.

Paso 7: Desarrollar un Plan

¿Cuál es tu mejor curso de acción, basado en el conocimiento que has recopilado como paso final?

No te estoy pidiendo que seas un gran maestro de ajedrez y diseñes 261 escenarios desde tu jugada inicial. Esto no es Go.

Después de hacerte las preguntas anteriores, ¿cuál es el primer paso que debes tomar? Hay un dicho en la improvisación, "Trae un ladrillo". Lo que significa es que depende del intérprete de improvisación traer una idea, dar el primer paso. ¿Dónde empezamos? Luego, permitir que la imaginación y la inventiva tomen el control.

"La gente suele decir que la motivación no dura. Bueno, tampoco lo hace el baño, por eso lo recomendamos a diario." - Zig Ziglar

A menudo, nos asustamos por el mero tamaño del proyecto. "No puedo escribir un libro", nos decimos a nosotros mismos, o "nunca podría levantar 400 libras". Y es cierto. En este momento, no puedes escribir un libro. No puedes levantar 400 libras. Se necesita tiempo. Se necesita práctica. Se necesita un plan.

Un novelista solo puede abordar un capítulo, un párrafo, una oración a la vez. Un levantador solo puede levantar lo que su cuerpo es capaz de levantar hoy, y luego, mañana, regresará y levantará lo que su cuerpo es capaz de levantar.

Mike Tyson tiene una gran cita sobre los planes, "Todo el mundo tiene un plan hasta que le dan un puñetazo en la boca." ¿Significa esto que debemos abandonar todo pensamiento futuro y improvisar todo el viaje? No.

Tyson era una furia de fuerza en el cuadrilátero, y planeaba ser tan tenaz, tan violento que el plan de su oponente no pudiera afianzarse. Impuso su voluntad sobre su oponente.

El punto es que los planes mejor trazados salen mal. Nada funciona como se supone que debería. Esto no significa que no planeemos, simplemente dice que planeamos y tomamos decisiones según nuestro mejor criterio, y luego, cuando llega el momento, debemos "ser como el agua", como diría Bruce Lee, y adaptarnos a nuestro entorno.

Establece tu objetivo, haz un plan y toma acción.

Día 6: Sueño

"Un sueño no se convierte en realidad a través de la magia; se logra con sudor, determinación y trabajo duro." - Colin Powell

Quizás obtenemos la idea de la magia de Harry Potter arraigada en nuestras mentes de niños porque el mundo parece inexplicablemente asombroso. A medida que crecemos y el brillo de lo que fue vibrante disminuye, perdemos interés en tales cuentos de hadas. De repente, la vida parece difícil y el camino parece largo. Sin embargo, olvidamos que lo que una vez se consideraba magia hoy es común. La magia es simplemente conocimiento aún no descubierto. ¿Cómo se vería un iPhone para un aldeano durante la Edad Media? Todas estas cosas, tan reales como lo son hoy en día, alguna vez fueron ideas. Una vez fueron sueños. ¿Cuáles son tus mayores sueños? Si nadie se enterara nunca, y créeme la mayoría del mundo no le importa un comino, ¿qué le pedirías al mundo? ¿Cuál es tu mayor sueño? ¿Cómo puedes hacer que ese sueño se convierta en realidad? ¿Alguien más lo ha logrado? Presta atención a tus intereses y a tus héroes, son la luz guía hacia tu yo interno.

Capítulo 4:

"Si el desafío que enfrentamos no nos asusta, entonces probablemente no es tan importante." Tim Ferriss

Escríbelo.

Las personas exitosas mantienen diarios. Las notas de Marcus Aurelius para sí mismo se han convertido en uno de los mejores libros sobre filosofía personal jamás escritos. El típico estadounidense Benjamin Franklin puso tantas veces la pluma sobre el papel que alabamos desde Silence Dogood hasta su libro personal.

Llevar un diario es una de las herramientas más poderosas disponibles para el hombre, y sin embargo, muchas personas lo dejan de lado. ¿Por qué?

"¿Sobre qué escribo?" preguntan las personas, o, "No tengo nada importante que decir." No se trata de publicar la próxima gran novela americana o cumplir con las expectativas de Tom Wolfe. Llevar un diario se trata de profundizar y descubrir quién eres.

¿Por qué escribir?

Hasta que desarrollen una aplicación que sincronice tus ondas cerebrales con un psicólogo personalmente desarrollado para ti por los mejores programadores en Silicon Valley, papel y lápiz son las mejores herramientas que tenemos para tallar nuestra mente.

Junto a la lectura, no hay herramienta más poderosa para perfeccionar tus pensamientos.

Sin embargo, reverenciamos a grandes autores como Maya Angelou y Ernest Hemingway tanto que nos comparamos con ellos, y como una vez señaló un gran hombre, "la comparación es el ladrón de la alegría". Imagina si tu entrenador en el gimnasio te preparara para correr una carrera de 40 yardas, pero luego para "inspirarte" Usain Bolt se acercara a tu lado. ¿Crees que vencerías al Hombre Más Rápido del Mundo?

No. Él te dejaría atrás, pero cuando entrenamos en el gimnasio o en la página no estamos levantando y corriendo para competir en los próximos Juegos Olímpicos, estamos invirtiendo tiempo para mejorar nosotros mismos.

Creo que las personas tienen miedo de escribir, no por lo que podrían encontrar, sino por un miedo similar al de hablar en público. Es un miedo al juicio, sin embargo, lo crítico es que es un autojuicio.

Lo que más tememos hacer suele ser lo que más necesitamos hacer. - Tim Ferriss

Es un falso ideal que la gente lleva consigo que los grandes autores, dramaturgos y novelistas se sientan frente a un teclado y de repente se convierten en Mozart, que son una especie de sabios capaces de convertir las teclas de la computadora en trazos de piano y producir a Chopin sin ningún trabajo previo o partitura.

Entonces, cuando intentamos hacer lo mismo, descubrimos que nuestras mentes tropiezan, se estancan y simplemente no producen la elocuente verdad que "sabemos" que poseemos.

Ingresa Timothy Ferris, autor, podcaster y life hacker. Incluido en la lista de Fast Company como uno de los "Personas de Negocios Más Innovadoras," fue un inversor y asesor tecnológico en etapas tempranas y el autor de cinco bestsellers, especialmente "La semana laboral de 4 horas." Quizás se hizo aún más famoso cuando lanzó el podcast Tim Ferris Show, un estilo de entrevista en el que Tim preguntaba a las mentes más brillantes y destacadas del mundo cómo hacían lo que hacían, y se convirtió, como señaló el Observer, en "la Oprah del audio."

Si quieres profundizar en Ferris, echa un vistazo a sus cinco libros y comienza desde el Episodio 1 de su podcast, ambos dan excelentes ejemplos de cómo construir tu resistencia y muchas de las personas citadas en este libro como David Goggins y Jocko Willink han aparecido en el programa; sin embargo, en el espíritu de Ferris, para poder "hacer más con menos" nos vamos a centrar en una de sus herramientas más poderosas, el diario de cinco minutos.

Inspirado por otro autor, Tim condensó sus diarios en breves notas para calmar su "mente de mono".

Citando a Cameron, "Una vez que plasmamos esas pensamientos embarrados, enloquecedores y confusos [preocupaciones nebulosas, nervios y obsesiones] en la página, enfrentamos nuestro día con ojos más claros."

De esta manera, escribir es una herramienta que puede y debe ser utilizada. El punto aquí no es convertirse en escritor, sino hacer que tu mente sea más fuerte, clara y productiva.

Nadie nunca leerá lo que escribas aquí. El punto es limpiar tu mente. De esta forma, el proceso es el punto, el viaje es el camino.

"No escribo un diario para ser productivo. No lo hago para encontrar grandes ideas, ni para escribir prosa que pueda publicar más tarde. Las páginas no están destinadas a nadie más que a mí."

Entonces, ¿qué es eso?

"La gente elegirá la infelicidad sobre la incertidumbre." - Timothy Ferriss

Para Ferris y Cameron en general, están tratando de resolver las cosas y encerrar sus mentes de mono. El punto es darnos un lugar al que ir, al comienzo del día, y sintonizar con nosotros mismos. Podemos descubrir nuestras metas, establecer nuevas, encontrar matices en nuestras vidas, tomar nota de eventos importantes, descubrir historias, recordar chistes, establecer modelos mentales, lo que sea. El punto no es ser ingenioso, inteligente o listo. No estamos escribiendo para que un día un estudiante graduado de Harvard pueda escribir una disertación sobre nuestros cuadernos. Demonios, si Shakespeare hubiera sabido lo que sus obras llegarían a ser, es posible que no hubiera tenido la fuerza para escribir Ricardo III.

En segundo lugar, tu diario no es un psiquiatra. No está destinado a resolver nada. Su propósito es plasmar tus pensamientos e ideas para que puedas verlos en la página. Los guionistas hablan de "poner los huesos en papel" para empezar un guion y poner la pelota en marcha. Aquí, estamos escribiendo nuestros huesos, para que, potencialmente, podamos limpiarlos.

Aunque resulte en que te quejes sobre tu día, el pensamiento ahora está en papel y no tiene que consumirte durante las próximas 24 horas.

"Enfócate en ser productivo en lugar de estar ocupado." - Tim Ferris

Pasos a seguir:

Cada mañana durante los próximos 26 días, escribe durante cinco minutos cuando te despiertes por primera vez. Hay dos formas de abordar el diario. Primero, reserva cinco minutos para escribir en un flujo de consciencia sobre cualquier cosa que venga a la mente. Si encuentras que quieres seguir escribiendo, sigue adelante.

Dos, si estás confundido, con prisa, o simplemente no tienes fuerzas para sacar un tema de la nada, utiliza las siguientes indicaciones para estimular tus respuestas. En este método, nos enfocaremos en la gratitud, intereses, la chispa en nuestra vida diaria, afirmaciones y metas.

1.
    Estoy agradecido por... x 3
2.
    Hoy sería increíble si...
3.
    Un momento digno de ser contado de ayer fue...
4.
    Soy... x3

5.
   Si solo logro una cosa hoy es...

Asegúrate de despertarte lo suficientemente temprano para lograr esto. El punto aquí es crear un hábito y darte tiempo.

-¿Te quedaste dormido? ¿Vas tarde? No te preocupes. Acomódate cuando puedas y resuélvelo. Estamos construyendo una nueva rutina para tu cerebro. Una galleta no arruina tu dieta pero comer toda la bolsa sí. Si te saltas una mañana, no te saltes un mes.

"Las condiciones nunca son perfectas. 'Algún día' es una enfermedad que se llevará tus sueños a la tumba contigo."
Tim Ferriss

Día 8: Escribir

"El primer borrador es simplemente contarte a ti mismo una historia" - Terry Pratchett

Escribe tus pensamientos. Escribe tus ideas. Escribe los momentos fugaces de tu vida cuando la luna ilumina el camino. Comienza tu diario, aunque sea solo un párrafo a la vez. No hay nada más poderoso que ver cómo tus pensamientos se convierten en realidad, ya sea en forma de historia, ensayo o simplemente pensamientos aleatorios sobre la cultura popular. No es necesario publicar esto, no estás escribiendo para una audiencia. Estás escribiendo para ti mismo.

Capítulo 5:

"Verdadera fuerza de voluntad. Voy a (expletivo) fracasar, voy a (expletivo)

fracasar, voy a (expletivo) fracasar, y tendré éxito." - David Goggins

Vas a fracasar.

Para lograr cualquier cosa, primero debemos aprender, no solo a fracasar, sino a aprender de nuestros fracasos.

Jordan fue cortado de su equipo de baloncesto de la escuela secundaria, Walt Disney fue despedido por falta de imaginación, Elvis Presley, Lucille Ball y Carol Burnett les dijeron a todos que recogieran sus cosas y se fueran a casa debido a su "asombrosa" falta de talento.

Y sin embargo, sus nombres perduran, sus detractores no (después de todo, Teddy Roosevelt nos recuerda que es "El hombre en la arena" lo que más importa).

Ante todo, el fracaso es una oportunidad para aprender. El Gran Bambino Babe Ruth dijo una vez, "Cada strike me acerca más a mi próximo home run."

Para este momento, alguien te ha citado la línea de Thomas Edison. Si no, aquí está la versión de Nicholas Cage en "La Búsqueda" (National Treasure), "Sabes, Thomas Edison intentó y falló cerca de 2,000 veces en desarrollar el filamento de algodón carbonizado para la bombilla incandescente… Y cuando le preguntaron al respecto, él dijo "No fallé; descubrí 2,000 maneras de cómo no hacer una bombilla", pero solo necesitaba una manera de hacerla funcionar."

Justo al lado de la Gran One Wayne Gretzky's "Fallas el 100 de los tiros que no tomas," y de Jordan's, "He fallado más de 9,000 tiros en mi carrera. He perdido casi 300 juegos.

Veintiséis veces se me ha confiado el tiro ganador del juego y he fallado. He fallado una y otra vez en mi vida. Y es por eso que tengo éxito."

Sin embargo, creo que podemos hacer algo mejor que un póster inspirador en la oficina colgado detrás del escritorio de tu jefe. Un cliché puede ser algo que alguna vez fue cierto, pero ha sido tan machacado que ni siquiera las moscas lo tocarían.

Entra David Goggins.

"Vas a fallar, vas a estar en tu cabeza y vas a estar diciendo que no soy lo suficientemente bueno. Se trata de cómo superas eso." - David Goggins

Goggins conoce el fracaso. ¿Por qué? Porque ha recibido todos los golpes, ha quemado cada filamento e explotado cada bombilla.

Goggins es un Navy SEAL retirado y alguien que será referenciado en este libro muchas veces. Es el único miembro de las Fuerzas Armadas de los Estados Unidos en completar el entrenamiento SEAL (incluidas dos Semanas del Infierno), la Escuela de Rangers del Ejército de los Estados Unidos (donde se graduó como el Homre de Honor de los Suboficiales) y el entrenamiento de Controlador Táctico de la Fuerza Aérea.

Goggins es un hombre exitoso. En un momento tuvo el récord mundial de Guinness por la cantidad de dominadas (4,030 en 17 horas). Como atleta de resistencia, Goggins ha completado más de 60 ultramaratones, triatlones y ultra-triatlones, terminando regularmente entre los cinco primeros y estableciendo récords de curso en el camino.

Sin embargo, no siempre fue el hombre exitoso que es hoy.

A finales de la década de 1990, después de pasar cuatro años en la Fuerza Aérea, Goggins pesaba casi 300 libras. En ese momento le dijeron que era demasiado pesado para completar el entrenamiento de los SEAL. En menos de tres meses, regresó pesando 190 libras.

Si le preguntaras a Goggins o leyeran sus fenomenales libros sobre la fortaleza mental, él sería la primera persona en decirte que todos los premios, medallas, elogios y artículos de revistas no significan nada. No es lo que él busca.

"Es tan fácil ser grandioso hoy en día porque todos los demás son débiles. Si tienes CUALQUIER fortaleza mental, si tienes cualquier fracción de autodisciplina; La habilidad de no querer hacerlo, pero aún así hacerlo; Si puedes llegar a hacer cosas que odias hacer: en el otro lado está la GRANDEZA" - Citas de David Goggins

No está tratando de ser el número uno en el mundo. No le interesa cuántas carreras ha corrido. No lleva la cuenta de los kilómetros que ha recorrido. No hay un marcador.

Para Goggins, se trata de empujarse a sí mismo día tras día. Se trata de elegir ponerse a prueba, de poner obstáculos delante de uno mismo. Se trata de correr las carreras más duras y los desafíos militares más desafiantes para ver de qué está hecho. El sufrimiento, el sudor y el sacrificio son parte del viaje de autodescubrimiento.

> "Al final del día, el trabajo duro puede que no sea suficiente. Aún puedes fallar. Pero sigues saliendo ahí afuera y sigues tras ello." - David Goggins

Otro hombre militar y fracaso infame, Sir Winston Churchill, compartiría un sentimiento similar en su época, "El éxito es la habilidad de ir de fracaso en fracaso sin perder tu entusiasmo".

El punto de todo esto es que todo héroe falla. Vivimos en una época en la que las personas comparten sus momentos más destacados con nosotros todos los días en Instagram. El sueño cinematográfico de Hollywood ha llegado a nuestros hogares y le ha dado a todos el derecho de ser su propio gerente de relaciones públicas.

Lo que no vemos es cuántas veces Conor McGregor fue derribado antes de aprender a pelear. Lo que no entendemos son los innumerables snaps que Tom Brady y los Patriots de Belichick tomaron antes de unirse en 2000.

¿Por qué caemos? Para que podamos aprender a levantarnos de nuevo.

Aprende a recibir los golpes.

> "Un guerrero es una persona que dice 'estoy aquí de nuevo hoy. Estaré aquí de nuevo mañana y al día siguiente.' Es

alguien que no pone límites a lo que es posible." - David Goggins

Pasos accionables:

Comienza hoy. Sea lo que sea, comienza hoy. ¿Quieres escribir un libro? Escribe el esquema. ¿Quieres ganar músculo? Únete al gimnasio. Da el primer paso hacia el nuevo tú. ¿Por qué? Porque vas a fallar, y cuanto antes empieces a fallar, más rápido podrás empezar a mejorar.

Día 10: Chupar

"El fracaso no es fatal, pero la incapacidad de cambiar podría ser" - John Wooden

Atrévete a chupar. Atrévete a hacer algo fuera de tus límites. Los grandes luchadores buscan el verdadero desafío. Los practicantes de Jiu-Jitsu no buscan vencer al cinturón blanco, sino que encuentran el desafío que hace que su corazón lata y su mente corra. ¿Cuánto de la vida nos perdemos al quedarnos en nuestra zona de confort? Todos seguimos siendo ese niño que teme molestar a sus compañeros. Bueno, no hoy. ¿Qué es algo que te fascina? ¿Qué es algo que te aterra? ¿Siempre has querido aprender esgrima? ¿Qué tal bailar o cantar? Encuentra un lugar para improvisar y asustarte a ti mismo. Haz algo que te recuerde que estás vivo y que realmente puedes hacer lo que quieras.

Capítulo 6:

"La relajación ocurre solo cuando se permite, no como resultado de 'intentar' o 'hacer'." - Timothy Gallwey

No hay nada que se compare con estar en la zona. Cuando éramos niños, todos nos imaginábamos en ese momento: la parte final del noveno inning, sin tiempo en el reloj, cuarta oportunidad desde la yarda uno, abajo por dos puntos, con el juego en juego. El tiempo se ralentiza. La multitud conteniendo el aliento. Un silencio invade la arena.

El deporte saca lo mejor de nosotros. Nos da un enfoque y un escape. Pide lo mejor de nosotros. Eleva nuestras esperanzas, aplasta nuestros sueños y une a las personas a través de líneas políticas.

También requiere un nivel de dominio mental más allá del de la vida cotidiana. Lanzar un juego perfecto, hacer un birdie, o encestar un tiro libre es tanto mental como físico. Añade a la tarea una multitud chillona de miles de aficionados, cámaras, y la posibilidad de vivir en la infamia en internet, y tienes un premio gordo de ansiedad.

El juego es difícil y requiere horas y horas para ser competente, y mucho menos bueno. Uno de los grandes cambios en el deporte en la última década es el enfoque en el entrenamiento mental.

La meditación es una palabra de moda hoy en día. Los gurús se han subido al tren de la atención plena, y con buena razón.

Sin embargo, si las imágenes de tazas acogedoras y palmas hacia arriba no son lo tuyo, ¿cómo puedes utilizar esta disciplina práctica?

Lo que espero ofrecerte en este capítulo es otra herramienta, sin la palabrería. No pretendo atacar tradiciones antiguas o interferir en la práctica, pero a veces el retiro de yoga y el incienso pueden restar importancia al ejercicio.

Con eso en mente, ¿por qué meditar?

La práctica ofrece mayor felicidad y paciencia. Reduce los niveles de estrés y depresión. Nos brinda una herramienta para lidiar con la ansiedad y, en última instancia, nos proporciona un medio para disciplinar nuestra mente.

La meditación consiste en entrenar tu mente, de manera sencilla y directa. Se trata de desarrollar la concentración y la conciencia, y de adquirir una sensación de perspectiva. Se trata de observar tus pensamientos y sentimientos y de crear un espacio para que puedas ver cómo funciona tu mente y comprenderte mejor.

Asimismo, la atención plena, una especie de hermano de la meditación, consiste en centrarse en el presente y estar completamente comprometido en el momento.

Al tomar conciencia, podemos comprender mejor la conexión entre nuestros pensamientos y cómo surgen esos pensamientos.

Vivimos en una era de acceso instantáneo. Con el deslizar de un dedo, podemos ser instantáneamente llevados a un imperio en desarrollo, comunicarnos con amigos alrededor del país, o ser bombardeados con noticias de todo el mundo. Es fácil ser entretenidos al punto de la vegetación. Desconectar con el mundo que nos rodea es sencillo.

Es una práctica y experiencia. Es una forma de cultivar la conciencia y conectar con quiénes somos y descubrir claridad, compasión y, ¿me atrevería a decirlo? paz. Al hacer esto, aprendemos a vivir en el momento y aceptar nuestra "mente de mono".

De esta manera, nuestro diario matutino se convierte en una meditación, al igual que nuestro recorrido de 5 km o nuestro tiempo en el gimnasio. No se trata solo de sentarse en silencio en un espacio sereno con agua goteando por las paredes. La meditación se puede hacer en cualquier lugar, en cualquier momento, con los ojos abiertos o cerrados.

No estamos tratando de ser monjes budistas, yoguis o maestros Jedi.

Si tu objetivo es volar y entrenar con monjes tibetanos, entonces, por todos los medios, sal en ese avión a reacción. Si, sin embargo, tienes otros objetivos en mente, entonces la práctica ofrecida aquí es darte otra herramienta para desarrollar claridad mental y fortaleza.

De hecho, si quieres ver el poder de la concentración y el beneficio de las meditaciones en movimiento, no busques más allá de la televisión.

Los atletas son ejemplos primordiales de personas que han desarrollado una meditación práctica dentro de sus deportes. No ha habido un libro más excepcional escrito sobre esto que "El Juego Interior del Tenis" de Timothy Gallwey.

> **Se dice que al respirar, el hombre recapitula el ritmo del universo. Cuando la mente se adhiere al ritmo de la respiración, tiende a volverse absorbida y calmada. - Timothy Gallwey**

Aquí cambiamos las metáforas. En la meditación, la práctica es enfocarse en la respiración. En el tenis, la práctica es enfocarse en una pequeña pelota de colores brillantes que casualmente se está moviendo a velocidades extremas. En ambos casos, ¿quién o qué es el enemigo? ¿Es el oponente? ¿Es la multitud? ¿Es la pelota o la respiración?

Ninguno de ellos. Al final, el enemigo eres tú mismo. Competimos con quien éramos el día anterior para mejorar, pero con demasiada frecuencia, nos tratamos a nosotros mismos como un enemigo y no como un aliado.

Nos golpeamos a nosotros mismos con un vergonzoso diálogo interno y comentarios hacia nuestra psique que harían sonrojar a nuestras madres. Como señala Gallwey, los atletas deben aprender a relajar estos pensamientos inútiles. Tal vez ser exigente contigo mismo funcione cuando estás entrenando y no te conformas con menos, pero en el momento, cuando el juego está en marcha, debes aprender a dejarlo pasar.

> **El jugador del juego interior llega a valorar el arte de la concentración relajada por encima de todas las demás**

habilidades; descubre una verdadera base para la confianza en sí mismo; aprende que el secreto para ganar cualquier juego radica en no esforzarse demasiado. - Timothy Gallwey

Al igual que en la meditación, Gallwey predica la idea de un enfoque de "mente relajada" para el juego. En otras palabras, un atleta no puede forzar al juego a que venga a él, debe dejar que fluya. O, como dijo una vez el más notable maestro Jedi Yoda, "La fuerza de un Jedi fluye a través de la Fuerza".

El flujo es la meta última. No podemos forzar la voluntad de otras personas a doblegarse a la nuestra, ese es el camino del Lado Oscuro. En su lugar, debemos aprender a trabajar en congruencia con nuestros pensamientos. Debemos entrenar nuestras mentes para relajarse y aceptar el momento, en lugar de luchar por un pasado que no existe y un futuro formado solo por ideales.

En el deporte y en la meditación, buscamos una concentración relajada. Esto, como señala Gallwey, es el arte supremo porque nada se puede lograr sin él. Ya sea que lo llamemos estado de flujo, en la zona o encendido, todos hemos experimentado esa sensación de excelencia sin esfuerzo. Un deporte como el tenis nos da la habilidad física para desarrollar esta habilidad. Una práctica como la meditación nos da la disciplina intelectual para desarrollarla. Para aprender este arte, se necesita práctica, y la belleza de esta práctica es que la concentración, el flujo y la atención plena se pueden practicar en cualquier momento y en cualquier lugar.

El desarrollo de habilidades internas es necesario, pero es interesante notar que si, mientras aprendes tenis, comienzas a aprender cómo enfocar tu atención y cómo confiar en ti mismo, has aprendido algo mucho más valioso que cómo golpear un revés contundente. - Timothy Gallwey

Pasos accionables:

¿Qué tipo de juego juegas? ¿Compites pasivamente, analizas demasiado o te castigas a ti mismo cuando juegas? A menudo quitamos la alegría de los juegos que amábamos de niños. Encuentra ese juego y juégalo de nuevo, sin embargo, mientras juegas toma nota de la conversación que está ocurriendo en tu cabeza.

Una Práctica Meditativa Simple:

Encuentra un lugar tranquilo.

- Dedica de 3 a 5 minutos.
    1. Encuentra un lugar cómodo. Puede ser de pie, sentado o acostado. Lo que funcione para ti.
    2. Ponga su temporizador.
    3. Cierra los ojos

4.
   Observa tu respiración
5.
   Toma nota de tu cuerpo
6.
   Toma nota de tus pensamientos. Obsérvalos, pero no te involucres con ellos.
7.
   Toma en tu práctica
8.
   Repetir todos los días, o cuando sea necesario.

Día 12:

"Escuchar es un arte que requiere atención por encima del talento, espíritu por encima del ego, otros por encima de uno mismo." Dean Jackson

Instagram nos da una voz. Facebook nos da una plataforma. YouTube nos da una salida. En el mundo de hoy, todos hablan y nadie escucha. Parece que todos están esperando su turno para hablar, en lugar de abrir sus mentes. La tarea de hoy es escuchar. Llama a un amigo, organiza una cita para tomar algo, o inicia una conversación con un extraño, pero escucha atentamente. Dale toda tu atención. No revises tu teléfono. No interrumpas. Déjalos hablar y concéntrate en ellos. La meditación es una práctica que se aplica a más que solo la respiración y el estiramiento.

Capítulo 7:

Este capítulo no está lleno de citas o inspiración.

Esta es quizás la herramienta más simple de todo el libro: Los Cinco Porqués.

Creado por la Toyota Motor Corporation para ayudar en la resolución de problemas, el Método de las Cinco Porqués es precisamente lo que suena. Al resolver problemas, sigue preguntándote por qué hasta que llegues al problema principal.

Taiichi Ohno, el creador del Sistema y autor de "El Sistema de Producción de Toyota", animaba a su empresa a excavar en un problema hasta encontrar la causa raíz.

Este enfoque infantil produce resultados masivos. Los niños son naturalmente curiosos. Ellos nacen científicos. Quieren entender cómo y por qué las cosas funcionan de la manera en que lo hacen.

Entonces, en algún momento de nuestra juventud, esa curiosidad se nos quita a golpes. Nos dicen que nos sentemos, que nos callemos y que escuchemos. Haz lo que se te dice. Sigue las instrucciones. No pienses fuera de la caja.

Entonces, cuando un día se le pide al niño que lidere, a menudo carecemos de las habilidades necesarias para autoanalizarnos, porque todo lo que hemos hecho durante toda nuestra vida es seguir instrucciones.

Estamos construyendo modelos mentales, métodos para desafiar y manejar desafíos. El Método de los Cinco Por Qué nos permite desglosar nuestro rendimiento y fracasos de manera constructiva para descifrar qué salió mal.

Cuando fallamos, nos enfrentamos a un obstáculo, o simplemente queremos comprender una creencia o valor, lo mejor es mirar el concepto con un enfoque metódico.

La primera razón es simple, "¿Por qué sucedió 'X'?" Por lo general, la respuesta se presenta bastante rápido y eficientemente. Los humanos son buenos señalando con el dedo y evaluando la culpa. Incluso las capas segunda y tercera pueden aparecer rápidamente; sin embargo, los niveles cuarto y quinto suelen dar los mejores resultados ya que estamos alcanzando un nivel más profundo de pensamiento crítico.

Para nosotros, el primer por qué también está en línea con la charla TED de Simon Sinek, que es nuestro propósito. Por qué hacemos lo que hacemos es más importante que lo que hacemos. En el panorama general, sea cual sea tu viaje, pregúntate por qué haces esta cosa. A menudo nos encontramos arrastrados hacia carreras y caminos que no son los nuestros. ¿A qué estás atraído? ¿En qué estás interesado? ¿Dónde ves cinta adhesiva?

Es mejor hacer este ejercicio en lugar de explicarlo. Aquí están los pasos para completar el método de Toyota:
1. Identificar el Problema
2. Preguntar por qué cinco veces
3. Encuentra soluciones a la causa raíz

Por lo tanto, ¿cuál es un problema con el que te enfrentas actualmente?

¿Por qué es un problema?

¿Por qué es eso?

¿Por qué es eso?

¿Por qué es eso?

¿Por qué es eso?

Si esta es la causa raíz, ¿cómo solucionamos este problema?

En nuestro caso, queremos desarrollar la fortaleza mental. Por lo tanto, nuestro problema inicial puede ser algo así como, "Me falta el coraje para tomar decisiones difíciles."

¿Por qué? "Tengo miedo de las respuestas que pueda encontrar."

¿Por qué? "Porque esas respuestas pueden resultar en que tenga que hacer cambios difíciles en mi vida, con los que no me siento cómodo."

¿Por qué? "Aunque no he logrado mis metas, estoy cómodo. Tengo un éxito moderado y una buena vida. Si me esfuerzo más, tal vez tenga que renunciar a eso."

¿Por qué? "Porque, a pesar de lograr algunos de mis objetivos, no los he logrado todos, y de hecho, aún estoy persiguiendo el pez grande. Para atraparlo, he dejado ir todas las cosas que me han llevado hasta aquí".

¿Por qué? "Porque en el fondo sé que este leve éxito es un

espejismo, una forma de decirme a mí mismo que está bien, he llegado hasta aquí. Si quiero lo que digo que quiero, entonces debo seguir esforzándome".

Ahora, ¿cómo resolvemos el problema en cuestión? En este ejemplo, una pregunta sobre el "miedo" lleva a una respuesta más profunda de "propósito". El miedo a tomar decisiones difíciles era una forma de esconderse. Ahora es el momento de abordar el problema. ¿Cómo corregimos el rumbo? ¿Cómo construimos sobre este conocimiento?

Si bien el ejemplo era psicológico, el método puede ser bastante práctico. Puede ser utilizado en cuestiones de equipos y deportes, así como en métodos y prácticas.

Acciones concretas:

¿Cuál es un problema que actualmente enfrentas?

Pregúntate por qué cinco veces.

¿Qué puedes hacer para cambiarlo?

Día 14: Aprender

"Vive como si fueras a morir mañana. Aprende como si fueras a vivir para siempre." - Gandhi

El espíritu de hacer preguntas es aprender. En la escuela, con demasiada frecuencia la capacidad de cuestionar se nos quita. Hoy tenemos acceso a una Biblioteca infinita en Alejandría. Busca algo que no entiendas, ya sea mecánica cuántica o cómo peinarte correctamente. ¿Qué es algo que siempre te has preguntado? ¿No sabes quiénes son los Templarios? ¿Qué pasó con el Arca de la Alianza? Despierta el misterio en tu vida cavando en preguntas que generen emoción.

Capítulo 8:

"El propósito de la vida es encontrar la carga más pesada que puedas soportar y soportarla." - Jordan B. Peterson

Los Beatles tienen una canción poderosamente simple llamada "Carry that Weight." Solo tiene tres estrofas con varios interludios, pero en esencia, es una canción tan poderosa. En medio de "Golden Slumbers" y "The End," "Carry that Weight" es el tipo de canción que inexplicablemente persiste mucho después de haber apagado su tocadiscos.

Escucha una de las conferencias o entrevistas del Dr. Jordan B. Peterson por más de cinco minutos, y inevitablemente sentirás lo mismo, junto con preguntarte qué es "El Archipiélago Gulag" y tratar de comprender la gravedad de Pinocho.

En los medios, el Dr. Peterson es retratado como una figura controvertida, colocándose directamente en medio de las guerras culturales, pero al dedicar tiempo a investigar su material, te das cuenta rápidamente de que su mensaje es uno de significado.

"No creo que tengas ninguna idea de tu capacidad para hacer el bien hasta que

tengas una idea bien desarrollada de tu capacidad para hacer el mal." - Jordan B. Peterson

El Dr. Peterson es profesor de psicología en la Universidad de Toronto, sin embargo, a lo largo de su vida ha sido lavaplatos, empleado de gasolinera, camarero, cocinero de comida rápida, apicultor, repasador de puntas de brocas de plataforma petrolífera, obrero de fábrica de contrachapado y trabajador de líneas ferroviarias.

"Afronta voluntariamente las exigencias de la vida. Responde a un desafío, en lugar de prepararte para una catástrofe." - Jordan B. Peterson

El hombre de renombre en internet por promover la importancia jerárquica de los cangrejos y por qué cada ser humano debería leer a Tolstoy y Nietzsche, Peterson es una especie de filósofo moral moderno.

Su libro original de la serie de conferencias/libro de texto "Mapas de Significado" expone el poder de su intelecto. Después de alcanzar la aclamación en internet, su siguiente libro "12 Reglas para la Vida," construye sobre su fama de ser un pragmático; sin embargo, alcanzó la fama en internet después de que varias conferencias y entrevistas se volvieran virales, lanzándolo al círculo intelectual actual.

Si deseas profundizar en las lecciones que el Dr. Peterson tiene para ofrecer, te recomiendo encarecidamente sus libros, que son, como él se refiere a Nietzsche, "una serie de bombas".

Al igual que los Beatles, sus lecciones son simples, pero profundas. Son el tipo de cosas que si vinieran de nuestro padre o madre, desestimaríamos como anticuadas y cliché. Sin embargo, con el Dr. Peterson, trae consigo años de estudio e ingenio que rivaliza con los autores de los que se inspira.

Él promueve reglas como "Haz tu cama", o "Mantén tu casa en orden", y "Di la verdad". Sin embargo, al mismo tiempo, pronunciará una idea poderosa que roza la genialidad.

> **"Cada aprendizaje es una pequeña muerte. Cada nueva información desafía una concepción anterior, obligándola a disolverse en el caos antes de renacer como algo mejor. A veces, tales muertes prácticamente nos destruyen." - Jordan B. Peterson**

Entonces, ¿qué puede enseñarnos un profesor canadiense de psicología sobre la resistencia mental? El Dr. Peterson es un maestro ligeramente diferente al resto de los mentores en este libro. Sus lecciones son sobre el sufrimiento del hombre y el significado que podemos descubrir dentro de él. Él es un antídoto a una época que se analiza a sí misma en internet y que difunde ideas no probadas como un virus a través de las redes sociales.

Él es un campeón de la sabiduría y su uso práctico en la

sociedad moderna. Él es un defensor de la acción y la reflexión, de vivir la vida y aprender de ella, no simplemente intentar entender su significado desde un sillón.

"No tienes la opción de elegir no pagar el precio, solo puedes elegir cuál precio pagar" - Jordan B. Peterson

La vida es para los vivos, y sin embargo, muchos han vivido antes que nosotros. ¿Qué lecciones podemos aprender de ellos? ¿Qué sabiduría eterna ha considerado el hombre digna de ser transmitida a lo largo de las edades en forma de mito, historia y conocimiento?

En todos sus medios, el Dr. Peterson cree en el poder de la historia. Cree en la importancia del mito y la narrativa para ayudar a los seres humanos a procesar información difícil.

En drama, dramaturgos y actores aprenden la importancia de la elección. A los actores se les dice que un personaje se trata completamente de elecciones. ¿Qué hace tu personaje? No se trata de lo que hablan de hacer o filosofan hacer, sino ¿qué hacen en realidad? Los dramaturgos y guionistas elaboran sus historias para centrarse en la importancia de una sola elección, una elección que es destacada por la suma de todas las acciones previas.

Si fueras el héroe en tu propia obra, ¿cuáles serían las acciones que tomarías? ¿Cuál es tu único objetivo, tu súper objetivo en la vida? ¿Qué has hecho para avanzar hacia tu meta? ¿Qué te ha impedido? ¿Has parado? ¿Por qué? ¿Es un breve descanso o has perdido la esperanza? ¿El peso de tu carga se ha vuelto demasiado grande?

En el Capítulo 2, hablamos sobre el viaje del héroe de Joseph Campbell, una parte integral del enfoque psicológico basado en Jung del Dr. Peterson que incluye discusiones sobre la importancia de la metáfora. Campbell para entender el poder del mito y la importancia del papel de la historia en nuestras vidas. Las historias nos permiten no solo proyectarnos en el protagonista, sino también ver nuestro mundo reflejado. Por lo tanto, cuando vemos algo como Pinocho o leemos algo como "El Señor de los Anillos", podemos obtener más información que simplemente entretenimiento.

En cada historia desde Superman hasta Hamlet, el personaje elige levantar la cruz y llevarla. O bien se convierten en el héroe que deseamos que sean o fracasan en completar su viaje.

En nuestras propias vidas, debemos reconocer el poder de la elección y la responsabilidad de la acción. Debemos empezar a poner en orden nuestra casa y tomar nota de la forma en que tratamos a los demás y a nosotros mismos. Con demasiada frecuencia, permitimos que la vida nos lleve de un lado a otro sin hacer inventario. Nos encanta "echarle la culpa al árbitro" por nuestra derrota en lugar de asumir la responsabilidad de nuestros fracasos.

Es hora de ser mejor. Es tomar posesión de tu propia vida y volverte mentalmente saludable de una manera que refleje las grandes lecciones de la historia.

"Vas a pagar un precio por cada maldita cosa que hagas y por todo lo que no hagas. No puedes elegir no pagar un

precio. Puedes elegir qué veneno vas a tomar. Eso es todo." - Jordan B. Peterson

En una publicación de Quora, el Dr. Peterson enumeró 40 máximas para la vida. Aquí, las he resumido para reflejar su segundo libro.

Otras 12 reglas de Jordan B. Peterson

1. Decir la verdad
2. No hagas cosas que odias.
3. Actúa para que puedas decir la verdad sobre cómo actúas.
4. Busca lo que es significativo, no lo que es conveniente.
5. Haz que una cosa mejore en cada lugar al que vayas.
6. No te permitas volverte arrogante o resentido.
7. Trátate a ti mismo como si fueras alguien a quien eres responsable de ayudar.
8. Nada bien hecho es insignificante.
9. Vístete como la persona que quieres ser
10. Leer algo de alguien grandioso.

11.
  Recuerda que lo que aún no sabes es más importante que lo que ya sabes.
12.
  Sé agradecido a pesar de tu sufrimiento.

Pasos concretos:

- Pregunta para reflexionar: ¿Qué carga decides llevar? ¿Qué precio estás dispuesto a pagar por tus metas? ¿Qué es importante para ti?

¿Qué gran libro siempre has querido leer? Comiénzalo junto a este Libro.

Haz una lista de tus propias 12 Reglas para la Vida.

Día 16: Levantar

"Solo recuerda, en algún lugar, una niña china está calentando con tu máximo." - Jim Conroy

¿Levantas pesas, hermano? Todos llevamos un peso metafísico y a veces no hay mejor manera de deshacerse de esa carga que levantando cosas pesadas y luego soltándolas. Hoy, mueve tu cuerpo. Si no haces ejercicio, prueba una rutina de peso corporal. Si levantas pesas, haz yoga. Haz algo, cualquier cosa, que desafíe y expanda tanto tu mente como tu cuerpo. Los dos no están separados sino entrelazados. Hay tanto intelecto en nuestros dedos como en nuestro córtex. Si quieres fortalecer tu mente, comienza por fortalecer tu cuerpo.

Capítulo 9:

"La fuerza mental es salir y hacer lo mejor para el equipo, incluso si las cosas no van exactamente como quieres." - Bill Belichick

Por un tiempo, Bill Belichick estuvo en la contienda por ser el mejor entrenador en la historia del fútbol profesional. Este año, 2019, el debate ha terminado.

Para los no iniciados, Belichick ha llevado a los New England Patriots de la Liga Nacional de Fútbol Americano (NFL) a seis títulos del Super Bowl (2002, 2004, 2005, 2015, 2017 y 2019), lo cual es el mayor número para un entrenador en jefe de la NFL. Para profundizar un poco más, Belichick ha participado en más Super Bowls que cualquier otra franquicia de la NFL (los Steelers, Cowboys y Broncos todos están en segundo lugar con 8 mientras que Belichick tiene 9).

Ahora, después de ganar su sexto anillo en dos décadas y dominar la AFC Este año tras año, los New England Patriots y el entrenador en jefe Belichick han llegado a definir el éxito.

Sin embargo, para Belichick, el murmurador descontento en el micrófono cuya cita favorita es, "Haz tu trabajo", el éxito no llegó rápidamente ni fácilmente. No fue hasta que cumplió 39 años que lideró a un equipo de fútbol americano en el campo, y aún así, terminó en desastre; sin embargo, no es el fracaso lo que define la vida de Belichick tal como lo conocemos, es el ganar.

"Se hace el trabajo o no se hace." - Bill Belichick

Belichick trabajó como entrenador asistente para los Detroit Lions, los Denver Broncos y, finalmente, los New York Jets donde fue entrenador bajo la leyenda Bill Parcells. Después de ganar dos Super Bowls con Parcels, Belichick fue contratado como entrenador en jefe de los Cleveland Browns. Allí, llevó a los Browns a solo una temporada ganadora en cinco años y fue despedido. Parcells lo recibió de vuelta en los Jets, donde fue ascendido a entrenador en jefe tras la jubilación de Parcells, sin embargo, solo mantuvo el trabajo durante un día antes de irse a Nueva Inglaterra.

"No hay atajos para construir un equipo cada temporada. Construyes la base ladrillo a ladrillo." - Bill Belichick

Las cosas no lucían mucho mejor en Boston. Después de terminar 5-11 en su primer año y comenzar su segundo con un récord de 0-2 en 2001, el Imperio del Mal no comenzó a destacar hasta que Belichick se unió a un mariscal de campo entonces desconocido llamado Tom Brady (podríamos escribir un capítulo separado sobre Brady, pero él tiene su propio libro y método TB12). Desde entonces, los dos han dominado la NFL.

El objetivo de Belichick es simple: ganar. Al inicio de su carrera aprendió a analizar películas, reclutar jugadores y evaluar equipos. A medida que se convirtió en el entrenador que es hoy, aprendió a infundir en cada nivel de su organización la mentalidad ganadora que posee.

El deseo de Belichick de ganar, su ética de trabajo y su mentalidad son las cosas de Napoleón y Alejandro Magno. Aprendiendo de sus mentores, tomó lo que funcionaba y aprendió a construir el mejor sistema.

"Él entendió que la clave del éxito, el secreto para lograrlo, estaba en dominar el trabajo pesado, todos los pequeños detalles... las pequeñas cosas no eran cosas pequeñas, porque era la acumulación de pequeñas cosas lo que hacía que sucedieran grandes cosas." — David Halberstam, La educación de un entrenador

Esta es quizás mi lección favorita de Belichick. Comenzó haciendo el trabajo duro. Se ofreció como voluntario para estudiar filmaciones, algo que se convertiría en su mayor fortaleza. Hace mucho tiempo, cuando nadie más veía la importancia de analizar películas, Belichick dominó la habilidad.

Hizo algo que nadie más quería hacer, estaba dispuesto a hacer, y se convirtió en el mejor en ello. Esta habilidad, la capacidad de analizar datos y evaluar jugadores, se ha convertido en la única habilidad en la que los Patriots basan su éxito, y era un trabajo de hormiguita.

Tomó el entendimiento de formaciones y esquemas de su padre y lo aplicó al análisis. Luego tomó esa habilidad y dio sus resultados a un mentor. Belichick se convirtió en parte de un equipo y luego dedicó su habilidad al bien mayor.

Aquí hay dos puntos clave adicionales de la carrera de Belichick:

Encuentra tu pasión y desarrolla tus talentos naturales.

2. Ganar es un hábito que debe ser perfeccionado

Decir que Belichick ama el fútbol es decir que el Océano Atlántico está húmedo. El hombre es un maestro táctico. Para convertirte en un experto o maestro en lo que haces, necesitas hacer una inversión considerable de tiempo y esfuerzo. Aprendes de la experiencia, es cierto, pero también aprendes enormemente durante los momentos "de inactividad" cuando no estás compitiendo activamente en lo que haces.

El padre de Belichick era entrenador, y le inculcó un amor por el juego. Sin embargo, ese amor por el juego no fue suficiente para convertir a Belichick en un atleta profesional, de hecho, apenas era aceptable como universitario. Entonces, ¿cómo logró Belichick tomar ese amor por el juego y construir la franquicia de fútbol americano más exitosa de todos los tiempos? Aprendió de los mejores, hizo el trabajo duro y construyó sobre lo que creía.

"Cada juego es un juego importante para nosotros. No importa qué semana sea la próxima, a quién enfrentamos, si es una semana de descanso, Día de Acción de Gracias, Navidad, Halloween, Día de Colón. No nos importa. Solo

estamos tratando de salir y ganar un juego." - Bill Belichick

La excelencia es un hábito. El trabajo duro es un hábito. Ganar es un hábito. Hay quienes practican hasta que lo hacen bien y quienes practican hasta que no pueden equivocarse. ¿Adivina cuál es Belichick?

"Su filosofía desde el principio fue 'No dejar piedra sin mover' y 'No dejar melopea sin empujar para ganar'. Y el resultado de eso fue que trabajabas hasta el agotamiento. Pero nunca te pedía que hicieras algo que él no estuviera haciendo". - Rick Venturi

Por lo tanto, Belichick dio el ejemplo y lideró el camino. Él dedicó más horas que todos los demás y construyó un hábito de ganar desde cero. Presta atención a los detalles y ama a los jugadores que hacen lo mismo. De hecho, si le preguntaras a Belichick sobre sus jugadores, te diría que no son los más talentosos, ni los más dotados, sin embargo, lo que diría es que son los más dedicados, los más versátiles y los más fundamentalmente sólidos.

"Creo que seguiremos intentando mirarnos en el espejo y ver dónde podemos hacer un mejor trabajo, tal vez dónde podemos mejorar el proceso. Pero creo que los fundamentos del proceso seguirán siendo los mismos." - Bill Belichick

Cada entrenador deportivo desde la aurora de los tiempos ha gritado las palabras, "Practica los fundamentos." Junto a "la defensa gana campeonatos", esta frase grabada en tu cerebro desde la Pequeña Liga hasta la Universidad.

Para Belichick, de hecho, puede ser su mantra.

El fútbol es la obsesión de Belichick y es el juego que impulsa el éxito del hombre. Su fortaleza mental se basa en su amor por el juego y le da la fuerza para hacer el trabajo, por pequeño que sea, que necesita ser hecho.

"Sin días libres." - Bill Belichick

Tienes que estar dispuesto a trabajar. La fuerza mental tiene tanto que ver con entender quién eres y qué estás dispuesto a sacrificar como con la habilidad y modelos mentales para tomar decisiones difíciles.

Una de las cosas por las que Belichick es conocido es por la capacidad de saber cuándo dejar ir a un jugador. Hay jugadores tan identificados con la marca de los Patriots que no puedes ir a un bar en Boston sin ver una foto de ellos colgada en la pared, y sin embargo, Belichick no permite que eso se interponga en el camino del objetivo final. Él conoce el objetivo; por lo tanto, sabe lo que debe hacerse para alcanzar el objetivo.

¿Qué estás dispuesto a dedicar tiempo? La vida es dura. Tu viaje es difícil. Tienes que estar dispuesto a escalar la montaña para llegar a la cima.

Pasos Accionables:

Sea cual sea tu objetivo, mira toda la vida. Si quieres empezar un negocio, fíjate en el trabajo pesado involucrado, no solo en las recompensas. Si quieres ser actor, ¿estás dispuesto a hacer audiciones, aprender líneas y trabajar de mesero para sobrevivir? Si quieres ser escritor, ¿estás dispuesto a dedicar horas y horas de trabajo, a la edición, a la trama, a los fracasos? Si quieres empezar un negocio, ¿estás dispuesto a ver morir tu idea, desarrollarla de nuevo, una y otra vez?

¿Qué habilidades son pasadas por alto en tu área? ¿Qué pequeños hábitos construyen un éxito duradero? ¿Qué ejercicios construyen el hábito de la excelencia?

¿Cuál es tu mayor éxito? ¿Cuál es tu mayor fracaso? ¿De cuál aprendiste más?

Día 18: Círculos Pequeños

El secreto es que todo está siempre en juego. Cuanto más presentes estemos en la práctica, más presentes estaremos en la competencia, en la sala de juntas, en el examen, en la mesa de operaciones, en el gran escenario. Si tenemos alguna esperanza de alcanzar la excelencia, ni hablar de mostrar lo que tenemos bajo presión, tenemos que estar preparados con un estilo de vida de refuerzo. La presencia debe ser como respirar.

El libro de Josh Waitzkin "El arte de aprender" es una lectura obligada, simplemente no hoy. Su lección definitiva que transmite es que el dominio se trata de círculos cada vez más pequeños. El aficionado se centra en los trazos amplios para poder entretener a las personas en fiestas con trucos de salón, pero el maestro se enfoca en los detalles. En lugar de cargar con nueva información hoy, toma algo en lo que ya eres bueno. Si eres un portento en el gimnasio, ¿qué podrías hacer para mejorar? Si eres un increíble orador público, ¿de quién podrías aprender para ser aún mejor? ¿Cómo pasas de mediocre a maestro? Cuanto más competentes y seguros estamos en lo que sabemos, mayor es nuestra capacidad de liderar y perdurar. Encuentra algo en lo que eres excelente y decide dominarlo.

Capítulo 10:

Esta es la lección: nunca ceder, nunca ceder, nunca, nunca, nunca, nunca - en nada, grande o pequeño, importante o trivial - nunca ceder excepto a convicciones de honor y buen sentido. Nunca cedas ante la fuerza; nunca cedas ante la aparentemente abrumadora fuerza del enemigo. - Winston Churchill

Puede que no haya un líder más citable en la historia de la humanidad que Winston Churchill. Él podía decir ingeniosas ocurrencias como, "El precio de la grandeza es la responsabilidad," y luego darle la vuelta y humillar a un rival como lo hizo cuando Lady Aster comentó, "Winston, si fuera tu mujer, pondría veneno en tu café," a lo que Churchill respondió, "Nancy, si fuera tu marido, me lo bebería."

El ingenio y el humor aparte, Churchill guió a Inglaterra a través de uno de los desafíos más difíciles en la historia humana. Cuando el hombre dijo: "Si estás pasando por el infierno, sigue adelante", lo dijo en serio.

Conocido como soldado y periodista, un elitista y estadista, un orador y autor, llevó una vida complicada defendiendo la democracia durante una época de tiranía.

"El valor es lo que se necesita para levantarse y hablar, también es lo que se necesita para sentarse y escuchar." - Winston Churchill

Podríamos dedicar un libro entero a lo que hizo que Churchill fuera mentalmente fuerte. De hecho, cada década de su vida se lee como una parte diferente de una serie de libros, ya sea en sus primeros años como soldado y periodista cuando escribió cinco novelas a la edad de 26 años, o en la siguiente década cuando se unió al partido conservador y lideró la lucha por reformas sociales como la jornada laboral de ocho horas y el seguro de salud pública, o la exitosa obra en dos partes en la que lideró el espíritu de Gran Bretaña en su hora más oscura contra Adolf Hitler y los nazis, solo para ser nombrado Primer Ministro dos años después y luego regresar para defenderse contra la Cortina de Hierro.

Sin necesidad de decirlo, Churchill vivió una vida de excelencia. Para mantener este capítulo en el espíritu del resto de este libro y no convertirse en un festín de amor por uno de los más grandes pensadores políticos del siglo XX, he dividido las lecciones que podemos aprender de Churchill en cuatro partes:

● Valentía

● Educación

Aventura

◉ Confianza

Churchill nunca se rindió, y nunca se rindió. Siempre defendió lo que creía, no simplemente cediendo ante la marea de su partido. Su apodo, "El Bulldog Inglés", le queda perfectamente, recordándonos su firmeza y que sin importar el tamaño del obstáculo frente a él, no retrocedió.

> **"Todas las cosas más grandes son simples, y muchas pueden ser expresadas en una sola palabra: libertad; justicia; honor; deber; misericordia; esperanza." - Winston Churchill**

Coraje

El famoso discurso de Churchill "Lucharemos en las playas" que pronunció ante el Parlamento el 4 de junio de 1940, es el ejemplo perfecto de la indiscutible determinación del hombre. Lo que la gente olvida sobre este discurso es que sigue a uno de los mayores desastres militares durante la Segunda Guerra Mundial y, en esencia, Churchill está preparando a la nación para una invasión.

Sin embargo, el hombre no vaciló. En un momento difícil, se convierte en el héroe que Inglaterra necesitaba, y a través de la oratoria entregó las palabras que el pueblo necesitaba escuchar.

"El coraje es justamente estimado como la primera de las cualidades humanas porque se ha dicho que es la cualidad que garantiza todas las demás." - Winston Churchill

Todos seremos probados. Todos nos encontramos en una cueva de desesperación aparentemente sin salida. Todos debemos aprender a enfrentar nuestros miedos, por más grandes o pequeños que sean. Cuando se ve amenazado por el peligro, no es deber de un hombre huir, sino de pararse y enfrentar al enemigo. Porque, si te enfrentas a él "adecuadamente, sin titubear, reducirás el peligro a la mitad".

Confianza

Churchill fue famosamente seguro de sí mismo, bordeando, en algunas descripciones, la vanidad. Él creía que estaba destinado a la grandeza, como lo señaló en cartas a casa durante su primera guerra; sin embargo, esta creencia en sí mismo guiaba sus acciones. Se podría argumentar que fue esta creencia inquebrantable la que impulsó a Churchill a ser la roca que se convertiría durante la Segunda Guerra Mundial. Aunque no sugiero que descargues el último seminario de Tony Robbins, estoy recomendando que desarrolles confianza en ti mismo, en tus habilidades y en tus decisiones. Dedica las horas necesarias para ser el mejor en lo que haces y construye tu confianza en los resultados. El trabajo duro construye la confianza, la confianza construye el éxito.

Tenemos ante nosotros muchos, muchos largos meses de lucha y sufrimiento. ¿Preguntáis cuál es nuestra política? Puedo decir: Es librar guerra, por mar, tierra y aire, con todo nuestro poder y con toda la fuerza que Dios nos pueda dar; librar guerra contra una monstruosa tiranía, nunca superada en el oscuro, lamentable catálogo de crímenes humanos. Esa es nuestra política. ¿Preguntáis cuál es nuestro objetivo? Puedo responder en una palabra: Es la victoria, la victoria a toda costa, la victoria a pesar de todo terror, la victoria, por más larga y difícil que sea la senda; porque sin victoria, no hay supervivencia.

Educación

Recordamos a Churchill no solo por sus decisiones, sino por su ingenio. Su personalidad era tanto parte de su encanto, si no más, que su política. Sus ocurrencias y insultos se convirtieron en legendarios, perdurando más allá de su época. Era erudito y elocuente y escribió numerosos libros a lo largo de su vida. Creía en la palabra escrita, y pulía sus discursos para perfeccionar su tiempo y fluidez. Utilizaba el poder del lenguaje para conectar con la gente, ya sea en el campo de batalla o al lado del hogar. Para lograr todo esto, Churchill era un ávido lector y se educaba sobre los temas que más le importaban.

El punto es que debemos ser aprendices de por vida. Debemos seguir agregando a nuestro arsenal y profundizar nuestros conocimientos sobre los temas que nos conciernen. A través del dominio y la educación, podemos mejorar nuestro impacto y desarrollar las habilidades y la confianza necesarias para tener éxito.

"Mejorar es cambiar, así que ser perfecto es cambiar a menudo." - Winston Churchill

Aventura

Su vida fue una aventura. Luchó en los campos de batalla y en el parlamento. Viajó por el mundo muchas veces y disfrutó de sus experiencias convirtiéndolas en historias y novelas. Sus primeras experiencias allanaron el camino para su comprensión del mundo y lo convirtieron en el líder que Gran Bretaña necesitaba.

Vivimos en un tiempo que nos puede arrullar para dormir. Podemos vivir la vida a través de una computadora portátil y nunca experimentar la belleza que nos rodea. El mundo está lleno de territorios inexplorados, tanto intelectuales como físicos. Nunca permitas que el miedo a lo desconocido te impida vivir tu vida. Las personas mentalmente fuertes buscan desafíos, buscan obstáculos que parecen insuperables, y nunca se echan para atrás.

> "Cada día puedes avanzar. Cada paso puede ser fructífero. Sin embargo, se extenderá ante ti un camino cada vez más largo, cada vez más ascendente, cada vez mejor. Sabes que nunca llegarás al final del viaje. Pero esto, lejos de desanimarte, solo agrega alegría y gloria a la escalada." -Winston Churchill

Pasos Accionables:

- ¿Qué es algo que siempre te ha asustado? ¿Cómo puedes enfrentar ese miedo directamente y superarlo?

¿En qué eres mejor que la mayoría de las personas? ¿Cómo puedes adentrarte más en esa habilidad y convertirte en un maestro?

¿Cuál es un período o tema que siempre has querido estudiar pero has pospuesto? Encuentra un libro, curso en línea o clase local que ofrezca las ideas que deseas.

-¿Dónde quieres ir? Encuentra una nueva aventura. Si no puedes pagarlo ahora, encuentra algo que puedas. Descubre un restaurante nuevo, un libro, un museo, que te permita saciar esa necesidad y comienza a apartar los fondos para embarcarte en esa aventura.

Día 20: Triturar

"No es que sea tan inteligente, es solo que me quedo con los problemas por más tiempo." - Albert Einstein

Las cosas que llevan mucho tiempo nos disuaden. Los libros grandes, las largas caminatas y las relaciones asustan a la gente. Sin embargo, si hay un superpoder que separa a los sobresalientes de las personas normales, es su capacidad de permanecer más tiempo con las cosas. Hoy, estamos tratando de graduar a nuestros estudiantes más rápido ofreciendo programas de dos años y maestrías que se pueden hacer en un curso de verano. ¿Es eso dominio? Estamos en la generación de atracones. ¿Por qué esperar para ver el próximo episodio la próxima semana cuando podrías quedarte despierto hasta la medianoche esta noche? A veces, las cosas llevan tiempo. Eso no significa que no debamos esforzarnos por aprender más rápido, pero las callosidades tardan en formarse. Comienza algo que no se pueda hacer en un día. Encuentra un rompecabezas con mil piezas o un libro que podría servir de peso para papel, podría recomendar algo de Tolstoi o Dumas si te sientes aventurero. Todos deberíamos plantar árboles que solo nuestros hijos se beneficiarán de la sombra.

Capítulo 11:

"La disciplina equivale a la libertad" - Jocko Willink

Existe una conexión entre construir fuerza mental y el ejército. Tal vez sea porque las consecuencias son graves y la necesidad de éxito apremiante.

No es de extrañar entonces que un hombre como Jocko Willink, autor, podcaster y ex Navy SEAL, aparezca en este libro. Él participó en intensas acciones de combate durante la Batalla de Ramadi, liderando la Unidad de Tarea Bruiser del Equipo Tres de SEALs, y es el autor de "Extreme Ownership: How US Navy Seals Lead and Win".

Un destinatario de la Estrella de Plata y Bronce por su servicio durante la Guerra de Iraq, Jocko es un maestro en desarrollar tanto la fuerza física como mental. La idea detrás de su libro, al igual que Jocko, es simple pero efectiva. La idea de "Extreme Ownership" es que el líder es responsable del éxito o fracaso del equipo. Punto.

Los verdaderos líderes no pasan la responsabilidad a otros. No culpan a otros ni buscan chivos expiatorios. El fracaso de un compañero es un fracaso del liderazgo. Por lo tanto, los líderes no buscan excusas, encuentran la manera de ganar.

"Propiedad extrema. Los líderes deben

ser dueños de todo en su mundo. No hay nadie más a quien culpar." - Jocko Willink

Ya sea Bill Belichick o Nick Saban, los líderes exitosos no dan excusas, y su medida de éxito es simple. ¿Ganaron?

Cuando las vidas de las personas están en juego, el fracaso es más que una "L". La clave para un gran liderazgo es que comienza con el individuo, ya sea el entrenador o un estudiante de primer año, y se extiende a cada uno de los miembros del equipo, por eso los grandes entrenadores parecen encarnar el espíritu de su equipo.

En su libro y su podcast, Jocko es excelente para impartir sabiduría atemporal para fortalecer tu mente. Él es un defensor del ejercicio diario, entrenamiento en artes marciales, y llevar tu mente y cuerpo hasta los límites. Lo hace, no como una forma de castigar su cuerpo, sino como una forma de dominar su propia mente.

"Cuando crees que no puedes soportar más... ¿adivina qué? Puedes - Está COMPROBADO por las historias de PERSONAS ORDINARIAS en la guerra." - Jocko Willink

Debes ser el maestro de tu propia mente. Como sugirieron los estoicos, solo puedes controlar tus pensamientos y acciones, no los de otras personas. No puedes cambiar el tráfico ni resolverlo, así que no pierdas tu tiempo quejándote al respecto.

Las personas que tienen éxito deciden que van a ser exitosas. Ellos toman esa elección. Deciden estudiar duro. Deciden trabajar duro. Deciden ser la primera persona en llegar al trabajo y la última en irse a casa. - Jocko Willink

No subimos a la ocasión, subimos al nivel de nuestro entrenamiento. Debemos imponer estándares más altos en nosotros mismos. Una vez que se acepta el bajo rendimiento, entonces se convierte en el estándar. Debemos enseñarnos a ser mejores día tras día. Si queremos liderar a otros, debemos establecer altos estándares para nosotros mismos.

La autodisciplina es tan simple como levantarse temprano y hacer la cama todos los malditos días.

Para mejorarte a ti mismo, concéntrate en una decisión a la vez. Simplemente no podemos tirar en múltiples direcciones a la vez. Para lograr cualquier cosa, debemos fijar nuestra meta y avanzar hacia ese fin.

Como dijo Zig Ziglar, la motivación no dura; por lo tanto, no puedes depender de ella. Conviértete en tu propia motivación construyendo hábitos. Aprende de todos. No idolatres a nadie. Puedes aprender de todos, incluso si es aprendiendo lo que no hacer.

Enfócate en tus metas y toma acciones diarias para acercarte a ellas. Como el interés compuesto de Warren Buffet, pequeños pasos se convierten en millas con el tiempo. Pero debemos hacer el trabajo. Debemos dedicar horas. Jocko suele decir que no hay fines de semana. Belichick ha gritado "¡Sin días libres!" en desfiles del Super Bowl. Las pesas no se moverán solas. El libro no se va a escribir solo. El trabajo hay que hacerlo.

"Todo el mundo quiere una especie de píldora mágica, algún truco de la vida, que elimine la necesidad de hacer el trabajo. Pero eso no existe." - Jocko Willink

La fortaleza mental no proviene de sentarse en el sofá viendo televisión. La fuerza para tomar decisiones difíciles no se desarrolla tomando martinis y comprando un nuevo juguete. Escapamos a través de las ilusiones de Netflix. Construimos nuestro ego protegiéndolo de los desafíos.

Para construir una verdadera fortaleza mental debemos empujar nuestra mente y cuerpo hasta sus límites. La única forma en que podemos hacer eso es persiguiendo la meta más grande, llevando la carga más pesada y enfrentando al dragón más grande que podamos encontrar.

Para hacer esto, debemos salir de nuestra zona de confort y aprender. Encuentra una clase, encuentra un maestro, adquiere una nueva habilidad o pasatiempo. Comprométete con un nuevo deporte, sé parte de un equipo y acepta tu rol como estudiante. Todos los grandes líderes aprendieron a liderar de otros y forjaron su voluntad a través de sus pruebas.

Establece estándares para ti mismo y mantén el rumbo. Adopta las habilidades que necesitas para tener éxito y ¡atrápalo!

> "La Oscuridad no puede extinguir tu luz. Tu VOLUNTAD. Tu determinación. No importa lo que esté sucediendo, no importa lo difícil que sea la lucha. Mientras sigas luchando, ganas." - Jocko Willink

Pasos Accionables:

Antes de irte a la cama esta noche, pregúntate:

¿Quién soy yo?

¿Qué he aprendido hoy?

¿Cómo he progresado hacia mis metas?

¿Cómo he llegado a ser más inteligente/fuerte?

Día 22: Hábito

"Las cadenas de hábito son tan ligeras que no se sienten hasta que son tan pesadas que no se pueden romper." - Warren Buffett

Si Einstein acuñó la frase, "interés compuesto" luego Warren Buffet lo monetizó. Presta atención al consejo de uno de los hombres más ricos de la historia. Los hábitos generan cambios duraderos. Los malos hábitos destruyen la vida de las personas, los buenos hábitos las elevan. Cepillarse los dientes todas las noches es un buen hábito. Hacer la cama es un buen hábito. Son repetibles. Son factibles. Son tareas alcanzables. A menudo, si queremos ver qué está mal en nuestras vidas, no tenemos que mirar más allá de nuestras propias habitaciones. Queremos decirle al mundo qué hacer con su dinero y a otras personas cómo mejorar sus vidas, pero a menudo nos negamos a mantener el orden en nuestra propia casa. Los buenos hábitos generan más buenos hábitos. ¿Cuál es un hábito que puedes añadir a tu vida ahora mismo que no se ha mencionado en este libro? ¿Está sucio tu cuarto? ¡Límpialo! ¿El fregadero de la cocina está lleno? ¡Vacíalo! A veces, triunfar en la vida es tan simple como pagar las cuentas a tiempo.

Capítulo 12:

"Durante la temporada, tu equipo debe ser liderado con exuberancia y emoción. Debes vivir la aventura. Debes vivirla correctamente. Debes vivirla juntos. Debes vivirla compartida. Debes tratar de hacer que los demás sean mejores. Debes llamar la atención si alguien no está haciendo su parte. Debes abrazar a los demás cuando lo están haciendo. Debes estar decepcionado en una derrota y exaltado en una victoria. Todo se trata de la aventura." - Coach K

Tres nombres definen el baloncesto de la NCAA: John Wooden, Pat Summitt y Mike Krzyzewski. Se han escrito numerosos libros sobre Wooden y su proceso, Summit es el entrenador de baloncesto más exitoso en la historia de la NCAA, y el Coach K tiene el nombre más difícil de escribir en el juego.

Gracias a su apellido difícil de deletrear y igualmente difícil de pronunciar, el mencionado Coach K es el entrenador principal de baloncesto en la Universidad de Duke, un programa que de no ser por Coach K sería una escuela de leyes en la sombra de su contraparte mucho más grande, la Universidad de Carolina del Norte. Con cinco campeonatos de la NCAA, 12 Final Fours, 12 títulos de temporada regular de la ACC y 14 campeonatos del Torneo de la ACC, solo Wooden (10) tiene más títulos a su nombre que Coach K.

"Enfrentarse simplemente significa enfrentar la verdad de frente." - Coach K

El coach K define el éxito para mí. Sin embargo, parte de lo que define su éxito es su habilidad para cambiar como entrenador de baloncesto. Comenzó su carrera como entrenador bajo el estilo "a mi manera o a la autopista" del entrenador Bobby Knight, quien también es exitoso pero recordado tanto por sus payasadas como por su coaching. Sin embargo, a lo largo de la carrera del coach K, ha aprendido a adaptarse al cambio constante del juego una y otra vez. Constantemente aprende tanto de sus jugadores como ellos de él, y cada año es un nuevo proceso.

Es notable cómo el entrenador K redefine su equipo y su proceso constantemente. No se puede señalar una firma específica que defina su carrera como entrenador, excepto su capacidad de adaptación. Ha construido organizaciones potentes basadas en seniors, como las lideradas por Christian Laettner, así como talentos estelares de freshmen como el actual equipo centrado en Zion Williamson.

Él ha comentado sobre aprender nuevas formas de entrenar de grandes jugadores como Lebron James y Chris Paul, líderes en la NBA que le enseñaron al Entrenador K cómo trabajar con jugadores excepcionalmente talentosos. Ha alterado su estilo defensivo de hombre a hombre de toda la vida para que coincida con la fisicalidad del equipo o proteger a ciertos jugadores de agotarse (notablemente en el Campeonato Nacional con Jahlil Okafor, un centro estrella, en 2015).

"Intento ver cada nueva temporada como un nuevo desafío porque tengo un nuevo equipo con el que trabajar, nuevos oponentes a enfrentar y a menudo nuevas ideas y teorías para probar." - Coach K

Además, lo ha hecho de la manera correcta. Incontables jugadores de baloncesto de Duke han llegado a ser líderes, no solo en la NBA, sino también en la radiodifusión, los negocios y las comunidades. Durante el tiempo del entrenador K, no ha habido escándalos, suspensiones ni controversias. El entrenador K es un líder sereno dentro y fuera de la cancha.

A lo largo de los años ha tenido una tasa de graduación tan alta como del 100%, incluso manteniendo una tasa de graduación más alta durante la era de los jugadores de "One-and-Done", una etiqueta dada a los jugadores que solo juegan un año en la NCAA antes de ir a la NBA, que otras universidades importantes.

En otras palabras, el hombre es un líder. Él es disciplinado. Él tiene valores. Él es mentalmente fuerte. Él ve el baloncesto como un medio para un fin. Él se ve a sí mismo como un maestro que entrena baloncesto.

Entonces, ¿qué hay que aprender?

1. El equipo es más fuerte que una persona.
2. Adaptarse o morir
3. Convicción

"Desarrollas un equipo para lograr lo que una sola persona no puede lograr sola. Todos nosotros solos somos más débiles, por mucho, que si todos estamos juntos." - Coach K

Como ha señalado el Entrenador K, cuando se reúne por primera vez a un grupo, no son un equipo, son un grupo de individuos. Él entiende la importancia de los "Jims y Joes" en lugar de las "x" y "o". La importancia de un equipo son las personas reunidas.

Mientras amamos el culto a la personalidad, la mayoría de las acciones no se pueden llevar a cabo solos. Frodo necesitaba a Samwise, un enano y un elfo. Jordan necesitaba a Pippen, Kerr y el Maestro Zen Phil Jackson. Los Vengadores tuvieron que unirse para derrotar a Loki, ese extraño robot Ultron y a Thanos. Demonios, incluso en la NBA se necesitó al mejor equipo jamás reunido, los Golden State Warriors (bajo la dirección de Steve Kerr, cabe destacar) para derrotar al increíblemente talentoso Lebron James.

El liderazgo lleva tiempo. La confianza lleva tiempo. Los equipos llevan tiempo. Nadie, ni siquiera el Entrenador K, comienza con confianza, ésta debe ser ganada. Es esta comprensión la que ha llevado al Entrenador K a tener éxito en múltiples niveles. Permite que su equipo asuma responsabilidades. Permite que sus jugadores se conviertan en hombres.

En nuestras vidas, operamos en equipos. Los llamamos negocios, familias y amigos, pero trabajamos en grupos. Incluso si practicamos deportes individuales como tenis y golf, aún necesitamos entrenadores y caddies. Además, si producimos música y baile en solitario, todavía necesitamos productores y un ritmo.

Lo escribiré aquí: Elon Musk no lo hizo solo. Jeff Bezos no lo hizo solo. Marky Mark necesitaba a la Funky Bunch.

Eres la sumatoria de las cinco personas con las que pasas más tiempo. Al construir tu equipo, pregúntate qué aporta esta persona. Ya sea en la oficina o en la vida, a menudo nos rodeamos de personas que no tienen nuestros mejores intereses en mente. Muchas veces, la gente nos ve como un medio para un fin. Si realmente estás tratando de lograr algo increíble, y lo estás haciendo, entonces debes proteger a tu círculo interno.

Nota* Todos tenemos que lidiar con personas difíciles. Es un hecho de la vida. Aunque podemos limitar su impacto en nuestra experiencia, no podemos erradicarlos por completo, ya sea el compañero de trabajo que no hace nada hasta la hora feliz, o el tipo que te corta en el tráfico de las 5 en punto. En este caso, recomiendo la cita de Marcus Aurelius:

Comienza cada día diciéndote a ti mismo: Hoy me encontraré con interferencias, ingratitud, insolencia, deslealtad, malas intenciones y egoísmo, todos ellos debido a la ignorancia de los transgresores sobre lo que es bueno o malo. Pero por mi parte, hace mucho que he percibido la naturaleza del bien y su nobleza, la naturaleza del mal y su mezquindad, y también la naturaleza del propio culpable, que es mi hermano (no en sentido físico, sino como un ser similarmente dotado de razón y una parte de lo divino); por lo tanto, nada de eso me puede dañar, ya que nadie puede implicarme en lo degradante. Tampoco puedo enojarme con mi hermano o pelear con él; ya que él y yo nacimos para trabajar juntos, como las dos manos, pies o párpados de un hombre, o las filas superior e inferior de sus dientes. Obstruirse mutuamente va en contra de la ley de la Naturaleza - y ¿qué es la irritación o la aversión sino una forma de obstrucción?

2. "Demasiadas reglas se interponen en el camino del liderazgo. Simplemente te encasillan... Las personas establecen reglas para evitar tomar decisiones." - Coach K

Hecho famoso por la película "Moneyball" y profundizado por escritores deportivos en todas partes, "Adaptarse o morir" podría ser un lema del siglo XXI, de cualquier siglo en realidad. Los seres humanos nos adaptamos, es la forma en que hemos sobrevivido tanto tiempo como lo hemos hecho. El hombre de las cavernas que adoptó el palo vivió para comer otro día, los equipos que adoptaron la ofensiva difundida llegaron a las finales.

Hubo un tiempo en el baloncesto en el que los centros de espaldas al aro como Shaquille O'Neal y Tim Duncan dominaban el juego. Hoy en día, un centro que no puede tirar es un problema defensivo, y solo juega de una manera está desempleado. Si bien cambios extensos en las reglas ayudaron en esta evolución del juego, también lo hizo la habilidad de los jugadores para tirar triples. ¿La moraleja? El juego ha cambiado.

El entrenador K comenzó su carrera en Duke en 1980 después de cinco años con el baloncesto del Ejército. La diferencia entre el baloncesto en 1980 y 2019 es más o menos la misma que entre una computadora Apple de entonces y un iMac ahora.

En los primeros años, un jugador tenía que completar los cuatro años de la universidad antes de irse a la NBA. Esto significaba que jugadores como Michael Jordan y Charles Barkley pasaron largas carreras en la NCAA antes de pasar a profesionales. Esto también significaba que el juego era bastante diferente en competencia.

El entrenador K entiende esto mejor que nadie. Comenzó su carrera como entrenador durante la época de jugadores que permanecían cuatro años en el equipo. Jugadores como Grant Hill, Christian Laettner, Shane Battier, Jay Williams, Mike Dunleavy Jr., Carlos Boozer personificaron este modelo. Duke era un equipo de hombres contra niños.

Él construyó sus equipos en torno a los jugadores de último año, liderazgo senior y el tiempo para desarrollar a un jugador desde un estudiante de primer año hasta un líder. Hay una gran diferencia entre un fenómeno de 18 años y un estudiante de último año de 22 años. Durante la era del baloncesto de espalda a la canasta, esto era dolorosamente obvio. Para competir en baloncesto durante ese tiempo, cuando el contacto con las manos era legal y las faltas entre los gigantes eran aceptadas, los equipos tenían que ser duros, experimentados y disciplinados. También fue una época en la que jugadores como Kevin Garnett, Kobe Bryant, LeBron James irían directamente a la NBA; sin embargo, en 2006 todo eso cambió ya que la NBA decidió que un jugador debía jugar al menos un año en baloncesto.

¿Por qué es esto tan importante? El juego cambió

instantáneamente. De repente, los mejores jugadores del mundo tuvieron la obligación de jugar al menos un año en la NCAA, pero no más. Y con esa decisión, comenzó la era de "one-and-done". Esto llevó a jugadores como Kevin Durant a jugar un año en la universidad y dominar la competencia y a equipos enteros como el equipo de Campeonato Nacional de 2012 dirigido por el entrenador John Calipari y el center novato Anthony Davis.

El entrenador K ya no tenía el tiempo para desarrollar a sus jugadores durante cuatro años, sino que, en cambio, tuvo que adaptarse a las nuevas reglas de la NCAA. Para el entrenador K, esto significaba cambiar principios, estilos de entrenamiento y habilidades de liderazgo. Tuvo que aprender a desarrollar un equipo en un año, cada año, en lugar de construirlo durante varios.

¿El resultado? Desde 2006, el entrenador K ha ganado dos Campeonatos Nacionales, cinco temporadas con más de 30 victorias y tres campeonatos de conferencia. En otras palabras, ganó. Encontró la forma de ganar. Se adaptó. Prosperó.

3. "Se necesita valentía no solo para tomar decisiones sino para vivir con esas decisiones después" - Coach K

Todos los entrenadores aprenden a tomar decisiones difíciles. Es parte de la responsabilidad. La carga de sentar a un jugador por romper las reglas, sentar a una estrella para enseñar una lección más grande y asumir una derrota es una cruz difícil de llevar.

Un entrenador debe personificar al equipo que dirige. Al

igual que Belichick, Coach K es el baloncesto de Duke. La cancha en la que su equipo juega ahora lleva su nombre. Él es un pilar del juego y alguien que ha cambiado la vida de cientos de jugadores, estudiantes y entrenadores. Los fanáticos son atraídos por el éxito. Los jugadores son atraídos por la oportunidad. Los escritores son atraídos por la historia. Todos comprenden la gravedad del personaje de Coach K.

Como dice el entrenador K, "Cuando un líder asume la responsabilidad por sus propias acciones y errores, no solo establece un buen ejemplo, sino que muestra un respeto saludable por las personas en su equipo."

La lección aquí es simple, y una que sería defendida por el Dr. Peterson: asume tus decisiones. Cada líder debe llevar el peso del resultado de sus decisiones, tanto buenas como malas. El signo de un líder excelente, el signo de un líder fuerte, es cómo manejan la responsabilidad, la adversidad y el deber.

Quizás fue el tiempo del entrenador K en West Point, su tiempo bajo el entrenador Knight, y su tiempo liderando los Cadetes en el Ejército, pero él entiende que el valor y el carácter vienen primero. Por lo tanto, también debes saber que construir tu brújula moral, construir tu conciencia, es tan importante como desarrollar tu fuerza mental.

"Cuando eres apasionado, siempre tienes tu destino a la vista, y no te distraes por los obstáculos. Debido a que amas lo que estás persiguiendo, cosas como el rechazo y contratiempos

no te impedirán en tu búsqueda. ¡Creas que nada puede detenerte!" - Coach K

Pasos a seguir:

¿Quiénes son tus cinco actuales iniciales? ¿Quiénes son las cinco personas con las que pasas más tiempo? ¿Quiénes influyen en tu vida?

¿Quiénes son tus cinco titulares estrella? Si pudieras pasar un día con cinco figuras históricas, celebridades, autores, o cualquier persona, ¿quiénes serían?

¿Quién es un mentor en tu vida que ha marcado la diferencia? ¿Qué cualidades poseían que podrías emular?

- ¿Qué cualidades de liderazgo admiras en tu jefe? ¿En qué cualidades podrían mejorar? Si fueras el capitán, ¿cómo dirigirías el barco?

Día 24: Nombre

"Solo por una vez, déjame mirarte con mis propios ojos... Tenías razón. Tenías razón sobre mí. Dile a tu hermana que tenías razón." - Darth Vader

Los demonios son más fáciles de enfrentar cuando les ponemos nombre. Como el dragón, Lucas creó un monstruo literal cuando hizo a Vader. Parte sombra, parte samurái, parte mago, Vader representaba todo lo que temíamos. Y sin embargo, una vez que Vader finalmente fue desenmascarado, resultó ser un hombre frágil y anciano que no infundía temor en nadie. Construimos nuestros obstáculos más grandes de lo que realmente son. Ponle nombre a tu demonio, enfréntalo. El obstáculo es el camino. ¿Qué te está deteniendo? Ponle nombre. Escríbelo. Véncelo.

Capítulo 13:

"Recuerda que este momento no es tu vida, es solo un momento en tu vida. Concéntrate en lo que tienes frente a ti, en este momento. Ignora lo que 'representa' o 'significa' o 'por qué' te sucedió." - Ryan Holiday

Ryan Holiday es un personaje un tanto controvertido. Es escritor y estratega de medios que fue aprendiz de Robert Greene, el autor de "Las 48 leyes del poder", y más tarde se convirtió en director de marketing de American Apparel. Fue su trabajo con la empresa de ropa lo que lo metió en aguas turbulentas mientras detallaba su experiencia y propaganda en el libro "Confesiones de un manipulador de medios: Confía en mí, estoy mintiendo".

Sin embargo, fueron sus libros de seguimiento, una especie de transformación de Saúl a Pablo, 'El obstáculo es el camino' y 'El ego es el enemigo', los que lo llevaron a aparecer en este libro, ya que ambos han sido citados por entrenadores de la NFL, atletas, celebridades y líderes políticos.

Él escribe, a menudo, sobre las virtudes del estoicismo en la vida cotidiana. Como describe Holiday, "La filosofía afirma que la virtud (como la sabiduría) es la felicidad y el juicio se basa en el comportamiento, en lugar de en las palabras. Que no controlamos y no podemos depender de los eventos externos, solo de nosotros mismos y nuestras respuestas."

En otras palabras, convierte los obstáculos en ventajas y aprende a controlar lo que puedes y aceptar las cosas que no puedes.

> **"El obstáculo en el camino se convierte en el camino. Nunca olvides, dentro de cada obstáculo hay una oportunidad para mejorar nuestra condición." - Ryan Holiday**

Hay una idea similar en la escuela de improvisación. En la improvisación, se les enseña a los artistas a "traer un ladrillo", lo que significa no intentar crear toda una escena al principio, simplemente empezar y ofrecer una idea. Además, se les enseña a enfrentar problemas y usarlos en lugar de evitarlos.

En su núcleo, el estoicismo se trata de la acción. Es esta forma activa de verbalización la que lo hace una filosofía práctica en contraposición a una idea de salón. La historia está llena de pensadores y practicantes de esta escuela también.

Frederick the Great, Montaigne y Cato fueron todos influenciados por los escritos de Cato y Epicteto, así como también Thomas Jefferson, Adam Smith y Theodore Roosevelt.

T.R. vivió la vida de templanza y autocontrol que es el material de los sueños para los estoicos, acuñando frases como: "Lo que un hombre así necesita no es valentía, sino autocontrol nervioso, serenidad. Esto solo se puede obtener mediante la práctica", y "Todos debemos desgastarnos o oxidarnos, cada uno de nosotros. Mi elección es desgastarme".

La vida es una pregunta y lo que elegimos hacer es la respuesta. La vida no está diseñada para ser fácil, para cumplir todos nuestros deseos. La vida misma es un obstáculo. Como notó Marco Aurelio, nos adaptamos y nos ajustamos.

"El impedimento para la acción fomenta la acción. Lo que se interpone en el camino se convierte en el camino." - Marco Aurelio

A pesar de su mala reputación en los medios y su apariencia desalentadora en los libros de historia, la práctica nos ofrece una visión de una virtud. El día festivo, inspirado por Aurelius, nos brinda esta idea, que cada obstáculo es una oportunidad.

Tenemos la opción de cambiar nuestra perspectiva, de dar la bienvenida a la adversidad y afrontar el desafío.

"El fracaso nos muestra el camino, al mostrarnos lo que no es el camino" - Ryan Holiday

¿Cuántas figuras históricas enfrentaron adversidades

aparentemente insuperables? El propio T.R., un niño aquejado de asma y criado en la blandura, estaba decidido a forjarse como hierro. Él, literalmente, escribió la historia de su vida al dejar atrás a su familia elitista y dedicarse a la vida como vaquero, estratega de guerra y finalmente servidor público. ¿Alguien hubiera creído que el chico con problemas respiratorios se convertiría luego en famoso por ser un Presidente que boxeaba en la Oficina Oval?

Cada gran hombre enfrentó oposición. Cada gran líder, escritor y artista se encuentra con tiempos difíciles. Podemos elegir culpar a nuestras circunstancias o atraparnos en una mentalidad negativa, o podemos, como los estoicos, controlar nuestra actitud y enfoque.

¿Qué bloquea el camino, se convierte en el camino? A todos nos gusta pensar que las personas exitosas tuvieron un ascenso meteórico hasta la cima, que nuestro actor favorito se convirtió en un éxito de la noche a la mañana. De lo que los medios no escriben son los años que un actor pasó en la oscuridad trabajando en teatro regional, comerciales locales y pequeños papeles. Lo que olvidamos es que los autores escriben libros, diarios y guiones rechazados mucho antes de que uno se publique.

"Piensa en progreso, no en perfección" - Ryan Holiday

La comparación es el ladrón de la alegría. Por alguna razón, está codificado en nuestro ADN compararnos con otros, y las redes sociales han amplificado esa falla diez veces. Queremos éxito ahora, sin el trabajo. Queremos conocimiento ahora, sin la investigación. Queremos estar en la cima de la montaña, sin la escalada.

¿Qué tal si cambiamos la perspectiva? ¿Y si el viaje se convirtiera en el medio? En lugar de correr de una meta a la siguiente, nos enfocamos en las lecciones por aprender y en los desafíos enfrentados, entonces desarrollamos significado a partir del viaje y la importancia del obstáculo.

El dragón en la mitología representa todos los mayores miedos del hombre. Es una serpiente, gato, pájaro, todos nuestros depredadores ancestrales en uno solo. También es el villano perenne en innumerables historias que van desde El Hobbit hasta numerosos cuentos de hadas y mitos. Incluso en tiempos modernos, la leyenda continúa creciendo con seres como Godzilla, una antigua criatura potenciada por errores modernos.

El punto es, este obstáculo es atemporal. Nuestros ancestros crearon historias basadas en la suma de nuestros mayores miedos primordiales. Cada héroe necesita un gran villano, o de lo contrario la historia se desmorona. Sherlock necesita a Moriarty. Batman necesita al Joker. Superman necesita a Lex Luthor. Cuanto más grande sea el héroe, más grande será el peso que deba soportar.

> **"Está bien desanimarse. No está bien rendirse. Saber que quieres rendirte pero plantar tus pies y seguir avanzando hasta que tomes la fortaleza impenetrable a la que has decidido sitiar en tu propia vida, eso es persistencia." - Ryan Holiday**

A medida que crecemos, también lo hacen nuestros obstáculos. A medida que ascendemos, los desafíos se vuelven más difíciles. Los videojuegos comprenden este principio. Nombra un juego que se vuelva más fácil a medida que lo juegas. A medida que el protagonista pasa de novato a maestro, los obstáculos van cambiando de mundanos a montañas.

Ahora, en lugar de ver la vida como algo que se nos regala, o esperar que los resultados lleguen a nosotros, ¿qué tal si abrazamos los desafíos que tenemos frente a nosotros, como la razón por la que emprendimos el viaje en primer lugar?

Los escollos de escribir una novela son parte de escribir un libro. Los desafíos de memorizar Hamlet y entender sus complejidades son las pruebas del actor. El oponente más significativo espera al atleta más celebrado.

"El universo cambia; nuestra vida es lo que nuestros pensamientos hacen de ella." - Marco Aurelio

Pasos Accionables:

- ¿Qué es lo que actualmente se interpone en tu camino? ¿Cómo define tu viaje?

- Si todavía no has comenzado tu viaje, ¿qué obstáculos te esperan? ¿Qué pruebas tendrás que enfrentar?

¿Cuál es un desafío que puedes agregar a tu vida? ¿En el

gimnasio? ¿En tus esfuerzos creativos? Si algo te está deteniendo, ¿por qué?

Día 26: Valores

"El coraje es la más importante de todas las virtudes porque, sin coraje, no puedes practicar ninguna otra virtud de manera constante." - Maya Angelou

¿En qué crees? ¿Cuáles son tus virtudes elogiosas? Nos apresuramos día a día haciendo trabajos para otras personas, o, si tenemos suerte, construyendo nuestros propios sueños. Aun así, durante la carrera, olvidamos lo que es importante en la vida. ¿Eres el tipo de persona a la que la gente se refiere como "el tipo de hombre que te daría la camisa de su espalda?" ¿Qué dirán los demás de ti cuando mueras? ¿Qué quieres que digan? Escribe las cinco virtudes en las que crees y saca las armas grandes. Si el trabajo duro y la ética son lo tuyo, escríbelos. Si la honestidad y la fiabilidad encajan contigo, entonces paga la cuenta.

Capítulo 14:

"Prefiero vivir por elección, no por casualidad." Miyamoto Musashi

La fortaleza mental se trata de aprovechar lo que deseas. Se trata de determinar tu camino y llevar a cabo tu viaje hasta el final. Es la capacidad de tomar decisiones difíciles y la disciplina para trabajar día tras día hacia lo que deseas.

Miyamoto Musashi es tanto mito como hombre. Es el santo de la espada de Japón, permaneciendo invicto en su vida como duelista con un récord de 61-0. Fue un samurái, un filósofo, un estratega en la línea de Sun Tzu, sin embargo, son sus escritos los que perduraron mucho tiempo después de su leyenda con "El Libro de los Cinco Anillos" y "Dokkōdō" o "El Camino de la Soledad".

Mientras "El Libro de los Cinco Anillos" sirve como tratado de combate y duelos para guerreros, "El Camino de la Soledad" establece sus fundamentos filosóficos. Ambos son obras magistrales sobre estrategia, mentalidad y guerra.

De cualquier manera, el hombre pertenece a las filas de Aquiles y Ulises, ya que no solo tenía la fuerza y el entrenamiento, sino también la astucia y la sabiduría para ganar una y otra vez.

> **"Estudia la estrategia a lo largo de los años y alcanza el espíritu del guerrero. Hoy es la victoria sobre ti mismo de ayer; mañana es tu victoria sobre hombres inferiores." - Musashi**

La técnica de la espada doble del ronin, un estilo que inventó él mismo al estudiar a los tamborileros, era tan directa como el consejo de Musashi. Al igual que muchos guerreros, prefería la simplicidad a los adornos. "Cuando empuñas una espada, debes sentir la intención de cortar al enemigo."

Sin embargo, el guerrero era complicado, estudiando el budismo así como la espada, junto con artes como la caligrafía, el arte y la arquitectura, insistiendo en que un guerrero debería investigar otras formas de arte, porque, "Si conoces el Camino ampliamente, lo verás en todo".

Musashi vivía por la espada y no tenía pretensiones sobre el combate. La violencia era precisamente eso, fuerza, y el guerrero se centraba tanto en ganar como en la forma. La muerte era su arte, y hizo de su pincel lo más letal.

¿Qué podemos aprender de un samurái del siglo XVI cuyo regalo más significativo para la humanidad fue un libro sobre las sutilezas de la masacre? ¿Qué podemos aprender de un Ronin que perfeccionó el código del Bushido?

El significado literal de Musashi sobre "el camino de la espada" no tiene sentido hoy. Al igual que "El arte de la guerra" de Sun Tzu, la importancia de cómo sostener una espada y defenderse con la técnica de dos manos pertenece al dojo y al salón de clases, no al mundo moderno. Sin embargo, entre la parada y los ataques de la intención inicial de Musashi se encuentran los cimientos filosóficos de la fuerza mental y significado.

"No dejes que el cuerpo sea arrastrado por la mente ni que la mente sea arrastrada por el cuerpo." - Musashi

Musashi se dio cuenta de que la mente y el cuerpo deben estar en sintonía, que debemos tener el propósito y la voluntad de seguir adelante con nuestros objetivos. A continuación se presentan citas del propio Maestro, cada una con una breve explicación. Reflexiona sobre cada cita y cómo se relaciona con tu vida.

"No hay nada fuera de ti mismo que pueda permitirte mejorar, fortalecerte, enriquecerte, acelerarte o volverte más inteligente. Todo está dentro. Todo existe. No busques nada fuera de ti mismo." - Musashi

A menudo, nos embarcamos en un viaje, en un camino, en busca de un maestro o una experiencia que nos cambie. Buscamos una forma de crecer más fuertes, más inteligentes, más ricos, más poderosos. Buscamos algo que nos llene.

El marketing ha aprendido esto. Netflix ha aprendido esto. Masterclass y Udemy han aprendido esto.

No me malinterpretes, no hay nada de malo en mejorar uno mismo, demonios, estoy escribiendo un libro sobre cómo mejorar uno mismo; sin embargo, lo que necesitas aprender es que el poder de cambiar está dentro de ti.

Si te encuentras con Buda en el camino, mátalo. ¿Cuántos charlatanes se aprovechan de nuestra debilidad, de nuestra necesidad de salvación? Compra esta pastilla y tu cabello estará más lleno, compra esta clase y serás más productivo, compra esto, compra aquello, compra ahora.

Eres suficiente. Sí, debes estar dispuesto/a a sacrificar, a crecer, a cambiar, pero debes darte cuenta de que el cambio viene desde dentro.

"El Camino está en el entrenamiento." - Musashi

Y aún así, debemos entrenar. Debemos aprender. Debemos mantener la mente de un estudiante para convertirnos en el maestro. Darse cuenta de que eres suficiente no significa que no necesitas estudiar. Encontrar tu fuerza interior no es no escuchar a aquellos más sabios que tú. Siempre podemos mejorar y aprender, como señaló Josh Waitzkin, a trazar círculos "cada vez más pequeños".

"Hay más en la vida que aumentar su velocidad." - Musashi

Con el entrenamiento viene la comprensión. Debemos aprender que hay más en el juego de espadas, más en la vida que mejorar una habilidad. Construye sobre tus fortalezas pero entiende que el hombre no es solo un espadachín. Es un hijo, un padre, un estudiante, un maestro, un artista, y así sucesivamente. Un hombre en su tiempo desempeña muchos roles.

"Dejemos dicho que en Japón, un guerrero lleva dos espadas como cuestión de deber, ya sea que sepa cómo usarlas o no. Es el Camino del guerrero." - Musashi

Todos estamos en un viaje hacia arriba de la montaña. En cualquier competencia, como en la vida, nunca hay un solo combatiente. Por lo tanto, siempre debemos estar preparados para luchar con una segunda herramienta, o en otras palabras, debemos desarrollar una segunda arma. Musashi solía referirse a su escritura como su "segunda espada". Entonces, también debes desarrollar tu maestría en una habilidad, tu espada larga, así como encontrar y desarrollar tu segunda espada. En algún momento, un enemigo te desarmará, ¿y entonces? ¿Se acabó la pelea? ¿No tienes un plan de respaldo?

"Determina que hoy te superarás a ti mismo del día anterior, mañana vencerás a aquellos de menor habilidad y más adelante vencerás a los de mayor habilidad." - Musashi

La mejor medida de un hombre no es la comparación con otros, sino consigo mismo. ¿Eres mejor que ayer? Si es así, has tenido éxito. Si no, entonces sigue adelante e inténtalo de nuevo mañana.

Instagram nos bombardea con las historias de éxito personal meticulosamente elaboradas de la gente. En las redes sociales, la gente te muestra su mejor versión. No compares tu peor día con la selección de lo mejor de alguien.

Lo único que importa es que hoy mejoraste. Hoy te acercaste a tu objetivo. Hoy aprendiste de los fracasos, y mañana mejorarás. Sé mejor que ayer, día a día, y dominarás a cualquier enemigo.

"Para ganar cualquier batalla, debes luchar como si ya estuvieras muerto." - Musashi

Juega cada partido como si fuera el último. Juega como si no hubiera un mañana. Nuestros entrenadores de la Liga Pequeña nos suplicaban y nos pedían con estos mantras, sin embargo, en nuestra juventud, no nos damos cuenta de que un día colgaremos los tacos, la raqueta, la espada.

Para Musashi, él consideraba que la única forma de ganar era prepararse para la muerte, darse cuenta de que la vida que había elegido solo podía terminar de una manera.

Aunque nuestra vida cotidiana puede no ser tan épica como un duelo de Kurosawa, cuanto antes nos demos cuenta de que un día todo terminará, antes nos pondremos en movimiento. Los cristianos medievales tenían la práctica del memento mori o reflexionar sobre la muerte. Cada día reserve tiempo para reconocer su mortalidad y actúe como si un día el juego terminará.

Como dice la lápida irlandesa:

"Recuerda, hombre, mientras pasas,

Como ahora eres, así fui yo una vez.

Como soy ahora, tú serás.

Prepárate para seguirme.

"No hagas nada que no sea útil" - Musashi

Una vez que definimos nuestro propósito, todo lo que hagamos debería llevarnos hacia el logro de nuestros objetivos. Aunque la vida tome caminos erráticos, debemos dirigir nuestra atención en lo que más importa para nosotros.

"Pensar poco de ti mismo y profundamente en el mundo." - Musashi

Quizás mi lección favorita de Musashi y una sorprendente. Un hombre que pasó su vida luchando a muerte se dio cuenta de que para disfrutar la vida honestamente, no puedes tomarte en serio a ti mismo. ¿Cuántas personas conocemos que no pueden tomar una broma? ¿Cuántos jefes hemos tenido que no pueden reírse? Todos hacemos el tonto a veces.

Pasos Accionables:

-Aprende esgrima. Es broma, pero aprende a defenderte. No hay mayor confianza en uno mismo que saber que puedes cuidarte solo. Encuentra una clase, encuentra un curso, estudia en línea, pero estudia.

-Competir en algo. Ajedrez, videojuegos, béisbol, lo que sea, pero juega y compite.

Día 28: Apostar

"Ya sabes, los caballos son más listos que las personas. Nunca has oído hablar de un caballo quebrando al apostar por las personas." - Will Rogers

Musashi luchó cada batalla como si fuera la última. Vivió su vida como si cada vez que tocara la espada moriría. Queramos admitirlo o no, la vida es un juego de azar. Hacemos lo que podemos para inclinar la balanza a nuestro favor, pero a veces las probabilidades no están a nuestro favor. Mientras que la mejor tirada de los dados es tirarlos lejos, no tenemos esa opción en la vida. Debemos jugar el juego. Aunque no estoy abogando por coger cartas o apostar en las carreras de caballos, recomiendo que hagas amigos con el azar. Cuando hacemos una apuesta, ponemos en juego un valor. Por lo tanto, en lugar de poner ese dinero en algo potencialmente infructuoso como el negro 17, apuesta por ti mismo. Pon tu dinero en ti. Llama a un amigo y dale $50 y dile que si no completas una tarea en cierto tiempo, entonces ellos se quedan con el dinero. Observa cómo te mueves entonces.

Capítulo 15:

"El juego ha comenzado." - Sherlock Holmes

Los niños nacen curiosos. Como le gusta decir a Neil deGrasse Tyson, todos los niños son científicos. Absorben información como una esponja, aprenden nuevas habilidades diariamente y miran al mundo con ojos frescos. Desde la escuela y el deporte hasta los amigos y las interacciones sociales, los niños siempre están siendo presentados con nueva información, lo que los obliga a estar alerta y sintonizados.

Entonces, la edad llega. El gris de la vida comienza a marchitar lo que una vez fue colorido. Incluso la Navidad, o cualquier celebración que puedas celebrar, comienza a perder parte de su brillo. De repente, hemos estado ahí, hecho eso, y ya tiramos la camiseta. De repente, nuestro sentido de la curiosidad disminuye y es reemplazado por hábitos sin sentido.

Dado que una sola cosa ya no es suficiente, comenzamos a hacer varias cosas a la vez, a pesar de todos los datos en contra. Mientras mantenemos un sentido de novedad, perdemos el sentido de asombro. Buscamos cada vez más entretenimiento y cada vez menos profundidad. Nuestra atención se extiende extensa pero poco profunda. Las voces de los podcasters, presentadores de noticias, blogueros, periodistas y un millón de otras figuras resuenan en nuestra cabeza hasta el punto de que nuestra propia voz, sin amplificación, no puede ser escuchada.

"El mundo está lleno de cosas obvias que nadie, por casualidad, nunca observa." - Sherlock Holmes.

Entra ese genio fumador de pipa, tocando el violín, resolviendo acertijos, Sherlock Holmes. El detective privado por excelencia de Sir Arthur Conan Doyle se ha convertido en el modelo al que se comparan todos los demás: Batman, Poirot, Dr. House, Spok.

Holmes es recordado por su agudo sentido de la observación, desarrollo de la ciencia forense, deducción y razonamiento lógico. Apareciendo por primera vez en "Estudio en Escarlata" y inicialmente cayendo a su muerte para detener a su némesis Moriarty en "El Problema Final", nada capturó la imaginación victoriana como el primer y único "consultor" detective del mundo. Sin embargo, el personaje era demasiado rico, demasiado atractivo para quedarse muerto, y Doyle trajo de vuelta a su personaje de la tumba, una tradición que continúa hoy en día, ya que se producen innumerables obras de teatro, programas de televisión y películas cada año en torno a la idea misma de Sherlock Holmes.

Basado en una combinación del mentor de Doyle, el Dr. Joseph Bell, y el detective Auguste Dupin de Edgar Allan Poe, Holmes personifica la fuerza mental. Doyle tomó las cualidades de su amigo y las combinó con las reflexiones de Dupin, creando el intelectual más icónico de todos los tiempos. Sin embargo, no es solo la inteligencia de Sherlock lo que nos atrae sino su habilidad para hacer lo que otros son incapaces de hacer.

En su libro "Pensar rápido, pensar despacio", Daniel Kahneman propone la teoría de que el cerebro funciona bajo dos sistemas, un sistema en tiempo real en el que reconocemos el habla y tomamos decisiones instintivas, y un segundo sistema basado en el análisis crítico de la evidencia.

Aquí radica la contribución más significativa de Holmes y Doyle a la fuerza mental: el ático de la mente. Lo que alimentamos a nuestro cerebro, lo que permitimos que entre, es lo que usaremos para ver el mundo. Es imposible ver el mundo sin anteojos color de rosa, todos tenemos prejuicios, juicios y experiencias. Todo lo que permitimos entrar inevitablemente sale, o, como lo expresa Holmes,

Considero que el cerebro de un hombre es como un pequeño ático vacío, y debes llenarlo con los muebles que elijas. Un tonto absorbe toda la madera que encuentra, por lo que el conocimiento que podría ser útil para él se pierde, o en el mejor de los casos, se mezcla con muchas otras cosas para que le resulte difícil encontrarlo. Ahora bien, el artesano hábil es muy cuidadoso en cuanto a lo que introduce en su ático cerebral. No tendrá nada más que las herramientas que puedan ayudarlo en su trabajo, pero de estas, tiene una gran variedad y todas en el orden más perfecto. Es un error pensar que esa pequeña habitación tiene paredes elásticas y puede expandirse indefinidamente. Puedes estar seguro de que llega un momento en el que, por cada adición de conocimiento, olvidas algo que sabías antes. Por lo tanto, es de suma importancia no dejar que hechos inútiles desplacen a los útiles.

De esta manera debemos tratar nuestra mente como un jardín, cuidándola regularmente. Debemos elegir qué plantas permitimos entrar y qué malas hierbas debemos arrancar. En esencia, es similar a cómo Charlie Munger, otro hombre mentalmente fuerte cuyo libro "Poor Charlie's Almanac" es imprescindible, expone modelos mentales, o enrejado. Munger era partidario de los modelos mentales, muy parecido al ático de Holmes. Él creía que debías recordar lecciones e historias que te ayudarán a resolver problemas más adelante en la vida y dejar que los hechos inútiles y la basura se vayan al montón de basura.

Mezclando metáforas, uno debe permitir solo la información que consideren pertinente en el desván de su mente, y cuanto más fuertes sean los modelos para colgar lecciones de vida, mejor. Para Holmes, él guardaba casos, análisis y datos como los tipos de cenizas de cigarrillo en su desván mental para permitirle resolver el crimen mejor. ¿Qué permites entrar en tu desván?

Sherlock no solo tiene una mente ático, sino que también desarrolla un palacio de memoria literal. Para retener lo que aprende, trata la memoria como un lugar para acceder a ella. Aunque esto es tema de un libro diferente, sigue siendo una herramienta útil para entrenar tu cerebro. Si estás interesado, echa un vistazo al libro "Moonwalking with Einstein".

Junto con desarrollar un ático mental magro, Holmes nos ofrece herramientas más útiles para ayudar a construir nuestra fuerza mental.

Primero, la habilidad de observación.

"Ves, pero no observas. La distinción es clara." - Sherlock Holmes

Uno de los trucos favoritos de Holmes en el salón y una carta de presentación del personaje es su capacidad para observar a una persona en profundidad. Con tan solo una mirada, puede deducir la ubicación, edad, ocupación, y así sucesivamente de una persona.

Para hacer esto, Holmes está utilizando ambas formas de su cerebro, combinando el sentido intuitivo con su análisis más profundo. Lo más importante es que se está enfocando en los detalles importantes, considerados necesarios por su "ático del cerebro". Como un atleta de élite, Holmes se concentra en lo esencial y desecha lo demás.

Para Holmes, el análisis y la deducción son las herramientas más esenciales, aunque él tiene muchos otros hábitos útiles. Para un atleta como Tom Brady, es un conjunto diferente de habilidades. De hecho, Brady, junto con su entrenador Alex Guerrero, desarrolló un sistema de entrenamiento individual para ser un mariscal de campo. El punto es que los intérpretes de élite desarrollan enfoques sistemáticos desarrollados específicamente para sus necesidades, o en otras palabras, aprenden a prestar atención a lo que más importa.

¿Un boxeador necesita levantar en peso muerto 400 libras? ¿Un corredor de distancia debe dominar el salto de longitud? ¿Qué hay de un maestro de ajedrez memorizando todo el universo canónico de Star Wars? Las personas mentalmente fuertes aprenden a eliminar las distracciones, aprenden qué decir sí y qué decir no. Esto no quiere decir que no tengan cosas fuera de su enfoque que les traigan alegría. Después de todo, Lebron James es un ávido conocedor de vinos.

Pero los mejores intérpretes saben cómo enfocarse. También comprenden que su atención, al igual que la fuerza de voluntad, es un recurso limitado. Un ser humano solo puede lograr tanto en un día.

La segunda habilidad es el análisis.

"Es un error capital teorizar antes de tener datos. Inadvertidamente uno comienza a torcer los hechos para que se ajusten a las teorías, en lugar de que las teorías se ajusten a los hechos." - Sherlock Holmes

Lo siguiente que hacen las personas mentalmente fuertes es utilizar el proceso de su cerebro. No reaccionan ante su mente activa, sino que permiten que el proceso entre también en su análisis lento. Permiten la observación pero también un análisis de los hechos.

Constantemente estamos bombardeados con información. Las personas mentalmente fuertes no son meros observadores, son analizadores y hacedores. Captan los datos y luego averiguan cómo utilizarlos. ¿Qué significa eso? ¿Con qué está conectado? ¿A qué se parece? ¿He visto esto antes? ¿Cuál fue el resultado?

Además, las personas mentalmente fuertes unen la brecha entre los dos. Aprenden a conectar las dos partes y convierten su análisis en intuición, como Holmes. Este es el mundo de la maestría. ¿Cómo sabe un artista marcial dónde defenderse a continuación o un jugador de ajedrez pensar tres movimientos adelante? ¿Cómo golpea un jugador de béisbol una bola rápida de 95 millas por hora pero también se queda atrás para el cambio de velocidad? La clave aquí es la maestría.

Quizás la habilidad más crítica a desarrollar es la distancia.

"No puedo vivir sin trabajo cerebral. ¿Qué más hay para vivir?" - Sherlock Holmes

Holmes no salta a conclusiones. Él permite tiempo. En el mundo de ritmo acelerado en el que vivimos hoy en día, donde la información puede ser compartida en segundos, y el mundo se deja en secreto al instante, sentimos la constante necesidad de producir. De hecho, con tanta frecuencia ponemos primero el carro delante del caballo que esperamos el producto sin el proceso.

Sin embargo, el mundo no funciona de esta manera. Las cosas necesitan tiempo para desarrollarse. Los jugadores promedio de las ligas mayores de béisbol pasan de 3 a 5 años en las ligas menores antes de ascender.

Así como los jugadores de pelota necesitan tiempo para crecer, también los pensamientos necesitan tiempo para asentarse. ¿Cuántas personas conoces que repiten como loros lo que escuchan en la radio, ven en las noticias o leen en un blog? Si reflexionaran sobre la información que han absorbido, comenzarían a ver las fallas en su razonamiento. Por lo tanto, se presenta el punto.

Como la meditación ofrece, debemos aprender a observar nuestros pensamientos. Debemos dar un paso atrás de la acción inmediata y analizar el momento. Esto tomará tiempo al principio, pero mejorará nuestra toma de decisiones a largo plazo.

Sherlock ha vivido más allá de la era victoriana por un sinfín de razones, una de las cuales es su fortaleza mental; sin embargo, en su esencia, representa lo que es posible cuando un hombre se dedica plenamente a su pasión. No solo dominó la forma de arte, sino que también la inventó, "El Primer Detective Consultor del Mundo".

Pasos Accionables:

¿A qué evento de tu pasado reaccionaste demasiado rápido?

¿Cuál es un ejemplo de tiempo presentando una respuesta?

¿Qué información es clave para tu comprensión más profunda?

Ejercicio: Construir un palacio mental.

Prueba el famoso palacio de la memoria de Holmes, que utiliza para recordar datos. Piensa en un lugar que conozcas íntimamente. ¿Cómo es? ¿A qué huele? ¿Qué se siente al estar dentro? Ahora, toma un conjunto de datos como una lista de presidentes o tu número de tarjeta de crédito, y cuelga esa información dentro de esta memoria.

Día 30: Acábalo

"Somos lo que hacemos repetidamente. La excelencia entonces no es un acto, sino un hábito." - Aristóteles

"Cuidado con la esterilidad de una vida ocupada." - Sócrates

No pensaste que pasarías por un libro sobre la resistencia mental sin que mencionara a Aristóteles y Sócrates, verdad? Los padres de la Filosofía Occidental siempre aciertan, y cuando golpean, lo hacen con todo. El juego no ha terminado para ti, sino que apenas está comenzando. Sigue aprendiendo, sigue luchando, y ten en cuenta que te enfrentarás a pruebas aún mayores. Como dijo el Tío Ben, "Con gran poder, viene gran responsabilidad."

Conclusión

Esto no es un resumen cursi de este libro. No voy a escribir que después de llegar a este punto tus problemas estarán resueltos y tu vida sin dolor, si por algo en este punto entiendes que defiendo lo contrario. Quiero que busques los desafíos y rompas tus limitaciones; sin embargo, hay algo importante que todos debemos entender si queremos crecer en nuestros campos seleccionados.

Eres suficiente.

Este no es una cita pensada para apresurarte a las redes sociales y compartirla con los dioses de la conformidad social, ni es el tipo de cosa que pintas en tu pared. Algunas personas aman tomar este tipo de afirmaciones afirmativas y convertirlas en mantras, y si eso eres tú, entonces adelante.

Lo que esto es, sin embargo, es un recordatorio de que eres el héroe de tu propia vida. Eres el protagonista de tu propia película y Superman no va a aparecer a salvarte.

Algunas personas alcanzan la fortuna y nacen con suerte, otras alcanzan la grandeza a través de conexiones o estar en el lugar adecuado en el momento adecuado, y otros tienen la oportunidad impuesta sobre ellos. Para el resto de nosotros, debemos esforzarnos y desarrollarnos más allá del nivel al que otros se conformaron.

Hay demasiados instagrammers por ahí que publican este tipo de frases junto a fotos de sus traseros, lo más probable es que tú seas una de esas personas que buscan comprobar la competencia, y si es así, entonces más poder para ti. Pero, para el resto de nosotros, debemos desarrollar la confianza para destacar.

No quiero decir que no debas trabajar en ti mismo o que no necesitas crecer y mejorar. Simplemente, una de las lecciones más grandes que todos debemos aprender es que nosotros somos la solución al problema.

Parte de crecer es aprender quién eres y de lo que eres capaz de lograr. Parte de la fortaleza mental es entender dónde destacas y dónde eres débil. El Coach K sabe cómo construir sobre las fortalezas de su equipo. Belichick entiende cómo ocultar sus debilidades y explotar a sus oponentes. Bruce Lee utiliza la fuerza de su oponente en su contra. Cada persona mentalmente fuerte, desde Sherlock hasta Yoda, se entiende a sí misma. Como dijo Sócrates, "Conócete a ti mismo," y como Shakespeare lo explicó, "Sé fiel a ti mismo."

Al final, debemos aprender a confiar en nosotros mismos. Debemos aprender a confiar en nuestra intuición, así como en nuestro análisis. Debemos aprender a desarrollar la fuerza interior que nos lleva a través de los momentos difíciles, ya sea que la tomemos prestada de otros o la forjemos por nuestra cuenta. De cualquier manera, debemos convertirnos en el mentor que deseamos encontrar.

No hay mayor confianza que la capacidad de confiar plenamente y ser nosotros mismos. Eso no significa que conquistemos todos nuestros demonios, simplemente significa que hacemos las paces con ellos y aprendemos a no dejar que controlen nuestras vidas.

El punto es que al final de nuestro viaje, el mana que traemos de vuelta es el cambio dentro de nosotros. Una vez que el héroe trae el tesoro de vuelta y lo comparte con el pueblo, se asimilan de nuevo a la vida cotidiana, y sin embargo, para cada aventurero otro viaje les espera. Nuevas pruebas, nuevos desafíos se forman una vez que el héroe está listo. Solo que esta vez, están preparados con un nuevo conjunto de habilidades de batallas previamente ganadas.

¿Estás listo?

Más lecturas

"Un libro de cinco anillos" Miyamoto Musashi

"Garra" por Angela Duckworth

"Meditaciones" por Marco Aurelio

"Propiedad Extrema" por Jocko Willink.

"No puedo ser herido" por David Goggins

"El Arte de la Guerra" por Sun Tzu

"El Camino del Artista" por Julia Cameron.

"12 Reglas para la Vida" por Jordan B. Peterson

"Las 48 leyes del poder" de Robert Greene

"El obstáculo es el camino" por Ryan Holiday

"Cómo pensar como Sherlock Holmes" por Maria Konnikova

"La búsqueda del hombre por el sentido" por Viktor Frankl.

"Mastermind: Cómo Pensar Como Sherlock Holmes" por Maria Konnikova

"Liderando con el corazón" por el entrenador Mike Krzyzewski

"Empieza con el Por Qué" por Simon Sinek

"Getting Things Done" por David Allen

"Los Siete Hábitos de la Gente Altamente Efectiva" por Stephen Covey

"Almanaque del pobre Charlie" por Charles Munger

"El Príncipe" por Maquiavelo

"Once anillos" por Phil Jackson

"El Arte de Aprender" por Josh Waitzkin

"10% Más Feliz" por Dan Harris

"La Única Cosa" por Gary W. Keller y Jay Papasan

"Los marginados" de Malcolm Gladwell

"El talento está sobrevalorado" por Geoff Colvin

Epílogo:

Gracias por leer este libro. Gracias por llegar hasta aquí y seguir adelante hasta el final. Si has llegado hasta aquí, considera esto el "Bonus Track" que solía acompañar el final de los álbumes de los 90.

Dado que has llegado hasta aquí, no compartiré contigo el verdadero "secreto". ¿Estás listo? Te lo pregunté al comienzo de este libro, pero sabía que no podrías manejarlo sin embarcarte en el viaje. Ahora, aquí estás, en la última página, y o bien leíste todo el maldito libro, o te saltaste al final para ver si el capítulo final era lo suficientemente interesante como para gastar tu tiempo en él. ¡Si es así, te atrapé!

Si no, aquí está, el secreto: no hay secreto.

No importa lo que la gente escriba, descubra o produzca, no hay ningún secreto del que te estés perdiendo. Queremos creer que la persona que tiene lo que tenemos sabe algo que nosotros no sabemos o está al tanto de algo que se nos pasó. Nos sentimos como si nos hubiéramos perdido de una transacción interna.

Incluso escriben libros sobre la existencia de un gran "secreto" que el mundo desconoce, y la gente hace fila para comprarlo. ¿Por qué? Porque queremos creer en algo más grande que nosotros mismos. Queremos pasar la responsabilidad y decir, "Mira, no fue mi culpa. No conocía el secreto."

Teóricos extravagantes y aspirantes a académicos pasan horas y horas viendo videos de YouTube hechos por otros teóricos extravagantes y leyendo blogs escritos por otros aspirantes a académicos sobre cómo la Tierra es plana, los chemtrails están arruinando a nuestros niños y los Illuminati han tomado el control de la NBA. La cuestión es que la gente quiere creer que hay un hombre detrás de la cortina, que alguien está tirando de los hilos y que todos somos parte de una gran conspiración.

Sin embargo, todo el tiempo sabemos las verdades más profundas. Al igual que nuestros instintos, hay algunas cosas tan arraigadas en nosotros que no podemos explicarlas pero sabemos que son verdaderas.

Para ser honesto, las personas más mentalmente fuertes que conozco no siempre son los CEOs y los entrenadores, aunque las historias de éxito me inspiran. Las personas más duras que conozco son madres y padres, trabajadores y jornaleros, los hombres y mujeres que luchan cada día para proveer a una familia. Ellos son los hombres y mujeres que hacen que este país funcione, que se levantan cada día, toman una taza de café, y van al trabajo con una sonrisa en el rostro. Hacen que las personas a su alrededor sean mejores y más felices simplemente por estar ahí. Si estás buscando fortaleza mental, habla con la mujer en tu oficina que ha mantenido todo unido durante 35 años, llevando a los niños a la práctica de fútbol, cocinando la cena, ayudando a un amigo a pasar por rehabilitación, y soportando a su esposo por no cortar el césped, aún encontrando tiempo para contarte un chiste y escribirte una tarjeta de Navidad.

Para los humanos, esto es difícil de calcular. Las cosas cotidianas pierden rápidamente su brillo. Se mezclan en el fondo para no ser vistas nunca más. Por eso es que los deportes, las historias y la historia nos emocionan. De repente, algo importa.

La lección más grande que aprendí del deporte fue que el juego es simplemente una metáfora. Todo lo que necesitamos saber sobre la vida, en su mayor parte, se puede aprender entre líneas; sin embargo, con frecuencia olvidamos eso y ganar toma prioridad sobre las lecciones.

En algún momento todo llega a su fin, ¿y entonces qué? ¿Qué hacemos con años de práctica de baloncesto, con años de perfeccionar un swing, un movimiento, una rutina? ¿Dejamos caer la pelota y nunca la levantamos de nuevo? ¿Es el juego simplemente una pérdida de tiempo?

De manera similar, la historia mantiene el mismo argumento. ¿Cuál es el punto de "Star Wars", de "El Señor de los Anillos", de "El Mago de Oz"? ¿Acaso simplemente escapan a otro mundo donde confiamos en que todo se resolverá?

Si todavía no lo has averiguado, mi respuesta es un rotundo "No", entonces no puedo ayudarte. Los deportes y las historias nos dan una visión de quiénes somos sin intentarlo tanto. Cuando nuestros ancestros transmitieron mitos de los dioses, estaban tratando de transmitir conocimiento de una manera que pudiéramos retenerlo. Cuando un gran cazador o corredor ascendía más allá de la tribu y se convertía en una leyenda, nuestros antepasados querían transmitir su éxito a sus hijos.

Ahora, esto no quiere decir que una persona no pueda sentarse con un café y disfrutar de un episodio de "Friends" y "Frasier" y olvidarse de la vida por un rato o abrir unas cuantas cervezas frías para ver a los Sox jugar contra los Yankees. De hecho, con demasiada frecuencia nos decimos a nosotros mismos, "Deberíamos estar trabajando duro en este momento," y perdemos de vista el amor por el juego. Mucha gente nos está diciendo constantemente, "Trabaja más duro", "Trabaja más tiempo", "Sé más productivo", hasta el punto de que el crecimiento y la eficiencia son la moneda del día.

¿Qué es la vida si todo lo que hacemos es trabajar? La belleza del deporte es que, aunque requiere esfuerzo, es divertido, y aunque estemos sudando bajo el intenso calor del sol de verano en un campo de juego o levantando pesas en un gimnasio oxidado, lo hacemos por la emoción de la competencia y por la alegría del juego. De igual modo, al abrir un libro, comenzar una película o ver una obra de teatro estamos experimentando el dominio (esperemos) y la brillantez de la narración y del arte.

Por otro lado, toda una industria de escritores, especialistas en marketing y publicistas gastan dólar tras dólar convenciéndote de que tú "mereces" descansar, que tú "mereces" otra cerveza, que tú "mereces" ver esa serie/partido. Somos una nación que ama ser entretenida. Una vez más, somos una nación de narradores.

Mi punto? Equilibrio. No pienses que tienes que pasar cada hora de vigilia metiendo información por tu garganta, estrés en tu cuerpo y dinero por el desagüe. Además, no te escapes al éter o a la transmisión en línea. Trabaja duro, diviértete.

Ser mentalmente fuerte consiste en poder triunfar en la oficina, en el gimnasio y en casa. Ser mentalmente fuerte es comprender que el enfoque cambia a medida que se pasa de una fase a otra. Ser mentalmente fuerte es vivir una vida que la gente admira porque tienes la fuerza para tomar las decisiones difíciles cuando es necesario, ya sea en la sala de juntas o en el dormitorio.

Por último, me encanta coleccionar conocimiento. Tenemos tan poco tiempo aquí en esta tierra, que es imposible hacer todo. Así que, el hombre inventó la escritura para transmitir lo que sabía. Después de todo, Otto Von Bismarck lo resumió mejor con, "Sólo un necio aprende de sus propios errores. El hombre sabio aprende de los errores de los demás."

Aquí hay algunas reflexiones, paráfrasis e ideas generales que no lograron entrar en este libro. Son herramientas que pueden ayudarte en tu camino hacia la construcción de fuerza mental, ciertamente me ayudaron:

Exponga yourself a tantas nuevas oportunidades como sea posible.

Todo lo que quieres en la vida está justo fuera de tu zona de confort; si no lo estuviera, ya lo tendrías.

Esfuérzate por tener una mentalidad de crecimiento.

Vive de una manera que sea congruente con tus metas.

Toma el control de tu propia historia.

Comienza con el fin en mente.

Encuentra tu pasión, sigue tu dicha.

Identifica lo importante para que puedas crear una vida que te permita hacer cosas importantes.

La vida es demasiado corta para hacer las cosas en las que eres malo.

Tienes que saber a dónde vas antes de tomar cualquier decisión de ir.

Cuando experimentes "basura" en tu vida, recuerda que los agricultores utilizan el estiércol como fertilizante.

Enfócate en el progreso, no en la perfección.

Comienza de adentro hacia afuera con lo que resuene contigo, tu razón de ser, no de afuera hacia adentro. Tu razón de ser es tu núcleo.

Forja tu propio camino, escribe tu propio manual de instrucciones.

Todos los obstáculos que enfrentas son los cimientos de tu éxito futuro.

Si no tienes un plan para ti mismo, serás parte del plan de otra persona.

La escuela no dicta tu vida.

Tus circunstancias no te definen; más bien te revelan.

Encuentra personas que compartan tu pasión.

Construye tu reputación ayudando a otros a construir la suya.

Cuida tu reputación a toda costa, o no hagas nada que la arruine

Si tienes tiempo para quejarte y lamentarte por algo, entonces tienes tiempo para hacer algo al respecto.

Sé notable, toma riesgos. No hay lugar para lo ordinario.

La mayoría de las personas mueren cuando tienen 27 años, pero no son enterradas hasta que tienen 77 años.

Más personas mueren el lunes a las 9 a. m. que cualquier otro día y hora de la semana.

Ignorar debilidades irrelevantes.

Sin pasión, la vida es trabajo. Con pasión, el trabajo es un hobby y la vida es la recompensa.

Vacía y organiza tus pensamientos regularmente.

Hacer listas. Hacer listas. Terminar listas.

Afilar la sierra.

Enfócate en tus virtudes elogiosas.

Memento mori.

Sé mejor de lo que la gente espera.

Estar preparado.

Tomar notas.

Eres mejor que "OK"

Di menos de lo necesario.

Se necesita tiempo.

Honra tus ritmos naturales.

Respira.

Relájate.

Bebe agua.

Come por nutrición.

Mueve tu cuerpo.

Sé consciente de tu entorno.

Crea una habitación llena de belleza.

Leer.

Escribir.

Escucha.

Aprender.

Descanso.

Este es el final, en serio. No más capítulos ocultos. No más pequeños empujones en la dirección correcta. Depende de ti.

Gracias por leer este libro y gracias por mejorar. Ahora, sal y vive tu vida como mejor te parezca.

Estoicismo:

La Guía Para Principiantes Sobre Resiliencia Emocional Y Positividad. Piensa Como Un Emperador Romano.

© Derechos de autor 2024 por Robert Clear - Todos los derechos reservados.

El contenido contenido en este libro no puede ser reproducido, duplicado o transmitido sin permiso escrito directo del autor o el editor.

En ningún caso se responsabilizará al editor o autor por daños, reparaciones o pérdidas monetarias debido a la información contenida en este libro, ya sea directa o indirectamente.

Aviso legal:

Este libro está protegido por derechos de autor. Es solo para uso personal. No puedes modificar, distribuir, vender, usar, citar o parafrasear ninguna parte, o el contenido de este libro, sin el consentimiento del autor o editor.

Aviso de responsabilidad:

Tenga en cuenta que la información contenida en este documento es solo para fines educativos y de entretenimiento. Se ha realizado todo el esfuerzo para presentar información precisa, actualizada, confiable y completa. No se declaran ni se implican garantías de ningún tipo. Los lectores reconocen que el autor no está brindando asesoramiento legal, financiero, médico o profesional. El contenido de este libro ha sido extraído de diversas fuentes. Consulte a un profesional con licencia antes de intentar cualquier técnica descrita en este libro.

Al leer este documento, el lector acepta que bajo ninguna circunstancia el autor es responsable de las pérdidas, directas o indirectas, que se incurran como resultado del uso de la información contenida en este documento, incluyendo, pero no limitado a, errores, omisiones o inexactitudes.

Introducción: Tomando el control en un mundo que parece estar fuera de control.

Debemos estar bajo control.

Estamos viviendo en una era en la que los humanos hemos aprendido a dominar y controlar las fuerzas de la naturaleza de formas que nos harían parecer divinos a los hombres de la antigüedad. Podemos volar por el cielo como Apolo, podemos enviar mensajes más rápido de lo que Hermes podría haber soñado, y nuestras centrales nucleares pueden dejar en ridículo a Zeus y sus rayos.

Entonces, ¿por qué es que la persona promedio siente que está perdiendo el control en lugar de ganarlo?

La humanidad ha sido capaz de transformar tantas cosas desde los antiguos griegos, pero una de las pocas cosas que no ha cambiado es la naturaleza humana en sí misma. La tecnología ha crecido a pasos agigantados mientras la evolución humana sigue avanzando a paso de tortuga.

Nosotros como especie hemos estado tan atrapados intentando controlar el mundo externo que muchos de nosotros nunca encontramos el tiempo para mirar hacia adentro. Es tan fácil pensar que si ganamos un poco más de dinero, convencemos a más personas de que les gustemos, o perdemos algo de grasa en el estómago entonces finalmente lograremos la felicidad y el control.

Tómate un momento para pensar en todos los hombres y mujeres grandes y poderosos que parecían tenerlo todo, pero terminaron perdiéndolo todo debido a decisiones pobre o problemas emocionales.

Probablemente no necesitas pensar mucho para crear una lista impresionante. La historia está llena de tales relatos trágicos. Pero lo que es aún peor son todas las historias no contadas de tragedias personales padecidas por individuos que no llegaron a los libros de historia. Todos tenemos nuestros demonios personales, pero demasiadas personas caen víctimas de ellos sin nunca enfrentarlos.

Si quieres lograr una confianza real, serenidad y control en tu vida entonces necesitas dejar de tratar de controlar el mundo que te rodea y empezar a controlarte a ti mismo.

Eso es de lo que se trata el estoicismo. Puede ser una filosofía antigua, pero las necesidades que aborda siguen siendo tan reales como siempre lo fueron. Un soldado romano con un gladius en sus manos puede verse completamente diferente a un soldado moderno con un rifle en las suyas, pero los pensamientos y emociones que atraviesan sus mentes serían similares.

Es fácil pensar que porque el mundo de hoy está cambiando tan rápidamente, necesitamos ideas que sean tan modernas como nuestros dispositivos. Pero hasta ahora, no se ha inventado ninguna tecnología que cambie fundamentalmente la naturaleza humana o la mente humana. Puedes tener un teléfono inteligente, un automóvil y un robot que aspire tu casa, pero tu cerebro se vería igual que el cerebro de un antiguo emperador romano.

Es por eso que tantas personas modernas están recurriendo a la sabiduría de los antiguos. Quieren descubrir las soluciones a estos problemas eternos que fueron ideados por personas que no estaban distraídas por la tecnología moderna. Los antiguos estoicos no podían depender de una aplicación para resolver sus problemas, no podían buscar una sustancia química para reprogramar su cerebro, y definitivamente no podían esperar lograr la vida eterna usando estasis criogénica. Tenían que usar sus habilidades y capacidades humanas innatas para tomar control de sí mismos.

Esto no significa que los estoicos modernos tengan que ser luditas que abandonen toda la tecnología. La ciencia y la medicina modernas son cosas maravillosas. No pienses ni por un segundo que alguna filosofía puede reemplazar una visita al médico. Pero cualquier científico o médico te dirá que también hay límites en sus oficios. La ciencia puede explicar cómo funciona la vida y los médicos pueden ayudarte a vivir una vida saludable, pero ni la ciencia ni la medicina pueden explicar el significado de la vida. Esa es una pregunta filosófica.

Si bien la ciencia nos ha ayudado a lograr muchas cosas maravillosas, todavía tiene sus limitaciones. La verdad es que incluso con todos los avances en la tecnología moderna, todavía estamos a años luz de lograr algo parecido al control completo del mundo que nos rodea. E incluso si pudiéramos controlar la materia y la energía, no cambiaría nuestras emociones y patrones de pensamiento básicos.

Tantas cosas en esta vida nunca estarán bajo tu control. La única cosa que realmente puedes comandar en este mundo eres tú mismo. En este libro te mostraremos cómo tomar control de tu mente, y una vez que tengas ese control puedes comenzar a tomar control de tu vida.

El estoicismo no puede prometerte una vida perfecta. No puede prometerte una vida saludable. Pero si te tomas el tiempo para estudiarlo cuidadosamente y poner sus conceptos en práctica, entonces puedes enfrentar los altibajos de la vida con sabiduría y perspectiva. En lugar de ser arrastrado por la vida como un tronco en un río caudaloso, puedes tomar el control y trazar tu propio camino hacia adelante.

El poder de cambiar está dentro de ti. El camino hacia la iluminación ha sido escrito para ti durante miles de años. Solo es cuestión de absorber esa sabiduría antigua y ponerla en práctica. Si puedes dar esos pasos, entonces podrás ver cómo tu vida se transforma de adentro hacia afuera.

Capítulo 1: Estoicismo 101

El hombre conquista al mundo conquistándose a sí mismo.

—Zeno de Citio

Antes de sumergirnos en los detalles del estoicismo, será útil echar un vistazo al panorama general. Piénsalo como ver un mapa de una ciudad antes de decidir empezar a conducir por las calles individuales.

En este capítulo, veremos qué es y qué no es el estoicismo en términos más amplios. Una vez que hayamos terminado con este paso, estarás listo para sumergirte en los detalles más específicos de este sistema filosófico y las formas prácticas en que puedes ponerlo en práctica en tu vida.

Comencemos tu viaje estoico.

Una forma de vida

El estoicismo es una filosofía. Esto puede sonar dolorosamente obvio, pero la verdad es que la mayoría de las personas modernas tienen una comprensión muy vaga de lo que es una filosofía. La mayoría diría que es un sistema para pensar en el mundo que les rodea, cuando la realidad es que es mucho más.

Los filósofos siempre han sido definidos por la forma en que piensan sobre el mundo. Están obsesionados con considerar cuidadosa y sistemáticamente sus creencias. Pero este proceso no es solo pensar por el simple hecho de pensar. Sócrates, el padre de la filosofía occidental, dejó claro que el objetivo final de la filosofía era vivir una buena vida. La idea era que reflexionabas sobre cuestiones de ética, lógica y significado de manera cuidadosa para poder vivir la mejor vida posible.

Los antiguos estoicos creían que no era suficiente simplemente mantener las creencias correctas, era necesario poner esas creencias en práctica.

Entonces, teniendo eso en cuenta, podemos examinar exactamente en qué creen los estoicos explorando las diferentes formas en que abordan la vida.

Viviendo de acuerdo con la realidad

El estoicismo es una filosofía que está llena de ideas que parecen lo suficientemente simples, pero pueden ser bastante complejas en la práctica. Esto comienza con la idea de que un estoico debería aceptar la realidad tal como es.

Pocas personas creen que están viviendo en rebelión contra la realidad. Caminamos con los ojos y oídos abiertos y absorbemos lo que nos rodea. ¿Qué podría ser más simple que eso?

Pero el estoico enfatiza la importancia de las creencias. La mayoría de nosotros filtramos lo que absorbemos a través de una lente distorsionadora de la realidad de creencias. Somos rápidos en aplicar etiquetas como "bueno" y "malo", "correcto" e "incorrecto". La naturaleza humana lleva a las personas a aplicar etiquetas rápidas y claras a todo con lo que entran en contacto, pero el estoicismo señala que esto puede hacer difícil vivir con el mundo tal como es cuando nos obsesionamos tanto con lo que debería ser.

Esto no significa que los estoicos sean relativistas morales que creen que las preguntas morales carecen de sentido. Como veremos más adelante, las preguntas sobre la virtud son clave en la filosofía estoica. Más bien, los estoicos creen que nuestra tendencia a etiquetar las cosas lo más pronto posible en realidad crea muchos problemas y dificulta abordar de manera significativa otros asuntos.

Hazte esta pregunta, ¿cuántas veces has dejado que un problema se salga de control porque te convenciste a ti mismo de que realmente no era un problema y simplemente lo ignoraste? ¿O cuántas veces te has alterado por un asunto que etiquetaste como insuperable, solo para darte cuenta de que no era tan grave después de que realmente te pusiste a trabajar en él?

La persona promedio sufre una vida llena de heridas autoinfligidas debido a su incapacidad para lidiar con la realidad tal como es. Nuestras emociones convierten montañas en montículos y montículos en montañas. La solución estoica es examinar el mundo a través de ojos desapasionados.

Viviendo en Aceptación del Destino

Otro punto central del estoicismo es la supremacía del destino. Es fácil ver esto como la creencia de que la vida está más allá de tu control, pero en realidad se trata de reconocer los límites de tu control. Los estoicos creían que cada ser humano solo controla una cosa en este mundo gigante e increíblemente complejo: su propia mente.

Algunas personas escuchan esto y lo ven como algo

deprimente. Los humanos naturalmente sobreestiman lo que controlan. Considera el hecho de que tantos fans de deportes piensan que la ropa que usan podría ser el factor decisivo en cómo se desempeña su equipo favorito en el gran partido. Recordar el hecho de que esto es falso puede ser visto como frustrante para un fan que se siente impotente sin tal agencia, pero también puede permitirles reclamar agencia en otras áreas.

Tantas personas pasan toda su vida tratando de controlar cosas sobre las que no tienen poder, mientras ignoran las cosas que sí pueden controlar. Piensa en todas las personas atrapadas en relaciones poco saludables donde se esfuerzan por cambiar a su pareja, mientras no hacen ningún esfuerzo por cambiar ellos mismos o terminar la relación y buscar a alguien más compatible.

No puedes controlar a otras personas. Puede haber cosas que puedas hacer para influir en ellos, pero nunca podrás tener nada cercano al mismo nivel de control que tienes sobre ti mismo. Aun así, si intentas tomar el control sobre tus propios pensamientos y acciones, es probable que te des cuenta de que no estás completamente al mando.

El estoicismo consiste en soltar lo que no puedes controlar y enfocarte en lo que puedes. Esto es lo que significa la aceptación del destino. La gran ironía es que solo cuando aceptas tus limitaciones podrás alcanzar tu máximo potencial.

Viviendo en búsqueda de la virtud.

Una cosa que a menudo se pierde cuando las personas presentan versiones más orientadas hacia "autoayuda" del estoicismo es el énfasis que los antiguos estoicos ponían en la virtud. Ellos creían que ser estoico significaba más que simplemente mantenerse firme y mantener el tipo. Muchos señalarían que este tipo de comportamiento no fue inventado por sus filósofos y se podía ver en el comportamiento de todo tipo de personas. Lo que diferenciaba a un estoico con mayúscula de alguien con estóicismo en minúscula era este énfasis.

La palabra "virtud" es uno de esos términos que suena lo suficientemente simple hasta que intentas definir cuidadosamente lo que significa. La mayoría de las personas están de acuerdo en que debemos ser virtuosos, pero hay grandes desacuerdos sobre lo que eso significa. Para efectos de esta introducción, definiremos la virtud como vivir una vida que ejemplifica ciertas cualidades.

Las Cuatro Virtuosas Cualidades
1. Sabiduría
2. Coraje
3. Autocontrol
4. Justicia

Una lectura superficial de la literatura estoica podría llevarte a creer que el estoicismo es una filosofía negativa, enfocada en lo que debes evitar. Pero esto no podría estar más lejos de la verdad. El estoicismo no solo se trata de evitar pasiones destructivas, también se trata de cultivar virtudes positivas. Cualquier entendimiento que se centre solo en un lado de esta ecuación es incompleto y engañoso.

Desarrollo Constante

La última cosa que debes entender sobre el Estoicismo es una de las más importantes, la respuesta estoica a la pregunta más grande en el universo: ¿cuál es el significado de la vida?

El estoicismo dice que estamos en esta tierra para poder desarrollar nuestras virtudes con cada oportunidad que se nos presente. Dice que cada circunstancia, sin importar cuán positiva o negativa pueda parecer a primera vista, nos ofrece una oportunidad para crecer y mejorar como seres humanos. Hacemos esto al eliminar las pasiones negativas, construir virtudes personales y vivir en armonía con la naturaleza.

Entonces, ves, cada parte individual del estoicismo se une al final para formar un todo más grande. Claro, se trata de perseverar en tiempos difíciles, pero también se trata de mucho más. Se trata de vivir una vida activa y productiva que produzca felicidad y buena salud. Se trata de sacar lo mejor de la vida cuando las circunstancias parecen malas y aprovechar al máximo la vida cuando las cosas parecen ir sin problemas.

El estoicismo es una forma de ver el mundo, una forma de vivir la vida y una forma de asegurarse de que una vez que llegues al final no tengas arrepentimientos de qué hablar.

Definiendo los términos

En este libro encontrarás una serie de términos que son muy importantes y utilizados de maneras muy particulares. La estoicismo tiene un rico léxico de terminología que necesitas poder entender si quieres darle sentido a la filosofía. Aunque algunos estoicos utilizan una gran cantidad de argot griego y latino, en este libro generalmente nos ceñiremos a las traducciones al inglés más comunes para que el mensaje sea lo más fácil de entender posible.

Pasión

Una cosa que tienes que entender es que el estoicismo a menudo implica palabras que se usan de cierta manera en la vida normal pero adquieren un significado especial cuando se usan en el contexto de la filosofía estoica. Pasión es una de esas palabras.

Cuando se usa en la vida normal, la pasión suele tener connotaciones positivas, pero en el estoicismo la pasión es generalmente negativa. Los estoicos utilizan la palabra pasión para referirse a emociones negativas. Estas son emociones que alejan a las personas de la virtud y las llevan hacia el vicio. Las pasiones son emociones que deben ser evitadas y minimizadas mientras los estoicos intentan enfatizar emociones más virtuosas.

Destino

Los antiguos estoicos creían en un sentido más literal del destino como un gran plan para el universo en el que cada persona tenía un papel que desempeñar. Pero en el estoicismo moderno, el destino se entiende generalmente como todo aquello que está más allá de nuestro control como individuos. Puedes controlar las acciones que tomas, pero el destino está al mando de lo que aquellos a tu alrededor puedan elegir hacer. La aceptación del destino es una parte importante del estoicismo, con la idea de que te ayuda a concentrarte en lo que puedes controlar en lugar de en todas las cosas que están fuera de tu control.

Virtud

Este término ya fue mencionado en el último segmento pero vale la pena repasarlo de nuevo. Los estoicos enseñaron que la virtud es el punto de la vida y el bien supremo. La virtud es una idea grande que se compone de ideas más pequeñas. Estas son la sabiduría para saber cómo actuar, el coraje para tomar la acción adecuada, el autocontrol necesario para abstenerse de actuar de manera inapropiada, y la justicia necesaria para tratar con otros de manera justa y constructiva. Puedes entender vivir virtuosamente como actuar y pensar de la manera correcta.

Por supuesto, lo que es bueno es una pregunta más allá del alcance de este libro. Debido a que este es un libro diseñado para ser utilizado por personas de todas las creencias y estilos de vida, mantendremos el uso de este término algo vago. Con suerte, tiene sus propias creencias morales y éticas que puede considerar cuando el tema de la virtud viene a la mente. Si no las tiene, entonces ahora sería un buen momento para hacer una búsqueda interna y determinar en qué verdaderamente cree sobre lo correcto e incorrecto, lo bueno y lo malo.

Sage

Un sabio es un estoico que ha alcanzado la iluminación. Han logrado liberarse de las cadenas de la pasión y vivir en perfecta armonía con la naturaleza. Han conquistado la ilógica y poseen la razón y la felicidad perfectas. Esta es la etapa a la que todo estoico se esforzó por llegar, pero casi ninguno logró alcanzar.

Existe la pregunta de si es realista esperar lograr realmente el estado de Sabio, pero incluso si no lo es, sigue siendo valioso como un ideal hacia el cual las personas pueden esforzarse mientras practican el estoicismo. Por lo tanto, el sabio estoico puede ser visto como un ideal conceptual de cómo deberían ser las personas, establecido para que todos sepamos hacia qué debemos trabajar (Pigliucci, 2017).

Lo que no es el Estoicismo

Dicen que un poco de sabiduría puede ser más peligrosa que la ignorancia. Eso se aplica a muchas cosas en la vida, y es especialmente cierto con el estoicismo. La filosofía no es demasiado difícil de entender, pero muchas personas todavía llegan a conclusiones incorrectas basadas en su entendimiento limitado. A veces, entender requiere más que saber qué es algo, también debes entender qué no es. Por eso esta sección está aquí.

Vamos a desmentir algunos de los mitos más comunes que rodean al estoicismo.

El estoicismo no se trata de aceptar todo tal como es.

Demasiadas personas piensan que los estoicos son felpudos por los que la gente puede pisotear. La palabra puede evocar la imagen de los guardias del Palacio de Buckingham que tienen la tarea de permanecer completamente inmóviles. Incluso cuando los turistas actúan como idiotas y maniáticos, el trabajo del guardia es mostrar ninguna emoción. Pero cualquiera que haya intentado tocar a uno de esos guardias le dirá que cuando se cruza una línea, actúan con fuerza. Lo mismo ocurre con los estoicos.

El estoicismo trata sobre aceptar las cosas tal como son, pero eso no significa que no puedas trabajar para cambiar las cosas. La aceptación estoica se trata de ver el mundo tal como es para que puedas actuar correctamente. Si tu casa está en llamas, lo primero que debes hacer es aceptar que tu casa está en llamas. Pretender que todo está bien no salvará tu propiedad, solo te impedirá tomar las acciones necesarias para limitar el daño.

El filósofo estoico más famoso, Marco Aurelio, fue el emperador del mayor superpoder del mundo. Los defensores modernos de la filosofía incluyen artistas, atletas profesionales y directores ejecutivos. Si bien no tienes que ser increíblemente ambicioso para ser estoico, no deberías sentir que el estoicismo podría frenarte en el logro de tus metas. En realidad, es todo lo contrario, el estoicismo puede ayudarte a cambiar el mundo al ayudarte a cambiarte a ti mismo.

El estoicismo no se trata de no tener emociones.

Es fácil imaginar a los estoicos como robots.

El estoicismo no se trata de eliminar las emociones, se trata de aprender a controlarlas. El estoico es como un jardinero emocional, nutriendo las emociones que quieren ver crecer mientras luchan contra las emociones no deseadas. Así como las plantas siempre necesitarán agua y las malas hierbas siempre volverán, las emociones nunca desaparecen por completo. Pero un estoico es como una persona con un jardín que ha sido cuidadosamente cultivado para satisfacer sus necesidades, mientras que muchas personas han permitido que sus jardines mentales crezcan salvajes con todo tipo de malas hierbas.

Entonces, si estás preocupado por convertirte en un robot, puedes estar tranquilo. Si esperabas convertirte en un robot, entonces lamento decepcionarte. Pero si aprendes y sigues el camino del estoicismo, aprenderás que tus emociones no necesitan ser tus enemigas. También pueden ser utilizadas para impulsarte a alturas desconocidas.

El estoicismo no es solo para un tipo de persona.

Si bien las otras ideas falsas que hemos examinado

anteriormente tienden a provenir de personas que no han estudiado el estoicismo, esta es una idea que con frecuencia es propagada por personas que sí estudian el estoicismo. Les gusta tanto que se convierte en parte de su identidad. Esto los lleva a volverse excesivamente protectores, constantemente en busca de cualquiera que pueda violar su sistema de creencias tan querido.

Algunas de estas personas son académicos que están descontentos con la popularización moderna del estoicismo. Lo ven como una forma "rebajada" de estoicismo. También dirán que se aleja demasiado de los pensadores originales.

Esta perspectiva es más difícil de refutar porque hay algo de verdad en ella. El estoicismo popular puede ser muy diferente del estoicismo que fue practicado por Zenón de Citio. Pero el hecho es que diferentes ramas dentro del estoicismo comenzaron a surgir poco después de la muerte de su fundador. A lo largo de la historia de la escuela es fácil reconocer el estoicismo como una filosofía práctica en lugar de un dogma. Si bien algunas verdades fundamentales deberían permanecer, tiene sentido que las personas adapten las creencias a su tiempo y propósitos, al igual que lo hicieron los romanos cuando adoptaron el estoicismo de los griegos.

Avanzando

Una de las lecciones del estoicismo es que debemos dejar de lado nuestras nociones preconcebidas si queremos ver el mundo tal como es realmente. Esto también se aplica al estudiar el estoicismo. Intenta dejar de lado cualquier suposición que puedas tener basada en referencias superficiales. Si vienes con la mente abierta, entonces es más probable que veas los cambios que estás buscando al final del día.

Conclusión práctica

En este libro se le proporcionará mucha información sobre qué es el estoicismo, pero ¿recogió este libro para aprender sobre la historia de la filosofía? ¿O desea cambiar su vida? Si desea ver un cambio real, entonces tendrá que actuar.

Por esta razón, cada capítulo finalizará con consejos prácticos en los que puedes actuar mientras lees el libro. La mayoría de ellos solo requerirán un poco de papel, un utensilio de escritura y unos minutos de tu tiempo. También puedes escribir en una computadora, pero estudios han demostrado que las personas son más propensas a retener información que han escrito a mano.

Empezaremos con algo especialmente simple. Toma tu papel y utensilio de escritura. Ahora, baja el libro y anota todos los puntos más importantes que aprendiste de este capítulo. Solo los puntos principales, esto no debería tomar más de un minuto o dos.

¡Y adelante!

Bien, felicidades. Acabas de tomar más medidas hacia el automejoramiento que el 90% de las personas que leen este tipo de libros. Para obtener crédito adicional, puedes hojear el capítulo y compararlo con tus notas, buscando cualquier cosa importante que puedas haber pasado por alto.

El mundo está lleno de personas que leen innumerables libros sobre superación personal y parecen nunca lograr lo que querían. Yo propondría que esto sucede porque la gente deja que la información les pase por encima en lugar de interiorizarla. Y si llegan a tomar el tiempo para interiorizarla, nunca actúan sobre la información.

Propongo que existen tres elementos fundamentales del crecimiento:

1. Información

2. Internalización

3. Implementación

Los libros pueden proporcionarte información, pero debes manejar los otros dos elementos. Lo que obtienes de este libro depende enteramente de lo que estás dispuesto a hacer con las cosas que aprendes.

Capítulo 2: Historia del Estoicismo

Un estoico es alguien que transforma el miedo en prudencia, el dolor en transformación, los errores en iniciación y el deseo en empresa.

―Taleb Nassim Nicholas

Es importante ser claro que este libro no es un libro de texto sobre la historia del estoicismo y los muchos grandes pensadores que contribuyeron a él. Muchos de estos libros ya existen y si deseas un examen detallado de los detalles de la historia de la filosofía occidental entonces vale la pena leerlos.

Este libro trata sobre el estoicismo práctico. El objetivo es proporcionarte la información que necesitas para comenzar a mejorar tu vida lo antes posible. Esto significa que no podemos dedicar demasiado tiempo a detalles históricos, pero eso no significa que podamos ignorarlos.

En este capítulo, haremos un rápido recorrido por la historia del estoicismo. Examinaremos su creación en la antigua Grecia, su culminación en la Roma Imperial y el renacimiento moderno que ha vuelto a llevar esta antigua filosofía al primer plano del discurso intelectual.

Un solo capítulo no puede proporcionarte todo lo que hay

que aprender, pero puede ser un buen punto de partida desde el cual puedes seguir investigando este tema rico y fascinante.

Orígenes antiguos

El estoicismo fue fundado en la cuna de la filosofía occidental, la antigua Grecia. En el siglo IV a.C., hubo un próspero comerciante llamado Zenón de Citio. Mientras comerciaba, naufragó cerca de la ciudad estado de Atenas. Este tipo de desgracia ha destrozado a muchos hombres, pero Zenón encontró oportunidad en su sufrimiento. Viajó a Atenas y comenzó a estudiar a los pies de los filósofos locales. Estaba buscando algo que lo satisficiera de una manera que su riqueza material no había logrado. Finalmente, encontraría su propio sentido de significado y compartió lo que había aprendido con aquellos que quisieran escuchar.

El estoicismo fue fundado para encontrar un equilibrio entre los extremos de la filosofía ateniense. Los aristotélicos predicaban que la riqueza material era necesaria para la iluminación, mientras que los cínicos se jactaban de su pobreza autoimpuesta. Zenón logró ese equilibrio al desplazar el enfoque de las cosas materiales que las personas tienen hacia sus creencias, valores y acciones. Él difundiría su filosofía mientras estaba parado en una zona elevada conocida como la Stoa Poikile. Esta área se convertiría en la primera escuela de estoicismo y también le daría el nombre a la filosofía.

También es importante entender el estoicismo como un producto de la historia. Esta filosofía altamente práctica surgió durante un período de gran agitación, dificultades e incertidumbre en Grecia. Aunque el estoicismo fue fundado en el siglo IV a.C., alcanzó prominencia durante el siglo III, tras la muerte de Alejandro Magno y el drama que esto creó en la región. Muchos griegos habían depositado sus esperanzas en Alejandro, y su rápido y glorioso ascenso al poder parecía que podría traer paz y prosperidad al Mediterráneo y las regiones circundantes en los años por venir. Luego Alejandro murió repentinamente y a una edad temprana, creando un vacío de poder que daría lugar a divisiones y conflictos.

Con el tiempo, el poder de Grecia en el Mediterráneo disminuyó, mientras que una pequeña ciudad-estado conocida como Roma vio aumentar su poder. Es importante señalar que los griegos y los romanos eran muy diferentes en muchos aspectos, pero los romanos aún encontraron mucha inspiración en sus predecesores griegos. Los romanos buscaron inspiración en los griegos en los ámbitos del arte, la religión y la filosofía. Así es como el estoicismo dio el salto de Grecia a Roma.

Como puedes ver, el estoicismo antiguo no apareció de la nada. Se desarrolló a lo largo de los siglos por una cadena de grandes pensadores. Sin embargo, hay un hombre cuyo nombre se ha vuelto sinónimo de esta escuela filosófica. Todos los nombres mencionados hasta ahora merecen ser conocidos, pero a continuación veremos un nombre que debes recordar absolutamente.

Si bien solemos pensar en los filósofos modernos como académicos alejados del poder, en la antigua Grecia se involucraban profundamente en la política y el gobierno. Esto ayudó a elevar su estatus y difundir su mensaje por un tiempo, pero la política es un negocio voluble. Entre los años 88 y 86 a.C. estalló la guerra y Atenas fue derrotada. Muchos filósofos huyeron y se refugiaron en Roma, señalando un cambio hacia el este para la filosofía occidental (Pigliucci, s.f.).

En Roma, la filosofía estoica se desarrollaría aún más. Muchos de los principios fundamentales permanecerían, pero se pondría un mayor énfasis en cómo el estoicismo podría aplicarse para enfrentar problemas de la vida real. Estoicos como Séneca y Marco Aurelio no eran solo pensadores o maestros, también estaban activos en el comercio y la política romana. Necesitaban una filosofía que pudiera ayudarles con decisiones difíciles y momentos complicados.

Marcus Aurelius

Todo el trabajo preparatorio realizado por los estoicos originales llevó a lo que muchos considerarían una conclusión improbable. El estoicismo era una filosofía desarrollada para que las personas pudieran soportar las tormentas de la desgracia, por lo que pocos adivinarían que el hombre que lo entendería más acertadamente y lo pondría en práctica con la mayor precisión sería un hombre que debería haber estado más allá del sufrimiento.

En el mundo antiguo del Imperio Romano y sus territorios vecinos, probablemente no había nadie más envidiado que el Emperador. Desde la caída de la República Romana, el Emperador se convirtió en un hombre con poder y prestigio que muchos gobernantes modernos envidiarían. Entonces, ¿cómo es que un hombre que disfrutaba de un poder, riqueza y respeto incomparables llegó a producir lo que muchos consideran ser el manual para sobrellevar el dolor y la adversidad?

La historia de Marcus Aurelius, así como sus escritos, nos recuerda que la manera en que vemos el mundo a menudo está distorsionada. Miramos las grandes estatuas de mármol dejadas por los romanos e imaginamos que las personas eran igual de grandiosas y sobrehumanas. Pero la verdad es que cada persona sufre muchas de las mismas luchas. La riqueza, el poder y la fama ciertamente pueden ayudarte a manejar ciertos desafíos mejor de lo que podrías sin estos privilegios, pero no pueden borrar por completo las dificultades de tu vida.

Biografía de Marco Aurelio

El niño que se convertiría en emperador, Marco Aurelio, no tuvo un nacimiento particularmente auspicioso. Nació en una familia rica y poderosa, pero había muchas familias similares en Roma y los padres de Marco nunca habrían predicho que llegaría a ser emperador. Solo obtuvo ese título debido a una serie de eventos improbables.

Marcus nació bajo el reinado del Emperador Adriano. Dado que Adriano no tenía herederos biológicos, tuvo que elegir quién sería el Emperador después de él. El primer hombre que eligió fue Lucio Ceionio, pero el destino quiso que Lucio falleciera antes del emperador moribundo. Así que, Adriano tuvo que elegir de nuevo, y esta vez eligió a un hombre del senado que no tenía hijos, un senador llamado Antonino Pío.

Pius buscó evitar los problemas por los que había pasado Adriano, así que buscó adoptar a hombres que pudieran ser entrenados para sucederlo. Uno de los chicos que eligió fue Marcus y el otro se llamaba Lucius (Enciclopedia de Biografías del Mundo).

Era como si los cielos se hubieran abierto y hubieran enviado sus bendiciones sobre el joven Marcus. De repente, su educación fue llevada a un nivel completamente nuevo. No solo estaba aprendiendo a ser un noble, estaba aprendiendo a ser el hombre más poderoso de Roma. Para desempeñar este papel, estudió bajo algunos de los oradores y filósofos más destacados de Roma, todos buscando verter su sabiduría en Marcus antes del día en que tomara el trono. Era una situación de alto riesgo, nadie podía saber cuándo podría fallecer el emperador.

Marcus y su hermano adoptivo tomaron el trono como co-emperadores cuando Pio murió en el año 161 a.C. Su reinado tuvo un comienzo complicado, ya que Roma fue rápidamente sumergida en la guerra contra los Partos. Roma saldría victoriosa, pero a un costo desastroso. Cuando las legiones victoriosas regresaron a Roma, trajeron consigo la plaga. Alrededor de cinco millones de romanos serían asesinados por la enfermedad mientras Roma se convertía en un invernadero de enfermedades mortales.

Poco después de que la plaga remitiera, murió el hermano de Marcus, poniendo a Marcus en el trono como el único emperador de Roma. Gobernó desde 169 hasta 180. Estos 11 años estuvieron marcados por la guerra, la inestabilidad social y otros problemas. Pero Marcus reinó con mano firme y más tarde fue declarado como el último miembro de los Cinco Buenos Emperadores (Farnum Street).

Así que, ves que a pesar de todo el poder que tenía el emperador romano, también había mucha responsabilidad. El destino de uno de los mayores poderes del mundo descansaba sobre los hombros de Marco. Muchos de los hombres que ocuparon esta posición sucumbieron ante la presión. Muchos se tragaron su propia propaganda y se creyeron superiores a los simples mortales. Pero Marco fue capaz de mantenerse firme y liderar a Roma a través de la oscuridad con la ayuda de sus virtudes estoicas.

Sabemos esto porque él registró sus pensamientos. Nos brinda una rara oportunidad de mirar dentro de la mente de uno de los grandes gobernantes de la historia.

Meditaciones

Si bien Marco Aurelio logró muchas cosas durante su tiempo como Emperador, al final es su escritura lo que ha sido su logro más duradero. Cuando Marco estaba en el campo de batalla liderando a sus soldados en defensa de Roma, comenzó a escribir notas. Lo sorprendente del libro es que no lo escribió para ser publicado. Para él era un diario, pero después de su muerte fue reconocido como una de las mayores obras de filosofía estoica jamás creadas.

El libro es una serie de citas que fueron escritas por Marco como un recordatorio para sí mismo. El Emperador mismo nunca le dio un título al libro, por lo que es necesario entender que "Meditaciones" es un título descriptivo que ha sido dado a la obra por aquellos que descubrieron sus escritos más tarde.

Las Meditaciones están divididas en doce secciones diferentes, pero estas partes no están ordenadas cronológicamente ni temáticamente. Esto hace que la lectura de las Meditaciones sea una experiencia única. Es más como un libro de citas o el libro bíblico de los Salmos en lugar de una narrativa o libro de texto tradicional. Esto podría ser visto como una de las razones de la popularidad de las Meditaciones, es un libro que siempre tiene algo de sabiduría que ofrecer sin importar en qué página lo abras.

Aunque el libro no tiene la estructura típica de la mayoría de los libros, sí surgen algunos patrones interesantes. Por un lado, al inicio del libro comienza agradeciendo a las personas que lo han ayudado a lo largo de su vida y lo han moldeado como pensador. Esto es un recordatorio notable de que incluso las personas más poderosas en la Tierra no podrían disfrutar de sus posiciones sin la sabiduría y orientación de otros. Lo que vemos en Meditaciones es el monólogo interno de un verdadero aprendiz de por vida.

Otro tema que surge rápidamente son las limitaciones del poder y la riqueza. Está claro que, si bien Marco disfrutaba de más poder que casi cualquier otra persona en el imperio, también sentía su responsabilidad como un gran peso. La lectura de las Meditaciones es un recordatorio humillante de las luchas con las que cualquier buen líder debe lidiar mientras intentan sacar lo mejor de cada situación.

Si terminas este libro y decides que estás interesado en aprender más sobre el estoicismo a partir de fuentes primarias, entonces definitivamente deberías considerar adquirir Meditaciones de Marco Aurelio. Si consigues una traducción moderna, descubrirás que este libro es fácil de leer pero difícil de comprender completamente. Podrías pasar décadas estudiando este libro y aún así encontrar nuevas ideas con cada lectura.

Estoicismo moderno

Las Meditaciones de Marco Aurelio se consideran a menudo como la última gran obra del estoicismo antiguo. Después de su reinado, la rigurosa escuela de pensamiento desapareció. Sin embargo, esto no significa que el pensamiento estoico desapareciera. Por el contrario, las creencias estoicas se extendieron y se transmitieron. Cuando el Imperio se convirtió al cristianismo, muchos pensadores cristianos se vieron atraídos por obras como las Meditaciones y sacaron enseñanzas de sus páginas. Generaciones y generaciones de grandes pensadores fueron influenciados por el estoicismo, incluso si no conocían el nombre de la filosofía que había producido algunas de sus ideas más queridas.

Una de las cosas que los estoicos modernos han hecho es hurgar en la filosofía antigua para tratar de encontrar las ideas que son más aplicables a las audiencias modernas. Los estoicos antiguos fueron algunos de los individuos más educados en el mundo romano, pero aún así operaban con el limitado conocimiento de la época. Podían acceder a sus emociones al igual que nosotros, pero no podían conocer la conexión entre las corrientes eléctricas en nuestros cerebros y la forma en que nos sentimos.

Los estoicos modernos han sido capaces de utilizar las herramientas de la ciencia y la tecnología para obtener una mayor comprensión de los avances fundamentales realizados por aquellos antiguos pensadores. El pasado y el presente chocan de nuevas y fascinantes maneras con cada nueva ola de pensamiento estoico.

Una de las razones por las que el estoicismo se siente tan vivo y poderoso hoy en día como lo fue hace tantos siglos es el hecho de que nuestras circunstancias modernas reflejan la situación en la antigua Roma y Grecia de algunas maneras. Así como el estoicismo se popularizó originalmente durante un tiempo de gran incertidumbre en Grecia, ha disfrutado de su renacimiento moderno mientras el mundo experimenta sus propias luchas. En muchos aspectos, estamos viviendo en una época más próspera que nunca, pero también vivimos en un tiempo en el que las personas están lidiando con muchas luchas prácticas y existenciales.

A pesar de la riqueza que muchas naciones muestran en papel, las personas aún luchan con cosas como la deuda personal, los costos de la atención médica, divisiones políticas, preguntas en torno al cambio climático y una lucha por el significado personal. Muchas personas sencillamente no sienten que la vida moderna sea todo lo que les han prometido e incluso aquellos que disfrutan de la riqueza sienten que es insignificante o transitoria.

Los motores económicos del mundo occidental nos han traído muchas cosas maravillosas, pero está claro que no nos han satisfecho de la manera en que muchos pensaron que lo harían. Resulta que los seres humanos tienen necesidades profundas que no siempre se pueden satisfacer con más dinero y los últimos aparatos electrónicos. Cuanto más cambian las cosas, más nos encontramos lidiando con los mismos problemas que los antiguos griegos fueron capaces de diagnosticar hace miles de años. Una vez que reconocemos sus habilidades perceptivas, tiene sentido considerar las soluciones que ofrecieron.

Si bien han tenido lugar muchos cambios superficiales, la naturaleza humana sigue siendo muy similar a como era hace dos mil años. Los antiguos estoicos pueden estar muertos, pero sus ideas están tan vivas y vitales como siempre. Demasiadas personas se enredan en la barrera del idioma que tiende a interponerse entre los lectores modernos y los textos antiguos. Es por eso que existen libros como este. Las verdades fundamentales en este libro no son nuevas, pero se están escribiendo para que una audiencia moderna las pueda entender claramente y aplicarlas para resolver problemas contemporáneos. Este libro no se trata de reinventar la rueda, se trata de empujar una rueda hacia adelante que ha estado girando durante miles de años.

La filosofía no se trata de adorar los pensamientos de los filósofos antiguos y tratar sus ideas como intocables. Se trata del legado viviente de estas ideas. Regresamos a la sabiduría de los antiguos porque son quienes crearon la base sobre la cual se han construido filosofías posteriores. Sin embargo, si bien ninguna torre puede sostenerse sin una base firme, eso no significa que los muchos pisos que se han construido sobre ellos y que se podrían añadir en el futuro sean menos importantes o valiosos.

Lección práctica

Al leer sobre la antigua génesis de las ideas es fácil sentirse distante de ellas. Dado que solo las hemos aprendido a través de la historia, es natural pensar en ellas como una especie diferente, con la piel hecha de puro mármol blanco. Pero los antiguos eran humanos como nosotros y las lecciones que enseñaron todavía están siendo puestas en acción por las personas hoy en día.

Saca tu papel y utensilio para escribir. Ahora, piensa en personas que exhiben virtudes estoicas. Pueden ser personas que conoces en la vida real o personas que conoces de los medios de comunicación.

Las ideas estóicas han permeado la cultura occidental. Esto significa que incluso las personas que nunca han escuchado la palabra "estoicismo" han sido influenciadas de alguna manera por sus ideas. También está el hecho de que el estoicismo se basa en las realidades de la vida y la naturaleza. Personas de todo el mundo han llegado a comprender el estoicismo sin ninguna conexión con los antiguos griegos.

Puede ser difícil leer sobre las virtudes en abstracto y luego traducirlas al mundo real. Por eso es útil buscar personas que personifiquen las virtudes. No debes verlas como seres divinos, pero puedes usarlas para ayudarte a guiarte en la dirección correcta.

La historia del estoicismo no ha terminado, es un proceso continuo.

Capítulo 3: El Poder de la Percepción

Tienes poder sobre tu mente, no sobre eventos externos. Date cuenta de esto y encontrarás fuerza.

—Marco Aurelio

Si bien el estoicismo es famoso por el enfoque que adopta con respecto a las emociones, o la falta de las mismas, la verdad es que el verdadero poder del estoicismo radica en su enfoque lógico y pragmático para lidiar con la realidad.

Los estoicos creían en enfrentar al mundo tal como realmente es. Esto podría parecer una afirmación simplista, pero una vez que entiendas lo que esto significa, comprenderás las profundas implicaciones.

Si quieres encontrar una solución, primero debes analizar el problema con ojos claros y objetivos. Hacer menos solo te preparará para el fracaso.

La Distancia Entre el Mundo y Nuestra Percepción

Los estoicos creían que había tres disciplinas que eran

necesarias para vivir un estilo de vida estoico. La primera era la percepción, la segunda la acción y la tercera la voluntad. Este orden no es un accidente, hay una razón por la cual la percepción se considera la disciplina principal del estoicismo.

La percepción se trata de ver el mundo tal como es en realidad. Se trata de mirar la realidad de la manera más objetiva posible, sacando los juicios de valor de la imagen.

Si le preguntas a la mayoría de las personas acerca de lo precisa que perciben el mundo, te dirán que ven las cosas perfectamente claras. Después de todo, si tienen dos ojos sanos, ¿cómo podrían ver las cosas de otra manera? Pero la percepción no se trata solo de tu vista física, se trata de la forma en que tu mente procesa la información que absorbes cuando miras hacia el mundo.

La mente procesa la información visual en dos pasos. El primero es cuando la luz que rebota en el objeto entra en el ojo y percibes la realidad frente a ti visualmente. El segundo paso es cuando tu cerebro toma la imagen y le aplica una etiqueta. Este segundo paso es donde surge el problema.

El problema no es mirar a un pato y llamarlo un pato. El problema es que miramos las tareas frente a nosotros y rápidamente saltamos a conclusiones sobre si son posibles o no. Miramos a las personas lo suficiente solo para ver su apariencia y luego decidir si podemos confiar en ellas o no. Miramos hacia nosotros mismos y juzgamos de lo que somos capaces sin ningún razonamiento sólido que respalde nuestras conclusiones.

Los seres humanos están impulsados a emitir juicios y nuestros juicios a menudo están lejos de ser acertados. Esto es lo que entendían los estoicos, y por eso ponían tanto énfasis en corregir nuestra percepción para que veamos el mundo tal como es antes de intentar actuar en él.

Primer día en el trabajo

Para ayudar a comprender la naturaleza destructiva de la percepción inexacta, te guiaré a través de un escenario. Imagina que estás llegando a tu primer día en un nuevo trabajo y estás conociendo a tus compañeros de trabajo. En este escenario eres una persona bastante crítica que tiende a saltar rápidamente a conclusiones sobre todos los que conoces.

Entras en la oficina y la primera persona que conoces es tu nuevo jefe. Él te estrecha la mano, pero su agarre es un poco débil. Inmediatamente lo etiquetas como débil antes de pasar a la siguiente persona. El primer compañero de trabajo que conoces tiene una sonrisa en su rostro pero una mancha en su camisa. La palabra "desaliñado" viene a la mente antes de dejar a esa persona para conocer a otra. La última persona que conoces te saluda amablemente pero tiene una voz monocorde, por lo que no puedes evitar pensar en ellos como aburridos.

Ahora, piensa en cómo esas etiquetas generadas instantáneamente podrían afectar tus futuras relaciones laborales con esas personas. Las conclusiones a las que llegaste en este escenario basadas en casi ninguna información podrían influir en tus interacciones con tus compañeros de trabajo en los años venideros.

Espero que ahora estés comenzando a ver cómo fácilmente nuestra percepción puede verse nublada por una excesiva ansia de juzgar el mundo que nos rodea. La mente no entrenada salta a conclusiones casi instantáneamente, pero los juicios que emite pueden perdurar durante días, semanas o inclusive años.

Lento para juzgar y lento para confiar

Si bien algunas personas pueden estar de acuerdo con un enfoque más objetivo de la realidad, sé que habrá otros que sean reacios. Puede que hayas leído el segmento "Primer día en el trabajo" y hayas sentido que el personaje en el escenario tenía razón al hacer esos juicios. A menudo, la gente defenderá este tipo de juicios por razones prácticas. Hay mucha gente por ahí, algunos de ellos tienen malas intenciones, y si esperas a que esos individuos revelen sus malas intenciones antes de tomar precauciones, entonces quedarás a merced de ellos.

Este es un punto justo, pero pierde el punto de retrasar el juicio. Muchas personas asumen que si no etiquetas a alguien como deshonesto, entonces estás declarando que son honestos. Pero simplemente no es el caso. Puedes retener tanto juicios positivos como negativos al mismo tiempo. Si no conoces bien a alguien, puedes retener tanto la confianza como la desconfianza hasta que tengas la oportunidad de tener una mejor idea de quiénes son como persona.

Recuerda que el estoicismo se trata de relacionarse con el mundo de manera racional y lógica. Si sabes que estás ingresando a un área donde el crimen es común, no tienes que fingir que esta información no está disponible para ti. Si la razón dice que se deben tomar precauciones de seguridad, entonces, por todos los medios, toma precauciones de seguridad.

Aún así, considera de dónde estás obteniendo tu información. ¿Estás juzgando el nivel de riesgo basado en información objetiva o en juicios rápidos basados en sesgos personales? La gente tiende a sobrevalorar su propia objetividad.

El hecho es que se necesita tiempo y energía para cultivar la habilidad de ver el mundo tal como es en realidad. Para la mayoría de la gente, no es como un interruptor que se puede encender o apagar, incluso si puedes retener el juicio por un tiempo, podrías encontrarte deslizándote de nuevo a viejos hábitos antes de mucho tiempo. Pero no hay razón para desesperar. El estoicismo no se trata de soluciones rápidas y fáciles; se trata de tomar el tiempo para lograr un cambio verdadero y duradero.

Un Cambio en la Percepción

Nada es bueno ni malo, sino que el pensamiento lo hace así.

—William Shakespeare Shakespeare

Una vez que te tomas el tiempo para prestar atención a la forma en que percibes el mundo y lo moldeas con tus pensamientos, te darás cuenta de cuánto poder tienes. Lo único lamentable es que tal vez solo te des cuenta de esto una vez que reconozcas que te has estado frenando a ti mismo de alcanzar tu máximo potencial con pensamientos negativos injustificados.

La buena noticia es que nunca es demasiado tarde para hacer un cambio. Mientras sigas respirando, puedes tomar el control de tus pensamientos y usarlos para dar forma a tu mundo.

Volviendo el Mundo del Revés

Hay un truco en el mundo del arte para aquellos que quieren dibujar una imagen compleja pero se sienten abrumados al mirarla. El truco es tomar la imagen y voltearla boca abajo. De repente, la persona ya no siente que está dibujando una cabeza completa, en cambio la ve como dibujar un campo de formas individuales. Cuando borras palabras como "difícil" o "imposible" de la imagen y te enfocas en los pasos individuales, podrías sorprenderte de lo que puedes lograr.

Lo mismo se puede decir al examinar tu vida. La persona promedio mira los eventos que tienen por delante y se enfoca en cualquier cosa que parezca que será un desafío u obstáculo. Una vez que los etiquetamos como problemas, tienden a crecer en nuestras mentes, convirtiéndose en amenazas desproporcionadas que se ciernen sobre nosotros y causan estrés injustificado.

¿Pero qué pasaría si pudieras voltear la imagen boca abajo? ¿Y si pudieras ver lo que normalmente llamarías obstáculos y en cambio llamaras oportunidades?

Transformar una jaula en una herramienta

El triste hecho es que la mayoría de las personas están atrapadas por su propia percepción. Años de prejuicios y programación mental han hecho que les resulte difícil ver el mundo tal como es. Aún peor, cuando miran el mundo, ven tantos obstáculos insuperables que se sienten desesperadamente restringidos.

Son como una persona que se pone un casco de realidad virtual y termina atrapada en un campo abierto. A pesar de que no hay paredes físicas que los rodeen, aún se sienten restringidos debido a las paredes que ven en su mente.

Aprender a ver el mundo de manera objetiva es como quitarse el auricular. Te muestra el rango completo de movimiento disponible para ti. Pero no tienes que detenerte ahí. Tomar control de tu percepción es como reprogramar ese auricular de realidad virtual para ayudarte a encontrar hacia dónde te diriges. Este es el poder completo de dominar tu percepción, puedes remodelar la forma en que ves el mundo de una manera que te impulse hacia adelante en lugar de frenarte.

Eliminando preocupaciones.

Dominar la percepción es una herramienta especialmente útil para cualquiera que tenga dificultades con la preocupación. Después de todo, ¿qué causa la preocupación? La mayoría de las personas experimentan este sentimiento después de identificar posibles problemas en su vida y permitir que estos problemas potenciales atormenten su mente. Mientras la cuestión no se aborde, continúa siendo una preocupación que flota en su conciencia y causa estragos.

El problema con las preocupaciones es que no hay límite en cuántas puedes tener. Puedes pensar que podrías curarlas resolviendo tus problemas, pero una vez que la mente humana ha sido entrenada para buscar problemas potenciales siempre encontrará más. Por eso ayuda poder reentrenar tu cerebro. Una vez que lo haces, casi no hay límite en lo que podrías lograr.

Separando la Aceptación del Acuerdo

Antes de avanzar en la percepción, necesitamos discutir un tema relacionado, la aceptación. El estoicismo se basa en aceptar el mundo tal como es. Esto está vinculado con la percepción. La idea es que, para percibir el mundo tal como realmente es, uno tiene que estar dispuesto a aceptarlo tal como es verdaderamente. Aquellos que sienten que el mundo debe ser de cierta manera encontrarán formas de distorsionar su percepción para intentar conciliar sus creencias con el mundo externo. Esto es algo que el estoicismo no puede aceptar.

El estoicismo dice que cualquier filosofía que no se base en la realidad actual es como una casa construida sobre arena. No importa cuán sólida pueda parecer, la falta de una base sólida la condenará al final.

Por eso, los verdaderos estoicos deben aceptar el mundo tal como es. Hacer cualquier otra cosa pondría en peligro tu percepción y amenazaría todo lo demás que venga después. Sin embargo, vale la pena señalar que la aceptación no significa estar de acuerdo.

El Caso de la Acción Estoica

Es fácil caer en la trampa de pensar que el estoicismo es una filosofía derrotista. La idea de un estoico que acepta el destino puede evocar una imagen de rendirse ante los poderes que rigen, permitir que otras personas tomen el control y dirigirse a las montañas a meditar mientras el mundo arde. Pero esto no podría estar más lejos de la verdad.

Una de las razones por las que es importante estudiar a Marco Aurelio es porque no solo fue un gran pensador, sino que también fue un hombre de acción. Encarnó la práctica estoica de la aceptación mientras actuaba como emperador del superpoder preeminente en el mundo antiguo. No se quedó simplemente de brazos cruzados y aceptó cuando los galos atacaron a Roma, sino que lideró a sus fuerzas y luchó.

Esto nos deja con una pregunta, ¿era Marcus un hipócrita cuando moldeó el futuro para él y su gente? ¿Están siendo los estoicos hipócritas cuando se quejan de algunos elementos de la naturaleza humana mientras promueven otros? ¡La respuesta es un rotundo "no!"

Comprendiendo la razón detrás del mantra.

Los estoicos señalan continuamente las cosas que las personas no pueden cambiar para resaltar las cosas que sí pueden. El "destino" que se debe aceptar no es todo en realidad, es todo lo que está más allá de nuestra esfera de influencia.

El núcleo de esta esfera es nuestro propio comportamiento, lo único en la vida sobre lo que tenemos un control casi total. Más allá de eso, tenemos a las personas y cosas a nuestro alrededor con las que podemos interactuar. Esta es un área donde tenemos cierta influencia, pero no tenemos control definitivo de la misma manera en que controlamos nuestros propios pensamientos y acciones. Más allá de esta segunda capa está el resto del universo, que está completamente en manos del destino.

Tómate un momento para pensar en esto. Hay más de 6 mil millones de personas en este planeta. ¿Cuántas conoces o interactúas regularmente? Incluso si interactúas regularmente con miles de personas, eso sigue siendo menos de un uno por ciento de la población mundial. En el gran esquema de las cosas, la mayoría de la actividad humana está más allá de nuestra capacidad de controlar o influenciar de alguna manera real. ¿Pero eso significa que no vale la pena intentarlo?

El estoicismo no se trata solo de autoayuda. Es una filosofía orientada hacia la virtud, y la virtud siempre se ha entendido como un proyecto comunitario. La persona que vive sola en una isla desierta rara vez tiene la oportunidad de demostrar el tipo de virtudes que alguien en una comunidad puede practicar todos los días.

Por lo tanto, si bien el estoicismo pide que aceptes el mundo tal como existe en este momento, no significa que el mundo deba permanecer siempre igual. Por el contrario, los estoicos entienden que la única constante real es el cambio. El mundo está en constante cambio y como individuo estás obligado a actuar de manera virtuosa, por tu propio bien, por el bien de tu comunidad y por el bien de tu mundo.

Los estoicos han logrado un cambio real a lo largo de la historia y no hay razón para que esta tendencia se detenga contigo. La belleza del estoicismo es que una vez que te detienes a tomar el control de tu propia mente, puedes alcanzar niveles de eficacia que quizás nunca antes hayas soñado. La agitación sin sentido es reemplazada por una acción cuidadosamente considerada. El emocionalismo se cambia por un compromiso lógico con tu causa.

Y, finalmente, los obstáculos que una vez te detuvieron pueden ser transformados. Eventos que parecían problemas se convierten en oportunidades, ayudándote a trazar un camino hacia el futuro que nunca habrías creído posible sin el pensamiento estoico.

Un pensamiento cuidadoso te puede permitir dejar de preocuparte por circunstancias que están fuera de tu control y enfocarte en aquellas que están dentro de tu capacidad de comando. Puedes dejar de desperdiciar tiempo, energía y recursos en preocupaciones sin sentido y comenzar a convertirte en un ser humano más efectivo y realizado. Este tipo de transformación no es rápida ni fácil, pero puede mejorar tu vida inmensamente si estás dispuesto a comprometerte con ella.

Entonces, ves, los estoicos pueden tener que aceptar la realidad actual pero eso no significa que tengan que estar de acuerdo con ella. Son libres de trabajar para provocar un cambio, y las habilidades desarrolladas al practicar el estoicismo en realidad facilitan lograr resultados reales en este mundo.

Lección práctica

Usar tus poderes de percepción para convertir obstáculos en oportunidades es una de las armas más poderosas en el arsenal de un estoico. Si quieres dominar esta habilidad, entonces deberías empezar a practicar lo antes posible.

Saca tu papel y utensilio de escritura. Ahora, tómate el tiempo y anota un obstáculo o problema por el que has estado preocupado últimamente.

Una vez que hayas terminado de escribir el problema, tómate otro momento para volver a examinar la situación con más objetividad. Descríbela en términos fríos y técnicos, evitando la emoción u cualquier otro lenguaje poderoso.

Ahora lleva las cosas un paso más allá y considera cómo la situación objetiva con la que estás tratando podría ofrecer alguna oportunidad oculta.

Si has pasado por estos pasos, entonces habrás tomado una fuente de preocupación en tu vida y la habrás convertido en una oportunidad para desarrollarte como ser humano. Este es un proceso que puedes utilizar una y otra vez a lo largo de tu día. No se sabe cuántas oportunidades podrías descubrir si aprendes a dominar tu percepción.

Capítulo 4: Pasiones saludables y no saludables

Quien reina dentro de sí mismo, y controla pasiones, deseos y miedos, es más que un rey.

—John Milton

Algunas personas que se encuentran con el estoicismo escuchan que se trata de aceptar el mundo exterior y tomar el control de tu propia mente y asumen que es una tarea sencilla. Luego miran hacia adentro y descubren que el mundo dentro de ellos está en un estado tan caótico como el mundo exterior.

Los seres humanos son criaturas complejas. Solo creemos que somos simples cuando no nos tomamos el tiempo de examinar verdaderamente nuestra propia vida mental. En cada momento somos un revoltijo de pensamientos conscientes y subconscientes, todos cargados de poderosas emociones. Para empeorar las cosas, todos estos pensamientos y emociones pueden ser altamente contradictorios, chocando y transformándose de un momento a otro mientras avanzamos en la vida.

Aceptar el hecho de que no tenemos el control del mundo es difícil, pero no es ni la mitad de difícil que ganar cierto semblante de control sobre nuestra propia vida interior. Pero los estoicos no se apartaron de este desafío, trazaron un camino que cada uno de nosotros puede seguir para dominar nuestras propias pasiones y recuperar el control de nuestras vidas.

Examinando las pasiones

Como puedes ver hasta ahora, el estoicismo está muy interesado en la vida interna. La forma en que pensamos y sentimos es una de las primeras cosas que necesitamos abordar porque todo fluye a partir de ellas. Si nunca aprendes a controlar tus emociones, entonces serás controlado por ellas.

Una cosa interesante sobre el enfoque de los estoicos es que idearon un plan para la iluminación que no requería desechar por completo las emociones. Categorizaron lo que llamaríamos emociones en dos categorías, pathe, o pasiones no saludables, y eupathei, o pensamientos saludables. Estas categorías fueron establecidas por Zenón y continuadas por los futuros estoicos.

Comenzaremos con las pasiones no saludables:

● Dolor

Esta pasión se define como el sentimiento que surge al experimentar algo que ha sido incorrectamente etiquetado como malo. Es la emoción que sentimos cuando nos detenemos en heridas, insultos o cualquier otro infortunio percibido que experimentamos. Esta pasión nos hace sufrir innecesariamente debido a nuestras percepciones en lugar de la realidad.

● Miedo

○ Esta es la unidad irracional para evitar problemas que podríamos esperar. Presta atención a la palabra "irracional". Este es el impulso que nos muestra peligros al acecho en cada sombra, incluso cuando sabemos que casi con toda seguridad no hay nada que temer. Esta pasión desperdicia nuestro tiempo y energía en amenazas imaginarias cuando deberíamos estar enfocándonos en problemas reales.

• Anhelando

○ Esto es el impulso irracional de buscar algo que se entiende erróneamente como bueno. Una vez más, las palabras clave aquí son "irracional" y "erróneamente". El problema no es el deseo, la cuestión es que lo que se desea en realidad no es el bien que el buscador cree que es. Los estoicos se preocupan de que la vida se pierda deseando cosas que no tienen un valor real cuando debería ser dedicada a buscar cosas que son correctas y virtuosas.

● Placer

Esta es la sensación irracional de euforia que se experimenta cuando una persona elige algo que no es virtuoso ni valioso. Esta es la naturaleza seductora del pecado y la mala conducta manifestada emocionalmente. El placer es un sentimiento que desvía a las personas del camino de la virtud, sintiéndose bien en el momento pero llevando a la culpa y al sufrimiento a largo plazo.

Si todo esto suena como un viaje de culpa, no te preocupes. El estoicismo no es una filosofía legalista que se trata de castigar a las personas que violan sus estrictas reglas. Estas descripciones pueden sonar duras, pero hay que recordar que los estoicos creen que estas pasiones son poco saludables y destructivas.

El punto no es que algún sabio estoico te castigará si sientes estas pasiones, es que estas pasiones te llevarán por un camino destructivo. En el estoicismo, acabas castigándote a ti mismo cuando no actúas de acuerdo con la virtud. Pero, por otro lado, puedes salvarte de tus impulsos más oscuros aprendiendo a practicar un pensamiento saludable.

Con eso en mente, veamos los pensamientos saludables:

● Precaución

○ El impulso lógico de evitar acciones que violen la virtud. Este pensamiento saludable se puede entender como la motivación para evitar hacer daño a los demás, alejarse de influencias negativas y evitar cualquier curso de acción que viole tus valores personales.

● Deseando

○ Este es el deseo adecuado por la acción virtuosa o resultados. El deseo de hacer lo correcto por los demás, proteger a los inocentes y vivir de acuerdo con tus valores personales pueden ser categorizados como deseos. El estoicismo diría que cuando sientes que tu conciencia te guía hacia un cierto curso de acción virtuosa, estás experimentando el sano pensamiento del deseo.

●   Alegría

○ Esto se define como una felicidad racional que surge de acciones o eventos virtuosos. La vida de un estoico no es gris y desoladora, la idea es que el estoico se regocija en todo lo que es verdaderamente bueno. Cuando un estoico elige tomar una acción que esté en línea con sus valores, entonces puede sentir alegría en su logro y en los buenos resultados que podría haber traído consigo.

Este sistema de categorización puede resultar un poco confuso al principio. Las etiquetas en inglés utilizadas a menudo pueden parecer muy difusas ya que no son tan distintas como las palabras antiguas griegas que los estoicos originales usaban. Pero lo que no debería ser demasiado difícil de entender es la idea de que todo gira en torno a la virtud.

Las pasiones poco saludables están casi todas orientadas a llevarte a violar la virtud o tus valores personales, mientras que los pensamientos saludables son todos acerca de empujarte en la dirección de una vida virtuosa. Entender esto es la lección más importante, si logras esto entonces las distinciones más sutiles se harán claras con un estudio más profundo.

Pasiones opuestas

Una de las cosas brillantes de esta categorización es la forma en que las pasiones poco saludables se combinan con pensamientos saludables. El miedo se combina con la precaución, el deseo se combina con el anhelo y el placer se combina con la alegría. En lugar de ver cada una de las seis emociones como completamente distintas y separadas del resto, puedes verlas como tres continuos con un lado saludable y un lado no saludable. Esto significa que no se trata de deshacerse de ciertas emociones, sino de moverse a lo largo de un espectro hacia una forma más saludable de pensar.

Por ejemplo, el placer es lo opuesto a la alegría. Esto significa que si quieres vivir una vida más saludable, necesitas tomar la parte de ti mismo que constantemente busca el placer y redirigirla para buscar la alegría.

Para aclarar aún más, imagina que estás a dieta. Perder peso y estar más saludable son valores para ti, por lo que quieres tomar acciones que estén alineadas con estos valores. Te levantas por la mañana, vas a la oficina y encuentras dos opciones de desayuno en la mesa, una dona y una manzana. ¿Cuál eliges?

Tu impulso de placer es el lado que te empuja hacia la dona. Los estoicos ven el placer como una sensación agradable que en última instancia va en contra de tus valores. En este caso, la dona te impedirá alcanzar tus objetivos. Entonces, aunque se sienta "bueno" en el momento, es una sensación en última instancia autodestructiva. Por otro lado, comer la manzana te daría alegría porque está en línea con tu objetivo. Es una sensación realmente buena, algo que te dirige hacia la virtud en lugar de alejarte de ella.

El estoicismo dice que no tienes que regodearte en la negación. Puedes pasar todo el día lamentándote por el hecho de que no obtuviste la dona que querías, o puedes alegrarte por el hecho de que hiciste una elección saludable y ahora estás viviendo de acuerdo con tus valores. La idea es que no debes permitir que las pasiones no saludables controlen o monopolicen tu mente. Al enfatizar y reflexionar en pensamientos saludables, puedes tener más control sobre tu vida y vivir con mayor calma y contentamiento.

El Único Problema del Dolor

Es posible que hayas notado que cuando discutíamos sobre las parejas emocionales creadas por los estoicos, no mencionamos el dolor. Esto se debe a que los estoicos creían que el dolor era una pasión única que no tenía un paralelo saludable. Por lo tanto, mientras que los estoicos intentaban transformar la mayoría de las pasiones, estaban tratando de deshacerse de la pasión del dolor.

Ten en cuenta que estoy especificando que estamos hablando de una pasión aquí. Cuando los estoicos hablan de eliminar el dolor o el sufrimiento, no están hablando de eliminarlos como sensaciones físicas. Si golpeas a cualquier estoico, sentirán dolor, el estoicismo puede abrir muchas puertas, pero no te convertirá en un superhumano. La diferencia está en cómo reacciona mentalmente el estoico al ser golpeado.

Los estoicos definieron la pasión del dolor como un "fracaso al evitar algo erróneamente considerado malo" (Enciclopedia de Filosofía en Internet). Observa las palabras "considerado malo".

Para un estoico, evitar el dolor se trata de cambiar tu percepción. Cosas que no quieres que sucedan te van a suceder. No hay nada que puedas hacer para protegerte completamente. Lo que puedes hacer es cambiar la forma en que piensas acerca de las cosas que suceden. Puedes saltar a etiquetarlas como malas y caer en un ciclo de sufrimiento o puedes entrenarte para aceptar las cosas que suceden y trascender el sufrimiento.

Una Lesión, Dos Doloras

El estoicismo dice que cuando estamos heridos, en realidad

sentimos dos tipos de dolor. El primer tipo de dolor es la sensación física de dolor que es el sistema de advertencia natural de nuestro cuerpo para alertarnos de que algo no está bien. Este tipo de dolor es parte de la naturaleza y una parte importante de la vida. Hay personas que no sienten dolor y esas personas tienen más probabilidades de sufrir lesiones permanentes porque no tienen dolor para actuar como una señal de advertencia para que se retiren. Los estoicos están en contra de la segunda instancia de dolor, que es el dolor que sentimos cuando reflexionamos sobre la lesión inicial y nos regodeamos en nuestra reacción emocional.

Esto es cierto tanto para las lesiones físicas como para las lesiones emocionales. Piense en los momentos en que ha sido insultado. El primer sufrimiento que sintió fue el aguijón casi automático de ser atacado y luego sintió el sufrimiento prolongado de lidiar con las consecuencias del insulto. Tómese un momento para pensar en los insultos que aún puede recordar, y podría sorprenderse al darse cuenta de lo lejos que su mente puede recordar incluso pequeñas ofensas.

Los seres humanos tienen una forma de aferrarse al dolor. Podríamos argumentar que necesitamos hacerlo, porque si soltáramos rápidamente y olvidáramos eventos dolorosos, entonces quizás no aprenderíamos de ellos. Pero el estoicismo argumenta que puedes aprender de insultos y lesiones sin obsesionarte con ellos. De hecho, argumenta que el verdadero aprendizaje requiere un nivel de desapego que no sentimos cuando nos aferramos a nuestro sufrimiento.

¿Cuántos argumentos escalan en peleas porque ninguna de las partes está dispuesta a dejar ir su dolor? ¿Cuántas ofensas menores llevan a escisiones destructivas porque a las personas les gusta centrarse en los problemas hasta que crecen fuera de proporción?

El estoicismo considera el dolor emocional como un corte físico. Si quieres que un corte sane, entonces necesitas dejarlo en paz. Si sigues tocando tu herida, no formará costra y sanará. Esto se aplica tanto a heridas físicas como emocionales. Obsesionarse con insultos y lesiones puede parecer lo correcto, pero en realidad es un curso de acción altamente destructivo.

No hay otro lado

Si puedes recordar la primera sección de este capítulo, donde primero presentamos las diversas pasiones, entonces recordarás que la mayoría de las pasiones no saludables estaban relacionadas con pensamientos saludables. La única pasión que no tenía tal vínculo era el dolor.

Esto se debe a que los estoicos creían que el dolor era una pasión única. La idea es que la pasión del dolor es completamente irracional y, por lo tanto, no hay una forma racional de procesar esta emoción. Este es un caso donde el objetivo es la eliminación total.

Se podría decir que lo opuesto al dolor es la aceptación. El dolor o sufrimiento es lo que sientes cuando luchas contra el mundo tal como es. Cuando la lluvia está cayendo sobre ti y te dices a ti mismo "esta es una situación horrible", entonces te estás sometiendo a dolor. La solución es dejar de aplicar la etiqueta. Simplemente dite a ti mismo "la lluvia está cayendo sobre mí". No necesitas intentar engañarte para creer que algo bueno te está sucediendo, la idea es simplemente dejar de pensar que estás sufriendo y entonces el sufrimiento cesará.

Trascendiendo el sufrimiento

Uno de los objetivos finales del estoicismo es superar el

sufrimiento. Incluso se podría decir que el estoicismo fue creado en respuesta al problema del sufrimiento único en los seres humanos.

Digo "única y exclusivamente humana" porque hasta donde podemos decir en este punto y momento, los humanos son las únicas criaturas en la Tierra que pueden sufrir en el sentido que concierne al estoicismo. Una vez más, esto no significa que los muchos animales en esta tierra no sientan dolor físico o agonía cuando son dañados. Lo que estoy hablando es del sufrimiento que nos infligimos a nosotros mismos cuando nos detenemos en las circunstancias que creemos ser negativas.

No podemos evitar que otros nos hagan daño, pero podemos trabajar para asegurarnos de no infligirnos daño innecesario a nosotros mismos. Tantas personas son sus peores enemigos, tomando problemas momentáneos y extendiéndolos a lo largo de toda su vida. El dolor que podría desaparecer en cuestión de momentos se convierte en un compañero permanente.

Es hora de rechazar el dolor. Siente lo que tienes que sentir y luego sigue adelante con tu vida. Puede sonar imposible, pero podrás descubrir las cosas que tu mente puede hacer si estás dispuesto a tomarte el tiempo para desarrollar tus habilidades y tomar el control de tus pensamientos. El dolor físico puede ser siempre un hecho de la vida, pero con práctica puedes reducir drásticamente el dolor mental al que te sometes.

Lograr un equilibrio

Lograr un equilibrio emocional puede parecer un proceso difícil. Después de todo, ¿por dónde uno siquiera comienza?

Afortunadamente, el estoicismo tiene una solución. La respuesta es la virtud.

Una de las grandes luchas que viene con abordar problemas relacionados con nuestra vida interior es el riesgo de perdernos dentro de nosotros mismos. La mente humana puede ser un laberinto de contradicciones y el corazón puede resultar aún más desconcertante. La introspección es difícil para muchas personas, mientras que otros la encuentran tan adictiva que se pierden en sí mismos. Creas o no, cuando buscamos dentro de nosotros mismos, puede ser muy fácil perderse. Por eso es útil tener algo más allá de nosotros mismos que podamos utilizar como guía.

Aquí es donde entra la virtud. La virtud es aquello que orienta toda búsqueda Estoica. Los Estoicos no creían que la mejora personal fuera una búsqueda materialista que se trataba solo de ganar más dinero, obtener más prestigio o simplemente sentirse mejor consigo mismo. Los Estoicos creían que la vida tenía un propósito y ese era vivir una vida virtuosa.

Esto es especialmente importante cuando se trata de nuestras emociones o pasiones. Si tus emociones están orientadas hacia la virtud y tus valores personales, entonces tendrás una vida emocional saludable. Pero si tus emociones constantemente te alejan de la virtud y te llevan hacia el vicio, entonces tus emociones te llevarán continuamente hacia el dolor y la frustración.

Desarrollando una Vida Emocional Saludable

El estoicismo trata de controlar tu mente, lo que significa controlar tus emociones. Si tus emociones te dominan, entonces no estás verdaderamente controlando tu vida, lo cual es lo único que los estoicos creen que realmente puedes controlar. Por eso las emociones son tan importantes para los estoicos.

Puede que creas que tus emociones no están bajo tu control, pero este es un error colosal. Puede que nunca hayas pedido las emociones que sientes, pero eso no significa que eres impotente ante la influencia de tus emociones.

Puede que sea cierto que no puedes controlar las emociones que sientes, pero sí puedes elegir cómo reaccionar a las diferentes emociones a medida que surjan. A través del trabajo duro y la dedicación, puedes potenciar tus emociones positivas y constructivas mientras minimizas tus emociones negativas y destructivas.

Existe la posibilidad de que puedas controlar tus emociones por pura fuerza de voluntad, pero no temas buscar ayuda si sientes que la necesitas. Obtener ayuda de amigos, grupos de apoyo o profesionales capacitados puede ser muy beneficioso en este proceso. Recuerda, ser estoico no significa que no puedas pedir ayuda. A veces, lo más valiente que puedes hacer es pedir ayuda a alguien más.

Lección práctica

El estoicismo se trata de dominar tus pasiones identificando áreas problemáticas y trabajando para cambiarlas. Con eso en mente, es hora de profundizar para encontrar una pasión con la que estás luchando.

Saca tu utensilio de escritura y papel. Ahora, escribe una pasión con la que luchas, aparte del dolor.

Recuerda, estás buscando una emoción que es destructiva. Es algo que te está alejando de la vida virtuosa que deseas vivir.

Ahora que tienes una pasión poco saludable escrita, vuelve al inicio de este capítulo y encuentra un pensamiento saludable que corresponda a la pasión que elegiste. Escríbelo al lado de la pasión poco saludable.

Ahora, considera cómo puedes ayudarte a ti mismo a alejarte de tu pasión poco saludable y hacia un patrón de pensamiento más saludable. La idea es que no necesitas renunciar a tus emociones, simplemente necesitas redirigirlas en una dirección más saludable y productiva.

Este proceso no transformará instantáneamente tus pensamientos, pero te ayudará a ser más consciente de tus problemas y te guiará hacia una posible solución. Recuerda, no puedes resolver un problema hasta que lo identifiques. Ignorar tus problemas permite que se pudran y crezcan fuera de control. Enfrentarlos directamente es la única forma de recuperar el control de tu mente y de tu vida.

Capítulo 5: Tomando Acción

No expliques tu filosofía. Incárnala.

— Epicteto

El mundo está lleno de personas que no toman ninguna acción y luego se sientan a preguntarse por qué nada está sucediendo según sus deseos. Lamentan lo que ha sucedido en el pasado, se preocupan por lo que sucederá en el futuro y permanecen pasivos en el presente.

Los estoicos rechazan este enfoque. Aunque practican la aceptación, no significa que sean pasivos. Aceptan el mundo que los rodea y que no pueden controlar. Esto les permite centrarse más en lo que pueden controlar, sus propias acciones.

No More Armchair Philosophers

¿Cómo se ve un filósofo para ti?

Para muchas personas, la palabra filósofo evoca la imagen de un hombre mayor blanco con una chaqueta de tweed, sentado en un sillón muy cómodo pensando intensamente en algo muy serio.

Lo que necesitas entender es que la filosofía no es solo para personas que pueden ganar dinero escribiendo o hablando sobre su estudio, la filosofía es para todos. Casi todas las personas pensantes en esta tierra tienen una filosofía, el problema es que la mayoría de las personas llegan a sus filosofías de manera no reflexiva.

Muchas personas actúan sin realmente entender las ideas y creencias que impulsan sus acciones. Y muchos filósofos piensan muy profundamente sobre ideas y creencias pero rara vez toman acción basada en sus conclusiones. El estoico considera ambos caminos como trágicos. El estoicismo fue desarrollado para ser vivido, no solo estudiado.

Esta es probablemente una de las razones por las que la historia del estoicismo está llena de tantos filósofos que lograron cosas asombrosas fuera del ámbito del pensamiento puro. Es una filosofía para personas que tomaron acción, para personas que quieren tomar acción.

A menudo se ha dicho que uno de los grandes problemas de este mundo es que las personas que toman acción no piensan en lo que están haciendo mientras que las personas que piensan en lo que están haciendo nunca terminan tomando acción. Esta afirmación podría ser un poco exagerada, pero llega a una verdad valiosa. El mundo necesita más personas que sean capaces de combinar el pensamiento y la acción para crear el tipo de cambio significativo que anhelamos como sociedad.

Lo que significa la Acción

En este libro hablaremos mucho sobre la acción, pero es una palabra fácil de malinterpretar. Cuando la mayoría de las personas modernas piensan en una persona de acción, se imaginan a alguien que está en constante movimiento.

Alguien que tiene una agenda llena de actividades muy impresionantes. Pero este no es el tipo de acción del que estamos hablando.

Decidir detenerse por un momento y tomar una respiración profunda antes de continuar es una acción. Mantener una posición defensiva en lugar de ir al ataque es una acción. Mantener los ojos cerrados y el cuerpo quieto puede ser una acción. Lo que importa es la intencionalidad. Necesitas pensar en lo que estás haciendo y luego tomar un curso de acción que esté alineado con tu pensamiento.

La acción es algo que eliges activa y conscientemente hacer. La reacción es algo que haces de manera pasiva o subconsciente.

Acostarse en la cama porque quieres descansar toda la noche es tomar acción. Acostarse en la cama porque tienes tantas cosas que hacer que te sientes abrumado es una reacción. Decidir no hacer nada cuando alguien te insulta porque no quieres empeorar la situación es tomar acción. Responder con enojo y atacar a esa persona y empeorar la situación es una reacción.

Muchas personas en este mundo parecen tener mucho en marcha, pero en realidad viven de manera reactiva. Se mueven sin pensar de una acción a la siguiente hasta que se acuestan a dormir y olvidan todo lo que hicieron ese día. Mientras tanto, algunas personas que parecen perezosas según los estándares comunes pueden estar llevando una vida de acción constante y deliberada que está alineada con sus metas y valores.

Si tu objetivo es despejar tu mente, entonces tu mejor acción podría ser salir a la naturaleza y experimentar paz y tranquilidad. Si quieres entenderte a ti mismo, entonces podrías meditar en una habitación oscura y silenciosa. Si quieres acercarte más a tu familia, entonces podrías pasar un día simplemente pasando tiempo y jugando con ellos.

En una sociedad consumista moderna es fácil caer en la trampa de pensar que las únicas acciones que tienen valor son aquellas que producen resultados tangibles. Siempre queremos tener algo que "mostrar por nuestros esfuerzos". Incluso los pasatiempos que se supone que son relajantes, como los videojuegos, rápidamente se convierten en competencias para acumular puntos, ganar logros y compararnos con otros.

Por lo tanto, mientras un estoico debería tomar medidas, toman medidas basadas en valores estoicos. No se mueven para impresionar a otros, se mueven como expresión de sus valores fundamentales. No preguntan "¿cómo se verá esto a otras personas?" Preguntan "¿cómo me ayudará esto a desarrollar mi virtud?"

Al mirar tu vida y la vida de quienes te rodean, asegúrate de no confundir el movimiento con la acción. Algunas de las almas más activas son las más modestas, mientras que algunas de las vidas más vacías están llenas de actividades sin sentido. No permitas que distracciones frívolas te alejen de las acciones significativas que necesitas emprender.

El Verdadero Valor de la Acción

Finalmente, vale la pena explicar por qué la acción es tan importante para los Estoicos. No es solo porque el Estoicismo fue desarrollado por individuos prácticos, aunque esto ciertamente es parte de ello. La razón más profunda es que los Estoicos creen que el significado entero de la vida es el desarrollo de nuestras virtudes personales y la creación de un mundo más virtuoso. Este es un objetivo que no puede lograrse sin acción.

Si quieres convertirte en una persona más tranquila, más controlada y más virtuosa, entonces necesitarás tomar acción. No lograrás estos tipos de objetivos elevados leyendo sobre otras personas, necesitas trazar un plan de acción y seguirlo tú mismo.

Este es el camino que los estoicos han tomado durante miles de años y es el camino que está abierto para ti. La pregunta es si estás dispuesto o no a hacer lo que sea necesario para convertirte en la persona que quieres ser.

Superando la Parálisis por Análisis

Uno de los mayores problemas que impide a las personas reflexivas actuar es un fenómeno conocido como parálisis por análisis. Esta etiqueta fue inventada para describir el escenario demasiado común donde alguien se ve abrumado considerando todas las posibles opciones disponibles o todos los ángulos concebibles, hasta el punto de que se vuelven incapaces de comprometerse con un curso de acción en particular.

Este fenómeno es especialmente común entre las personas interesadas en temas como la filosofía. Individuos introspectivos y analíticos son muy buenos viendo los diferentes lados de los problemas, lo cual es fantástico hasta que se convierte en algo negativo. Siempre debes esforzarte por pensar tus acciones detenidamente, pero llega un momento en el que necesitas actuar.

Vivimos en un mundo que está rebosante de opciones. Puede sentirse como si cada momento de cada día estuviera lleno de incontables decisiones. ¿Cómo se supone que debemos tomar acción cuando parece imposible elegir cuál de los miles de caminos disponibles es el mejor?

Afortunadamente, el estoicismo tiene algunos consejos útiles para cortar a través del caos y trazar un camino hacia adelante. No te proporcionará todas las respuestas a cada pregunta que enfrentes, pero te dará algunas herramientas que te ayudarán a tomar decisiones que impulsarán tu vida hacia adelante de manera positiva y productiva.

Moviendo Virtuosamente

Una vez más debemos regresar a ese concepto clave estoico: la virtud. Esto es algo especialmente importante a considerar cuando hablamos de acción, ya que nuestras acciones suelen tener consecuencias que van más allá de nosotros mismos.

El estoicismo dice que cuando trazamos un curso de acción, la consideración más importante es si esa acción es virtuosa. La otra cuestión es si la acción te ayudará a desarrollar tu virtud.

Si quieres vivir una vida de acuerdo con los principios estoicos, entonces una de las cosas más importantes que debes hacer es llegar a entender qué significa la virtud para ti. Puedes leer libros sobre lo que es la virtud y escuchar debates entre defensores de diferentes sistemas éticos, pero al final solo tú puedes decidir en qué crees realmente.

Puede llevar mucho tiempo y mucho esfuerzo desarrollar un sistema de creencias firmes sobre cómo se ve una vida virtuosa. Pero una vez que tengas una idea firme en tu cabeza, siempre podrás comparar acciones potenciales con tu vida ideal y preguntarte si están alineadas o no. Esta prueba puede ayudarte a cortar a través del desorden de la vida y pasar de una vida de indecisión y arrepentimiento a una vida de acción y realización.

Por supuesto, no todas las decisiones están cargadas de peso ético. Cuando estás en la tienda y tratas de elegir una fruta para comprar, no tienes que sentir que tu virtud está en juego. Pero eso no significa que el Estoicismo no tenga nada que ofrecer en estas situaciones. Cuando te enfrentas a una situación en la que la virtud no está en juego y no puedes decir cuál opción es preferible, entonces simplemente elige una opción y sigue adelante con tu vida.

Tratando con Consecuencias Inesperadas

Sé que aún hay algunos de ustedes que están preocupados por tomar acción. Es posible que se preocupen de que aunque actúen con la mejor de las intenciones, sus acciones puedan tener consecuencias no deseadas que lastimen a otras personas. Es posible que luego se enojen contigo o que tengas que vivir con la culpa por el resto de tu vida.

El estoicismo tiene una respuesta para esto. El sistema ético del estoicismo se basa en la ética de la virtud. La idea de la ética de la virtud es que las acciones son correctas o incorrectas basadas en la intención de la persona que actúa en lugar del resultado de sus acciones. Compara esto con el consecuencialismo, que dice que las acciones son correctas o incorrectas basadas en el resultado de las acciones en lugar de la intención de las personas que actúan.

El debate entre estas dos escuelas de pensamiento ha estado librando durante miles de años. Buenas personas se aferran a ambos sistemas de creencias, pero los estoicos tienen una buena razón para caer donde lo hacen. Uno de los principios más fundamentales del estoicismo es que solo controlamos nuestros propios pensamientos y acciones, no podemos controlar el resultado de nuestras acciones. Si crees esto, entonces no tiene sentido alterarse preocupándose por las consecuencias inesperadas, ya que, por definición, son imposibles de predecir.

Por favor, ten en cuenta que esto no significa que debas actuar sin pensar las cosas detenidamente. Los estoicos todavía hacen su debida diligencia para asegurarse de que sus acciones no tengan consecuencias que no sean fácilmente aparentes pero que podrían preverse basadas en un examen de todas las pruebas. La idea es simplemente que en algún momento las cosas están más allá de nuestra capacidad de predecir. No puedes culpar a otros por las consecuencias impredecibles de sus acciones y no deberías sentir culpa por el mismo tipo de resultados.

Todo esto es más fácil decirlo que hacerlo. Incluso sabiendo estas cosas, aún puede ser doloroso ver cómo los planes salen mal y la gente sufre debido a tus decisiones bienintencionadas. Pero un estoico busca trascender este sufrimiento, entendiendo que no tiene valor. Nada mejora cuando te castigas por cosas que no puedes controlar, tu dolor nunca sanará a los demás. Por eso el estoico no se detiene en circunstancias desafortunadas, solo busca aprender lo que pueda y seguir adelante.

¿Cuál es lo peor que podría pasar?

Otra forma de animarte a tomar acción es detenerte a considerar qué es lo que realmente te está impidiendo avanzar. Una de las formas más comunes en que la gente se auto-sabotea es concentrándose en los peores escenarios que podrían resultar de sus decisiones. Aunque podría sugerirte que simplemente ignores estos escenarios porque casi siempre son altamente improbables, en este caso voy a sugerirte que los enfrentes directamente.

Entonces, tómate un segundo y considera cuál podría ser realísticamente el peor resultado posible de la elección que estás considerando. Ahora que tienes este escenario en mente, pregúntate si serías capaz de vivir con las consecuencias.

El hecho es que los seres humanos son más resistentes de lo que a menudo nos damos crédito. Podemos sobrevivir a grandes heridas, tanto literales como metafóricas. Cada día la gente sufre tragedias y cada día la gente sigue viviendo con las consecuencias.

Ahora, tómate un segundo para considerar las probabilidades reales de que termines enfrentando un escenario catastrófico real. A menos que seas un temerario o estés considerando algo que sea inusualmente peligroso, es probable que te alejes del fracaso de un intento sin demasiados problemas.

Por supuesto, hay algunas situaciones donde las consecuencias pueden ser mortales. Y en estos casos vale la pena recordar que todos vamos a morir en algún momento. Esto no significa que debas desperdiciar tu vida, pero sí significa que no debes engañarte pensando que al evitar riesgos potencialmente mortales puedes vivir para siempre. Puedes vivir dentro de una burbuja toda tu vida, haciendo nada más que hacer ejercicio y comer alimentos saludables, y al final seguirás muriendo.

Por favor, entiende que no estoy sugiriendo que tomes riesgos por el simple hecho de correr riesgos. Esa no es la forma estoica. La idea no es buscar problemas y desgracias, es reconocer que realmente no necesitamos tener miedo de las cosas que nos mantienen despiertos por la noche. Nadie quiere lidiar con el fracaso, pero el fracaso no es el fin del mundo. La verdad es que el éxito puede llevar al fracaso y el fracaso puede llevar al éxito. Por eso, un estoico vive la vida tal como viene, sacando lo mejor de cada situación.

Moviéndose rápidamente y audazmente

Recuerda el concepto más básico del estoicismo: la vida es lo que haces de ella. Lo que otras personas puedan ver como contratiempos o decepciones; un estoico puede verlo como oportunidades. Cuando vives con una mentalidad estoica no tienes que vivir con miedo. Puedes tomar decisiones con total confianza sabiendo que, pase lo que pase, podrás manejar el resultado. Siempre y cuando tomes tus decisiones con miras a la virtud, entonces puedes vivir sin arrepentimientos.

Cada resultado es una oportunidad

La otra cosa a considerar al mirar la acción a través de una lente estoica es que no importa si una acción conduce a un "fracaso" o un "éxito", el resultado se ve más adecuadamente como una oportunidad. Un verdadero estoico rechaza etiquetas como "fracaso" y "éxito" por esta razón. Dirían que la vida es una serie de situaciones donde tenemos la oportunidad de desarrollar nuestras virtudes.

El éxito te brinda la oportunidad de desarrollar tu humildad y generosidad, manteniendo los pies en la tierra y compartiendo la riqueza con quienes te rodean. Mientras tanto, el fracaso te permite desarrollar las virtudes de la perseverancia y la creatividad. Es fácil seguir adelante cuando todo va según lo planeado, se necesita verdadero carácter para seguir avanzando y creando nuevos planes a pesar de tus fracasos anteriores.

La historia de Estados Unidos no sería la misma si el General Ulysses S. Grant siempre hubiera obtenido lo que deseaba. A diferencia de muchos de los grandes líderes de la historia, Grant era un hombre humilde. Cuando asistió a West Point, su sueño no era convertirse en general, sólo esperaba poder convertirse en profesor de matemáticas y ganarse la vida para él y su amada Julia.

Sin embargo, él sentía una obligación hacia el ejército que había pagado por su educación y siguió sus órdenes mientras lo llevaba a México, a través de Panamá, y hacia la lejana frontera de California. Cuando Grant vio San Francisco, sintió un nuevo llamado en la vida y soñaba con mudarse a la ciudad algún día. Pero la vida lejos de su familia le afectó mucho y empezó a beber. Terminó siendo dado de baja del ejército bajo una sombra de vergüenza que lo seguiría el resto de su vida (Largay, 2014).

Durante diez años lucharía por ganarse la vida en el Este, quedando sumido en la vergüenza por el fracaso de su carrera militar. Lo que no sabía era que la cercana Guerra Civil Americana le permitiría ascender rápidamente en las filas del Ejército de la Unión y convertirse en el General estadounidense más poderoso desde George Washington.

Grant no solo vería su propia fortuna cambiar; cambiaría la fortuna de una nación. Era la última esperanza de Abraham Lincoln, reemplazando a una larga serie de generales que habían fracasado en derrotar a Robert E. Lee. Para cuando Grant tomó el poder, la Unión disfrutaba de muchas ventajas sobre los Confederados en teoría, pero la población estaba harta y cansada de la guerra. Lincoln estaba en carrera por la reelección y parecía que perdería ante un candidato que buscaría la paz con el Sur, permitiendo que los estados rebeldes finalmente se separaran de la Unión y aseguraran el futuro de la esclavitud en América.

Si Grant hubiera cumplido su deseo y se hubiera convertido en profesor universitario, nunca habría obtenido la experiencia militar que lo prepararía para la Guerra Civil. Si hubiera podido tener éxito en la Costa Oeste y establecerse en San Francisco, entonces seguramente lo habrían dejado allí para defender el territorio de un ataque extranjero durante la Guerra Civil.

Si Grant no hubiera fracasado miserablemente una y otra vez en su vida, nunca habría sido capaz de convertirse en la leyenda que es hoy. Yendo más allá, es muy posible que los fracasos personales de Grant en última instancia salvaran la Unión y liberaran a incontables hombres y mujeres de la esclavitud.

El éxito crece en el campo del fracaso.

El caso de Ulysses S. Grant es bastante extremo, pero el patrón básico es algo que se puede ver en todos los ámbitos de la vida. Si lees la biografía de casi cualquier persona exitosa, verás que no habrían logrado lo que hicieron si no hubieran fallado en algún momento de su vida. Fracasos que parecían insuperables en su momento finalmente allanarían el camino hacia éxitos previamente inimaginables.

Nadie nace con su vida perfecta trazada ante ellos. Creas o no, tener éxito en la primera cosa que intentas no es necesariamente el camino hacia la felicidad. A veces, el fracaso es necesario para guiarte en una dirección donde serás más feliz y más realizado.

Cuando dejas de enfocarte en ver la vida a través del lente binario del éxito y el fracaso, podrás ver que todo es una oportunidad. Esto puede ayudarte a liberarte de tu parálisis. En lugar de esperar y esperar una oportunidad perfecta que tal vez nunca llegue, puedes permitirte avanzar con confianza, sabiendo que cuanto antes tomes acción, antes encontrarás nuevas oportunidades.

La fortuna favorece a los audaces. La oportunidad perfecta no va a caer en tu regazo, solo se revelará si te expones y sigues buscando oportunidades donde otros no están mirando.

Acción práctica

Para este capítulo te van a pedir que hagas algo un poco diferente.

Pon tu papel y utensilios de escritura a un lado. Ahora piensa en lo que necesitas hacer en este momento. Lo más probable es que estés posponiendo algo que podrías hacer ahora mismo. Puede ser algo importante para tu trabajo o puede ser algo pequeño como sacar la basura o enviar un mensaje rápido a alguien con quien has estado queriendo hablar. O puede ser algo interno, como tomarte un tiempo para meditar en silencio.

¿Tienes algo en mente? Hazlo ahora mismo.

De acuerdo, ¿lo hiciste? Ojalá lo hayas hecho, pero sé que hay algunas buenas excusas por las que podrías haber seguido leyendo. Es posible que estés en un autobús lleno, o sentado en una playa, o en alguna otra situación donde no puedas hacer lo que necesitas hacer o donde no tengas obligaciones reales. Aún podrías haber tomado un minuto para meditar en silencio, pero simplemente seguiremos adelante.

Si te encuentras en una de estas situaciones y simplemente estás leyendo el libro sin hacer esto o cualquiera de las otras tareas, no te castigues por ello. Pero debes entender que los beneficios que percibas serán menores. Por lo tanto, te recomendaría que intentes hacer estas tareas prácticas tan pronto como puedas.

Los humanos son criaturas naturalmente perezosas. Nos aferramos a cualquier excusa que nos permita eludir nuestras responsabilidades. La única forma de superar esta tendencia natural hacia la inacción es desarrollar deliberadamente el hábito de tomar acción. Puede ser difícil al principio, pero es necesario si quieres alcanzar tu máximo potencial.

Capítulo 6: Viendo el mundo a través de una lente estoica

Debemos tener una perspectiva más elevada de todas las cosas y soportarlas con más facilidad: es mejor que un hombre se burle de la vida que lamentarse de ella.

—Séneca

Si bien el estoicismo comienza mirando hacia adentro, eventualmente el estoico necesita mirar hacia el mundo que lo rodea. El control comienza con el entendimiento de tus propias emociones, pero eventualmente es necesario considerar cómo encajas en el mundo que te rodea.

Cada filosofía intenta dar sentido al mundo caótico y confuso y el estoicismo no es diferente. Ofrece a las personas una visión del mundo real, una forma de mirar el mundo que te rodea y dar sentido a lo que está sucediendo. Cuando realmente entiendes los conceptos estoicos, podrás dar sentido a muchas de las cosas que antes te atormentaban. Esto no significa que las acciones de los demás de repente se vuelvan lógicas, pero podrás entender el tipo de errores que conducen a los líos que ves cada vez que enciendes la televisión o abres un periódico.

Ni Pesimismo ni Optimismo

¿Eres pesimista u optimista?

Este es el tipo de pregunta que a la gente le encanta hacer. Apela a nuestro deseo natural de dividir el mundo en extremos blanco y negro que podemos etiquetar rápidamente para nuestros propios propósitos.

El estoicismo se sitúa fuera de esta forma binaria de ver el mundo. Si bien algunas personas podrían pensar que el estoicismo suena pesimista, la verdad es que rechaza los extremos tanto del pesimismo como del optimismo.

Mira de esta manera: un optimista ve un vaso de agua y dice que está medio lleno. Un pesimista ve un vaso de agua y dice que está medio vacío. Un estoico ve un vaso de agua y acepta la cantidad de agua que haya en el vaso.

Recuerda, el estoicismo se trata de aceptar el mundo tal como es ya que está más allá de nuestro control. Tenemos cierto control sobre nuestro futuro cuando tomamos el mando de nuestras propias acciones, pero aún así no podemos controlar cómo las personas y las cosas reaccionarán a nuestras acciones y al efecto mariposa que nuestras elecciones podrían crear.

La otra cosa que hay que recordar es que el estoicismo se trata de trascender etiquetas como bueno y malo. Un optimista espera que sucedan cosas buenas, un pesimista espera que sucedan cosas malas, mientras que un estoico espera que las cosas sucedan.

Sin expectativas

Una cosa que un estoico debe evitar es tener expectativas confiadas sobre lo que sucederá en el futuro. Esto se debe a que el estoico comprende que lo único que controlan es a sí mismos. El mundo está lleno de fuerzas más allá de nuestro control. Podemos intentar entender e influir en esas fuerzas, pero incluso en nuestro momento más poderoso estamos severamente limitados.

Tanta gente cree que su vida debería ser como una sinfonía, donde todas las notas están perfectamente dispuestas frente a ellos y todo lo que necesitan hacer es tocar y todo saldrá bien. El estoico entiende que esto es una tontería.

El estoicismo nos dice que la vida es más como un concierto de jazz. Los patrones pueden surgir de vez en cuando, pero están cambiando constantemente, y depende de nosotros improvisar y tratar de crear algo hermoso a partir del caos que nos rodea. El momento en que crees que conoces la melodía y puedes desconectar tu mente es el instante en que el ritmo cambiará, y te quedarás atrás.

Para algunas personas, esta es una revelación sumamente frustrante. Lucharán por aferrarse a su antigua forma de pensar, incluso cuando el mundo constantemente viola sus creencias y confunde su pensamiento. Una cantidad desafortunada de personas experimenta vidas de frustración porque nunca pueden entender este hecho.

Aquellos que tienen éxito son aquellos que aceptan la realidad tal como es, caos y todo. Incluso si no es la forma en que preferirías que fueran las cosas, aún puedes encontrar belleza si sabes dónde buscar. Cuando la vida no está perfectamente delineada frente a ti, es posible experimentar la sensación de libertad en el momento, aprovechando cada oportunidad que encuentres para buscar el automejoramiento y la realización.

Visto a través de esta perspectiva, el mundo del estoicismo no parece tan sombrío. Creo que descubrirás que muchas de las creencias estoicas que parecen sombrías o oscuras a primera vista en realidad resultan estimulantes y afirmantes de la vida si te tomas el tiempo de comprenderlas adecuadamente.

Leyendo más allá de los titulares

A medida que aprendas a ver el mundo a través de una lente estoica, llegarás a comprender cuántas personas adoptan este enfoque. Muy pocos seres humanos buscan trascender sus emociones, permitiendo que la pasión nuble su visión y controle las acciones que toman.

Ningún lugar ejemplifica esto mejor que cuando se observa los medios modernos. Ya sea que estés leyendo el periódico, viendo la televisión, la pantalla de cine o el internet, puede sentirse como si todo estuviera diseñado para hacerte enojar, deprimirte o sentirte inseguro.

Los seres humanos son propensos a pasiones negativas por nuestra propia naturaleza. Aquellos en los medios de comunicación comprenden que la forma más fácil de lograr que nos involucremos con sus productos es avivando estas pasiones. Es por eso que los estoicos necesitan estar en guardia al tratar con los medios de comunicación. No todos los medios son malos, pero debes entender que la mayoría de los medios están más interesados en aumentar tus pasiones que en fomentar el cultivo de la virtud personal.

Si quieres mejorar tu propio estado mental y vivir conforme a las virtudes estoicas, entonces definitivamente debes tomarte el tiempo para reconsiderar tu dieta mediática.

Giro de los medios de comunicación de masas

¿Alguna vez te has preguntado cuál es el punto de los medios de comunicación? ¿Es entretener? ¿Es informar? ¿Es producir trabajos de gran valor? Ciertamente puede ser todas estas cosas, pero en esta era del consumismo debes recordar que lo más importante que cualquier medio de comunicación tiene que hacer es ganar dinero.

Esta es algo que la mayoría de las personas saben intelectualmente, pero aún es fácil olvidar cuando estás viendo un contenido producido profesionalmente que ha sido creado utilizando grandes cantidades de dinero para evadir tus defensas y así estés dispuesto a comprar lo que sea.

Uno de los sectores más problemáticos de los medios de comunicación modernos es las noticias. Esto se debe a que todos podemos estar de acuerdo en que una industria de noticias saludable es importante para mantener informado al público y controlar las ambiciones de aquellos que quieren manipular y abusar de la población. Pero no se puede olvidar que muchos productos de noticias modernos son tanto entretenimiento como información, difuminando las líneas para que sea difícil saber cuándo se está siendo informado y cuándo se está siendo manipulado.

"Si sangra, es noticia de primera plana". Este dicho es algo que todo estoico debería tener presente. Si enciendes las noticias en cualquier día, es probable que te encuentres lidiando con una avalancha de muerte, destrucción y horror que puede ser difícil de digerir.

Con todo el horror desfilando en nuestras pantallas a todas horas del día, puede resultar fácil creer que estamos viviendo en uno de los peores períodos de la historia humana. Pero si te tomas el tiempo para comparar estadísticas sobre el mundo moderno con las de hace unas décadas, verás una imagen muy diferente.

Por muchas medidas, de hecho, estamos viviendo en uno de los períodos más saludables, seguros y prósperos de la historia registrada. Por favor, entienda que no estoy sugiriendo que aquellos que señalan el sufrimiento real en este mundo estén haciendo un mal servicio. Las noticias deben resaltar la injusticia y llevarla a la atención de las personas que podrían hacer un cambio. Pero en un mundo que está lleno de más de seis mil millones de almas, nunca habrá fin a las historias tristes.

Cuando veas las noticias o consumas los medios de comunicación, por favor recuerda que no necesariamente están pintando una imagen precisa de la vida. Los actos de violencia siempre ocuparán la portada, mientras que los actos de bondad suelen ser relegados a las últimas páginas. Las personas que crean los medios entienden que es más fácil ganar dinero con tus pasiones no saludables que apelar a tus pensamientos más sanos.

Por eso los estoicos siempre deben mirar más allá de los titulares. No saltes a conclusiones o generalices a partir de una cantidad limitada de información. Debes ver el tiempo que pasas viendo o leyendo las noticias como una oportunidad para practicar tus virtudes estoicas, trabajando para contener la aplicación de etiquetas mientras buscas la verdad más profunda.

Esta no es una forma fácil de consumir medios, pero es una manera más saludable y virtuosa de hacerlo. Recuerda, cada momento de tu vida es una oportunidad para desarrollar tu virtud, ya sea que estés con amigos o sentado en casa navegando por tu teléfono. El verdadero estoico está constantemente vigilante en busca de oportunidades para desarrollarse y crecer.

Enfermedad de las Redes Sociales.

Si bien los medios tradicionales siempre han jugado con las pasiones humanas, la última innovación en medios ha llevado este enfoque a un nivel completamente nuevo. Las redes sociales son una versión más potente y adictiva de los antiguos medios de comunicación de masas. Es cierto que las redes sociales pueden hacer muchas cosas maravillosas, pero también pueden tener una amplia gama de efectos secundarios destructivos de los que demasiadas personas no son conscientes.

Los sitios de redes sociales como Facebook, Twitter e Instagram están diseñados para aprovechar tu subconsciente y crear un sentido de dependencia. Te atraen afirmando que fomentan la comunidad y luego te enganchan con el subidón de dopamina que sientes cuando a la gente le "gusta" el contenido que compartes.

Ninguno de esto significa que tengas que eliminar tus cuentas de redes sociales. Para bien o para mal, los sitios de redes sociales se han convertido en lugares importantes para recopilar información, conectarse con compañeros y hacer negocios. Con todo esto en mente, es posible que tengas muchas buenas razones por las que no puedes simplemente abandonar las redes sociales. Pero eso no significa que no puedas replantear la forma en que utilizas estos sitios.

Al reducir o replantear la forma en que utilizas las redes sociales, puedes mitigar su impacto negativo al mismo tiempo que te enfocas en los aspectos más positivos. Esto es como caminar en una cuerda floja, pero si deseas vivir una vida más feliz y saludable, vale la pena pensar crítica y cuidadosamente en el papel que juegan las redes sociales en tu rutina diaria.

Desconectando de la Matrix

El negocio de manipular las pasiones poco saludables de los seres humanos es un negocio multimillonario. La publicidad, el entretenimiento, las noticias, la política, todos estos campos son dirigidos por profesionales que están entrenados en el arte de manipular las pasiones humanas para lograr ciertos objetivos. Algunos objetivos son más virtuosos que otros, pero al final el hilo común que los conecta a todos sigue siendo su naturaleza manipulativa.

Incluso cuando entiendas que estás siendo manipulado, probablemente descubrirás que es difícil escapar de las trampas que han sido tendidas para ti. Este es el insidioso genio de la manipulación de los medios de comunicación modernos, incluso las personas que comprenden que las redes sociales los están deprimiendo siguen regresando día tras día debido a su dependencia personal y la red global de presión social que los rodea.

Por favor, entiende que no estoy diciendo que necesitas convertirte en un ludita que abandona todas las formas de tecnología y medios de comunicación para vivir una vida de meditación en silencio en un monasterio. Incluso si esta fuera la opción más saludable para todos, lo cual dudo, el hecho es que no es una sugerencia realista. Lo realista es hacer un esfuerzo concertado para tratar de contrarrestar los efectos de la manipulación mediática para que puedas intentar alcanzar un mayor nivel de estabilidad emocional y control mental.

Trata de reducir tu consumo de medios. Selecciona con más cuidado las cosas que pones en tu mente. Practica un escepticismo saludable cuando te encuentres con historias de noticias que están diseñadas para jugar con tus pasiones.

Memento Mori

Preparemos nuestras mentes como si llegáramos al final de la vida. No posterguemos nada. Equilibremos los libros de la vida cada día... Quien da los toques finales a su vida cada día nunca tiene falta de tiempo.

— Séneca

La frase "memento mori" es central en el pensamiento estoico. Es en latín, traduciéndose aproximadamente como "recuerda que debes morir."

Es una frase cruda que nos enfrenta a un hecho de la vida con el que la mayoría preferiríamos no lidiar. Puede que estés pensando que es demasiado mórbido y que no pertenece a un libro sobre cómo liberarte del estrés. Después de todo, ¿qué podría causar más estrés que el espectro de la muerte?

Pero debes recordar que una de las prácticas fundamentales del estoicismo es la aceptación del destino. Nos guste o no, todos compartimos un destino común. Esta es una de las razones por las cuales un libro escrito por alguien tan poderoso y único como un Emperador Romano podría inspirar a personas de todos los ámbitos de la vida.

La muerte es una constante para todos nosotros, sin importar cuán ricos o poderosos podamos ser. Es un recordatorio de que aunque algunas personas parecen haber trascendido más allá del reino de simples mortales a través de su talento, prestigio o belleza, al final todos deben enfrentarse a la muerte.

No es algo que ninguno de nosotros quiera aceptar, pero practicar el estoicismo significa aceptar verdades difíciles. Pero esto no significa que el estoicismo sea una filosofía morbosa. Toda filosofía honesta debe enfrentarse a la muerte. La pregunta es cómo enfrentan la muerte.

¿Vida después de la muerte?

En este punto, algunos de ustedes pueden estar preguntándose qué tiene que decir el estoicismo sobre la vida después de la muerte. Después de todo, casi todo el mundo está de acuerdo en que la muerte es inevitable, pero casi nadie puede ponerse de acuerdo en lo que sucede después de la muerte.

Aquí es importante recordar que el estoicismo es una filosofía, no una religión. A lo largo de la historia, los estoicos han tenido muchas creencias religiosas diferentes. Los primeros estoicos eran politeístas griegos y romanos que creían en panteones enteros de dioses. Luego, cuando el Imperio Romano se convirtió al cristianismo, muchos pensadores cristianos combinaron la teología cristiana con ideas estóicas para crear nuevas formas de pensar acerca de la vida. Hoy en día, personas de todas las religiones y creencias pueden llamarse estoicos, cada uno encontrando una forma de combinar las ideas del estoicismo sobre esta vida con sus convicciones religiosas sobre la posibilidad de una vida futura.

Recuerda que el estoicismo es una filosofía práctica. Está diseñado para responder a la pregunta de cómo debemos actuar en esta vida. Nada en el estoicismo excluye la posibilidad de una vida después de la muerte, pero tampoco está casado con la idea de una.

Esta es un área donde debes llegar a tus propias

conclusiones. Solo entiende que, cualesquiera que sean tus creencias, no estás solo en la comunidad estoica. Es un grupo diverso y acogedor que está abierto a personas de cada credo.

Viviendo a la sombra de la muerte

Cuando las personas son expuestas por primera vez al estoicismo, la idea de "memento mori" a menudo puede destacar como una creencia que parece bastante lúgubre y desagradable. Es comprensible, es fácil mirar a alguien que regularmente piensa en la inevitabilidad de la muerte y asumir que son una especie de "adorador de la muerte" que ama la muerte más que la vida. Pero esto no puede estar más lejos de ser el caso cuando se trata de la gran mayoría de los estoicos.

La verdad es que los estoicos no piensan en la muerte porque es placentera, nos recordamos de la muerte porque es desagradable. Es como un chapuzón de agua fría que nos despierta a la cruda realidad, que es que la vida es limitada.

La mayoría de los estoicos aman la vida. Sin certeza alguna con respecto a la vida después de la muerte, solo podemos estar seguros de que esta vida es nuestra oportunidad para vivir virtuosamente y buscar una mejora constante. El hecho de que la muerte sea inevitable es un recordatorio de que solo tenemos una cantidad finita de tiempo disponible para lograr todas las cosas que queremos lograr.

No recordamos la muerte porque valoramos la muerte, recordamos la muerte porque nos recuerda cuánto deberíamos valorar la vida. Ninguno de nosotros sabe cuánto tiempo estaremos en esta tierra. Puede que vivas hasta los 120 años o que mueras mañana. Por eso es importante aprovechar al máximo cada momento, porque nunca sabes cuál será tu último momento.

Lección práctica

La muerte es algo con lo que nadie quiere lidiar, pero todos la enfrentaremos algún día. Los estoicos siempre han creído que aceptar las realidades de la vida es esencial para vivir la mejor vida posible. En este ejercicio, veremos una forma saludable y productiva de abordar el tema de la muerte.

Saca tu papel y tu utensilio de escritura. Ahora tómate unos momentos para escribir el elogio que te gustaría que se leyera en tu funeral algún día.

¿Has terminado?

Este es un ejercicio clásico diseñado para ayudarte a enfocarte en cuáles son tus valores reales en esta vida. En una sociedad consumista, puede ser demasiado fácil perderse en un mar de preocupaciones materiales. Pero al final del día, la mayoría de las personas valoran las relaciones por encima incluso de sus posesiones físicas más preciadas.

Revisa tu elogio fúnebre y pregúntate cómo te sientes al respecto. ¿Sientes que has vivido una vida con la que puedes estar feliz cuando todo haya terminado? ¿O sientes que la forma en que estás viviendo tu vida no se alinea con tus prioridades más profundas?

Pensar en tu propia muerte no es una actividad agradable, pero puede ayudar a enfocar tu mente en lo que es verdaderamente importante en tu vida.

Capítulo 7: Vivir de acuerdo con la Naturaleza

Para un ser racional, es lo mismo actuar según la naturaleza y según la razón.

—Marco Aurelio

Un estoico suele ser entendido como alguien que permanece en silencio y soporta el dolor y la lucha, pero esto es solo parte de un panorama más amplio. El estoicismo nos enseña que debemos soportar dificultades cuando sea necesario, pero el punto más importante es que debemos intentar fluir con la naturaleza en lugar de luchar contra ella.

Una vida de estoicismo no necesita ser una vida de lucha. Los estoicos siempre han buscado vivir una vida de paz y armonía, donde las elecciones humanas se alinean con la naturaleza.

El Mundo Natural, por dentro y por fuera

El Sabio Estóico se supone que debe aceptar la naturaleza completamente, tanto por dentro como por fuera. Esto significa que acepta la naturaleza humana que lo rige como individuo y a la sociedad en general, al mismo tiempo que acepta las leyes de la naturaleza que gobiernan todo en este planeta y a lo largo del universo. La vida no es una lucha para el Sabio porque no solo aceptan la naturaleza de mala gana, sino que se mueven con sus mareas y son llevados a través de la vida.

Antes de adentrarnos demasiado en este tema, es importante tomarse un momento para comprender qué quieren decir los estoicos cuando hablan sobre la naturaleza. Cuando los individuos modernos hablan sobre la naturaleza, se imaginan el mundo natural, con plantas, animales y cielo azul. Pero cuando los filósofos estoicos consideraban la naturaleza, estaban pensando en las características fundamentales de todo lo que existe.

Entonces, cuando hablamos de aceptar la naturaleza, eso incluye aceptar el mundo natural que nos rodea, pero también significa algo que es al mismo tiempo más grande y más íntimo.

El Mundo Natural

Una de las primeras y más importantes cosas que un estoico debe aceptar es el mundo natural que rige toda la vida. Solo podemos sobrevivir en este planeta porque las leyes de la naturaleza lo permiten. Los estoicos también entendieron que aunque los seres humanos pueden ser diferentes de otras formas de vida en algunos aspectos cruciales, aún encajamos dentro del ecosistema más grande como una pieza que se coloca en un gran rompecabezas.

La razón exige que aceptemos respetuosamente las fuerzas de la naturaleza y nuestro propio lugar dentro del vasto e imposiblemente complejo mundo natural en el que habitamos. Esto puede parecer otra sugerencia obvia, pero encontrarás que a menudo las personas tienen dificultades para aceptar el mundo natural.

Considera cuántas veces has escuchado a la gente quejarse de las leyes básicas de la naturaleza. Esto es algo que es especialmente común cuando se trata de personas que intentan perder peso. ¿Quién no se ha preguntado por qué la comida poco saludable parece tan deliciosa mientras que la comida saludable parece tan poco atractiva? Después de un duro día de entrenamiento, casi cualquiera se sentirá obligado a preguntarse por qué es tan fácil ganar peso mientras que quemar calorías es tan difícil.

Todos sentimos la necesidad de quejarnos de las muchas formas en que el mundo puede ser frustrante. El estoicismo enseña que no deberíamos sentirnos mal por esta necesidad natural, pero también dice que no debemos indulgenciarla. Cuando sentimos la necesidad de quejarnos sobre las leyes de la naturaleza, en cambio debemos practicar la aceptación.

También debes recordar que cada vez que nos sentimos frustrados, tenemos la oportunidad de desarrollar nuestra virtud personal. Cualquiera puede avanzar sin problemas a través de una vida sin desafíos, se requiere una persona virtuosa para enfrentar los obstáculos directamente y superarlos sin queja.

Esto no significa que siempre puedas lidiar con todos los hechos frustrantes de la vida con gracia perfecta, pero puedes esforzarte por ser como un Sabio en todo lo que haces. El objetivo es el crecimiento, siempre y cuando te esfuerces constantemente por crecer y mejorar, estás actuando de acuerdo con la virtud estoica.

Naturaleza humana

Otro aspecto de la naturaleza con el que todo estoico tiene

que lidiar es la humanidad. Como seres humanos, compartimos una naturaleza común que nos conecta. Tenemos nuestras propias naturalezas individuales, y luego tenemos una naturaleza colectiva que rige cómo interactuamos unos con otros en grupos.

Mucho antes de que los antropólogos entendieran la importancia de la comunidad para todos los seres humanos, los estoicos entendieron que, como seres humanos, somos criaturas sociales.

Como dijo Marco Aurelio, los humanos "nacieron para cooperar, como los pies, como las manos, como los párpados, como las hileras de dientes superiores e inferiores. Por lo tanto, trabajar en oposición unos a otros va en contra de la naturaleza: y la ira o el rechazo son oposición."

No todos somos igual de sociales por naturaleza. Algunas personas necesitan más tiempo a solas, mientras que otras requieren casi una constante socialización. Pero en general, los seres humanos necesitan conexiones sociales fuertes para llevar vidas saludables y productivas.

Comprensión y Aceptación

Muchos estoicos modernos encuentran que la práctica de vivir de acuerdo con la naturaleza es una de las cosas más difíciles de hacer.

No hay forma de evitar la completa complejidad de este asunto, pero hay atajos que puedes tomar para abordar algunas de las preguntas más técnicas y llegar a los problemas que son más relevantes para nuestras vidas diarias.

Como estoico, tu principal tarea es comprender qué puedes cambiar en esta vida para que puedas aceptar las cosas que actualmente no puedes. Un punto que la filosofía estoica enfatiza una y otra vez es que no debemos perder tiempo y energía luchando por cambiar cosas que no pueden ser cambiadas. Esto se considera el colmo de la locura y la ruina de muchas almas desafortunadas.

Por eso el estoicismo pone tanto énfasis en la acción personal. Muchas cosas en este mundo están más allá de nuestro control, pero si miras dentro de ti mismo, descubrirás que puedes lograr muchas cosas. Puede que no puedas reescribir las reglas de la sociedad moderna, pero si estás dispuesto a hacer lo necesario, puedes cambiar drásticamente la forma en que vives dentro de esta sociedad.

El Estado Innatural de la Vida Moderna

Mientras que los antiguos estoicos no se enfocaban en cosas como cielos azules y campos verdes cuando discutían sobre el poder de la naturaleza, vivían en un mundo muy diferente al que actualmente habitamos. Incluso en las grandes ciudades de Atenas y Roma, los estoicos nunca podrían haber imaginado un mundo tan alejado de la naturaleza como las ciudades que los seres humanos modernos han creado.

El estoicismo no está en contra de los humanos que hacen cambios en su entorno. La invención y la innovación son partes esenciales de la naturaleza humana, muchos estoicos argumentarían que vivir una vida sin ropa, herramientas o viviendas construidas violaría la naturaleza humana. Pero también hay un punto en el que los humanos avanzan tan lejos más allá de los entornos que nos moldearon que somos como peces sacados del agua. Muchas personas que viven vidas solitarias en habitaciones oscuras están prácticamente ahogándose, se les niegan muchas de las cosas que su naturaleza humana anhela a un nivel fundamental.

Ninguna de estas sugerencias implica que el estoicismo exija que dejes la ciudad atrás y te dirijas al campo. La idea es más humilde que eso, lo que se necesita es una mayor exposición a entornos naturales y un retorno a los patrones de vida más naturales que existían antes de que los humanos empezaran a intentar transformar el mundo.

Pasa menos tiempo mirando imágenes del mundo en una pantalla de computadora y más tiempo mirando el mundo con tus propios ojos. Tómate descansos regulares de tus apartamentos compactos y oficinas para salir bajo el cielo abierto.

La Importancia del Sueño

Uno de los cambios especialmente crucial a considerar es su horario de sueño. Pocas personas modernas duermen tanto como necesitan. E incluso cuando las personas duermen lo suficiente, a menudo experimentan un sueño de baja calidad que los deja sintiéndose cansados e irritables mientras realizan sus actividades diarias.

La persona promedio necesita más horas de sueño de las que está recibiendo. Un estudio mostró que "el cuarenta y cinco por ciento de los estadounidenses dicen que el sueño deficiente o insuficiente afectó sus actividades diarias" a lo largo de la semana promedio (National Sleep Foundation, 2014). También hay preguntas sobre los patrones de sueño. Durante la mayor parte de la existencia humana, las personas se iban a la cama cerca del atardecer y se despertaban cerca del amanecer. Esto tiene mucho sentido si consideramos el hecho de que la mayoría de las personas tenían opciones limitadas para iluminar la noche oscura, por lo que no podían hacer mucho una vez que se ponía el sol.

Pero gracias al advenimiento de la electricidad ahora

podemos extender nuestras actividades diarias hasta altas horas de la noche. Esto a veces puede ser bueno para nuestra vida social, pero puede causar problemas en nuestros horarios de sueño. Solo porque puedas desobedecer el reloj interno de tu cuerpo no significa que debas hacerlo. Conectarse con los ritmos naturales de tu cuerpo es una buena manera de volverse más feliz, saludable y energético.

Alimento para reflexionar

Otra área en la que deberías enfocarte seriamente es tu dieta. El cuerpo humano necesita ciertos nutrientes para hacer todo lo que está diseñado para hacer. Intentar vivir sin comer una amplia selección de alimentos nutritivos es como conducir tu coche sin poner gasolina en el tanque. La lógica dicta que eventualmente quedarás varado a un lado del camino.

Debes aceptar que tu cuerpo necesita ciertas cosas si quieres llevar una vida saludable y productiva. Al igual que la aceptación de la realidad es un requisito esencial que debe venir antes de la acción racional, una buena dieta debe venir antes de una vida saludable. No puedes tener uno sin el otro.

Si bien el estoicismo se enfoca en lo que los seres humanos pueden lograr cuando dominan el control de sus mentes, no es una especie de misticismo que cree que la mente está de alguna manera desconectada del cuerpo. Una mente sana puede ayudar a mejorar la condición de tu cuerpo, pero lo mismo ocurre al revés. Si no cuidas tu cuerpo, entonces la condición de tu mente se deteriorará.

Recortando el desorden y encontrando el control.

Los avances modernos en los ámbitos de la ciencia, la

tecnología y la medicina han mejorado nuestra calidad de vida de muchas maneras. Pero además de los muchos aspectos positivos que disfrutamos, vienen muchos inconvenientes.

Por todas las lujos materiales que disfrutamos, mucha gente moderna se siente sofocada. Pasan por la vida en un mundo que es estrecho, abarrotado y lejos del aire limpio y fresco que nuestros antepasados disfrutaban. Experimentamos el mundo a distancia, contemplando simulaciones y recreaciones en lugar de experimentar las cosas de primera mano.

La vida no tiene por qué ser así. No tienes que ser arrastrado por las multitudes y llevado hacia un futuro del que no quieres ser parte. El poder de hacer un cambio y marcar tu propio camino está dentro de ti. Lo único que necesitas hacer es aprovecharlo.

Lo que no significa aceptación

Mientras estamos en el tema de la aceptación, es importante entender sus limitaciones. La aceptación estoica simplemente significa aceptar el mundo tal como es en el momento presente. No significa que tengas que amar el mundo tal como es o someterte a todo dentro de él.

Puede haber contaminación en el río cerca de tu casa. El estoicismo dice que debes aceptar que el agua está contaminada. ¿Significa esto que deberías bajar al río y tomar un trago? ¡No! El estoicismo se trata de la acción racional; nunca te pedirá que hagas algo tan irracional y autodestructivo.

Para obtener una comprensión más profunda de este concepto, veamos una gran cita de Marco Aurelio:

Un pepino es amargo. Tíralo. Hay zarzas en el camino. Desvíate de ellas. Eso es suficiente.

Lo que Aurelius está señalando aquí es que demasiadas personas malgastan su energía quejándose de cosas que no pueden cambiar. Cuando puedas tomar acciones simples para evitar lidiar con problemas, entonces debes tomar esas acciones y seguir adelante con tu vida. Cuando debas soportar frustraciones, entonces debes soportarlas en silencio y luego seguir adelante con tu vida. Quejarse interminablemente sobre circunstancias que están fuera de tu control solo agrega a tu sufrimiento, no hace que el mundo sea más agradable.

Esta cita también nos recuerda que el estoicismo no siempre se trata de soportar cualquier cosa desagradable que se presente en tu camino. Si no quieres comer pepino, entonces no necesitas hacerlo. Si un dolor en particular es difícil de superar, puedes encontrar una ruta diferente. Ser estoico significa que soportarás cosas desagradables cuando sea necesario, no significa que debas buscar o someterte a cada cosa negativa bajo el sol.

El estoicismo trata de encontrar la paz a través de la aceptación. Se trata de cesar la lucha interminable contra las personas y cosas que están más allá de nuestro control. El Sabio estoico trasciende las luchas de la realidad cotidiana al aceptarla tal como es con un corazón y mente tan abiertos que pierde el poder de influir en los pensamientos del Sabio de alguna manera.

Cambiando lo que puedes y aceptando lo que no puedes

Cuando los estoicos hablan de la naturaleza, están considerando los rasgos fundamentales que hacen que algo sea lo que es. Esto se refleja en la forma en que hablamos sobre el mundo natural que existe más allá de la civilización humana. Los pájaros, los árboles y la hierba existían antes de que los humanos inventaran el fuego, y reclamarán la Tierra si la humanidad alguna vez se extingue.

Las creaciones de la humanidad pueden ser maravillosas, pero no debemos perdernos tanto en nosotros mismos como para pensar que solo porque podemos sobrevivir sin algo significa que podemos vivir vidas saludables sin ello. En todo el mundo, las personas están disfrutando de las últimas comodidades mientras se marchitan lentamente debido a la falta de recursos naturales básicos.

No tienes que convertirte en un revolucionario para mejorar tu calidad de vida. Es posible aceptar muchos de los cambios de la vida moderna sin abandonar las cosas básicas que siempre han hecho posible una vida humana saludable.

Todo estoico debe practicar la aceptación, pero eso no significa que no deban tomar acción. A veces necesitas aceptar que tienes necesidades que no están siendo satisfechas, y luego actuar en base a esas necesidades.

Entonces, ahora es el momento de preguntarte, ¿estás viviendo en armonía con tu naturaleza básica?

Lección práctica

En este mundo moderno, demasiadas personas viven fuera de sincronía con sus necesidades naturales.

Toma un pedazo de papel y un utensilio de escritura. Ahora apunta todas las cosas que crees que los humanos han necesitado para vivir vidas saludables a lo largo de la historia humana.

Una vez que tengas una lista, revise la lista y considera en qué áreas de tu vida podrías estar fallando. Enciérralas y luego piensa en ideas sobre cómo podrías abordar estas preocupaciones.

El estoicismo pone un gran énfasis en el pensamiento, pero los estoicos siempre han entendido que los humanos somos más que solo nuestros cerebros. Los pensamientos saludables son más propensos a venir de cuerpos sanos. Así que comienza a tomar cualquier paso que puedas para cuidarte.

Capítulo 8: Estoicismo y Psicología

Las cosas en las que piensas determinan la calidad de tu mente.

—Marco Aurelio

Desde su creación, el estoicismo ha buscado explicar cómo funciona la mente humana y cómo puede ser moldeada en nuestra búsqueda por vivir vidas virtuosas. Cuando el estoicismo surgió por primera vez en la antigua Grecia, eran los filósofos los mejor preparados para ahondar en preguntas relacionadas con la mente humana y los pensamientos y sentimientos que la rodean.

Pero han pasado dos mil años desde el nacimiento de la filosofía y mucho ha cambiado. Mientras los filósofos siguen trabajando arduamente tratando de entender la naturaleza de la conciencia humana ha habido un cambio importante que ha reescrito el papel de la filosofía. La filosofía ya no es la forma principal en la que entendemos la mente humana, ahora nuestra comprensión fundamental proviene del estudio científico de nuestros cerebros y patrones de pensamiento.

Campos de estudio como la psicología, la biología y la neurología han dado forma a la forma en que pensamos sobre el pensamiento. ¡Pero eso no significa que la filosofía esté fuera del juego! Sigue leyendo para descubrir cómo los estoicos modernos lidian con las últimas revelaciones producidas por los científicos que han desbloqueado los secretos de la mente humana.

Filosofía antigua se encuentra con la ciencia moderna

El cerebro humano es una cosa increíblemente compleja. Desde el surgimiento del método científico hemos llegado a comprender muchas cosas sobre cómo funciona el cerebro, pero cada pregunta que hemos respondido ha planteado muchas otras.

Todavía podemos decir ciertas cosas sobre el cerebro humano que los antiguos estoicos no pudieron. Los antiguos griegos eran increíblemente inteligentes y entendían más de lo que muchos individuos modernos les dan crédito. Aún así, no tenían forma de saber cómo funcionaba la mente. Como tal, muchos filósofos tenían creencias sobre el pensamiento humano que podrían chocar con la ciencia moderna.

Una de las áreas de controversia es la pregunta sobre el "libre albedrío". Los filósofos han argumentado durante mucho tiempo que los humanos pueden lograr un control total sobre su mente simplemente por la fuerza del pensamiento. La idea era que existía una mente o espíritu inmaterial que reinaba sobre el cuerpo físico, operándolo fuera de la cadena normal de causa y efecto que rige la mayor parte del reino físico.

Esta creencia tiene sentido intuitivo. La mayoría de las personas sienten como si tuvieran un control total. Pero siglos de estudios científicos nos han mostrado un lado diferente del pensamiento humano.

La Importancia de la Química Cerebral

Una de las preguntas más desconcertantes que los humanos han tenido que hacerse es cómo se conectan los pensamientos que tenemos y las emociones que sentimos con nuestros cuerpos físicos. Hubo una época en la que la gente creía que los pensamientos eran completamente inmateriales, totalmente desligados de nuestras formas físicas. Pero a medida que hemos podido observar más de cerca el cerebro humano, hemos presenciado conexiones sorprendentes.

Por un lado, parece que las alteraciones realizadas en el cerebro pueden afectar la forma en que las personas piensan y sienten. Una de las manifestaciones más convincentes del impacto que la fisiología cerebral tiene en la elección humana y la personalidad es el caso de Phineas Gage.

Gage era un trabajador de construcción de ferrocarriles a principios del siglo XIX. Según todos los informes, era una persona educada y agradable hasta el día en que una explosión envió una varilla de hierro volando por el aire y hacia la cabeza de Gage. Según todos los informes, el accidente debería haber sido mortal, pero milagrosamente Gage logró sobrevivir con la gran pieza de metal incrustada en su cerebro (O'Driscoll).

Pero mientras el cuerpo de Gage vivía a través del accidente, muchos cercanos a él sintieron que el Gage que conocían murió en el accidente. Phineas experimentó un cambio rápido en su personalidad. El hombre amigable se volvió vulgar y grosero. El daño a su cerebro parecía convertirlo en una persona completamente diferente, y de repente la gente comenzó a pensar de manera diferente sobre la conexión entre la fisiología y la identidad.

Si bien estudios adicionales han demostrado que algunas de las grandes afirmaciones hechas sobre la transformación de Gage fueron exageradas, su historia es solo un ejemplo de muchos en los que los cambios en la composición cerebral han llevado a cambios marcados en el pensamiento, la toma de decisiones y la personalidad.

Tales revelaciones científicas recientes han llevado a los estoicos modernos a repensar algunas de las creencias antiguas en torno al pensamiento humano. Los antiguos estoicos creían que cualquier persona podía lograr un control total sobre su cerebro si seguían las prescripciones estoicas al pie de la letra. Hoy en día, las personas son más escépticas ante esta proposición, entendiendo que cada individuo tiene una composición cerebral única que podría predisponerlos en ciertas direcciones.

Esto significa que algunas personas pueden encontrar que el enfoque estoico les resulta fácil, mientras que otros tendrán un momento especialmente difícil tratando de lidiar con sus disposiciones naturales. Esto requiere una cuidadosa reexaminación del pensamiento estoico, pero no ataca al núcleo del estoicismo. Tal vez no todos puedan convertirse en Sabios, pero eso no significa que las personas no puedan buscar progresar desde donde se encuentran.

Un Cambio en el Pensamiento

Una forma en que la neurociencia moderna respalda el sistema estoico es la complejidad que ha revelado dentro de la mente humana. Las antiguas creencias que sugerían que las mentes humanas eran relativamente simples y fáciles de controlar han sido reemplazadas por una comprensión más matizada de todo lo que se suma para crear la conciencia humana.

Algunas personas creen que las revelaciones modernas sobre la compleja red de factores que influyen en nuestra toma de decisiones son deshumanizantes. Esto es comprensible, cuando te han enseñado a creer que tienes el control completo de cada pensamiento y acción, puede resultar perturbador darse cuenta de que hay tantas cosas que moldean nuestras decisiones sin nuestro conocimiento consciente. Pero ¿esto es deshumanizante?

Me gustaría proponer que esta información simplemente está revelando una nueva capa de lo que significa ser humano. El hecho de que no reconociéramos nuestra plena complejidad en el pasado no significa que fuéramos seres simples que tenían un control total. Siempre hemos tenido mentes complejas y contradictorias, y la ciencia ahora nos permite entender las razones detrás de las luchas que han existido desde los días de los antiguos estoicos y hasta los albores de la humanidad.

Finalmente, el estoicismo nos recuerda a todos los peligros de reaccionar negativamente a la realidad. Es posible que no te guste el mundo, pero tus preferencias no reescribirán la realidad. Pretender que la química cerebral no existe no te dará un mayor control sobre tus pensamientos y acciones. Al contrario, si no estás dispuesto a enfrentar los factores demasiado reales que moldean tu pensamiento, en realidad estás atando tus manos detrás de tu espalda, limitando tus opciones en una época en la que nosotros, como seres humanos, tenemos la oportunidad de tomar el control de nuestro futuro.

Terapia Cognitivo-Conductual

Un área donde el estoicismo antiguo y la ciencia moderna

están en notable alineación es la práctica de la Terapia Cognitivo-Conductual, o TCC.

La TCC es un enfoque terapéutico que busca ayudar a las personas cambiando sus patrones de pensamiento. La idea es que los pensamientos que tenemos, las emociones que sentimos y la manera en que nos sentimos están todos interconectados, y que los cambios realizados en un eslabón de esta cadena pueden cambiar drásticamente todo el sistema.

Muchas personas acaban en una espiral descendente viciosa porque crean bucles de retroalimentación negativa. Piensan en pensamientos negativos, lo que los lleva a sentir emociones negativas, lo que lleva a acciones destructivas. A medida que la persona lidia con las consecuencias de sus malas decisiones, su autoimagen negativa se refuerza y el ciclo comienza de nuevo, solo que esta vez todo es aún más vicioso que antes.

Este tipo de comportamiento es muy común, y cualquiera que haya experimentado una espiral descendente similar puede entender lo desesperante que puede parecer la situación. Pero la TCC y el Estoicismo ofrecen una salida de este ciclo.

Verás, tanto la TCC como el estoicismo proponen que un cambio holístico puede lograrse si los individuos pueden tomar control de sus pensamientos. De repente, la espiral se invierte, ya que los pensamientos positivos elevan la emoción y la acción y contrarrestan la antigua negatividad.

Esto es solo el comienzo de las similitudes. El estoicismo y la TCC comparten una perspectiva similar, un énfasis compartido en la acción y la priorización del pensamiento claro y racional. Al estudiar los paralelismos entre la filosofía y la terapia, puedes ver cómo ideas antiguas están llevando a resultados sólidos en el mundo de la ciencia moderna.

La Importancia de la Acción

El estoicismo es una filosofía centrada en la acción y la TCC es un enfoque centrado en la acción para la terapia. Ambos creen que para lograr un cambio real, este debe provenir del interior de la persona que desea crecer. Además, el cambio no vendrá solo del aprendizaje. La sabiduría es importante, pero nadie interioriza la información que aprende hasta que la pone en práctica.

Si bien tanto el estoicismo como la TCC comienzan con cambios en la forma en que las personas piensan, la prueba definitiva del cambio se ve en la forma en que actúan. Las personas siempre están listas para decir que han aprendido su lección, pero luego, cuando se les pide que pongan en práctica su nuevo conocimiento, se desmoronan. Los estoicos entendieron que el aprendizaje es un proceso que lleva tiempo. Ya sea que estés en terapia por un trastorno psicológico o simplemente buscando tener un mayor control de tu vida, hasta que los cambios comiencen a manifestarse en tus acciones, no verás el impacto completo de lo que has aprendido.

La Importancia de Pensar con Claridad

Otro vínculo entre la TCC y el estoicismo es el énfasis en el pensamiento claro y cuidadoso. Todo tipo de problemas pueden surgir cuando no ves el mundo tal como es. Incluso las personas que tienen la suerte de tener una mente libre de trastornos o problemas similares aún pueden desarrollar una visión distorsionada del mundo por muchas razones. La situación es más pronunciada cuando surgen problemas dentro de la composición física del cerebro. Pero no importa cuán profundo sea el problema, la TCC ha demostrado que se pueden tomar medidas para corregir patrones de pensamiento.

Por supuesto, algunas personas tendrán mayores dificultades para lograr pensamientos claros que otras. Esta es un área donde la ciencia moderna corrige a algunos de los pensadores antiguos. Hubo un tiempo en que la gente culpaba a las personas con trastornos mentales por sus problemas. Pensaban que si esas personas simplemente trabajaban más duro, serían como todos los demás. La ciencia nos ha demostrado que no es el caso.

La delicada química cerebral dentro de cada uno de nosotros puede desequilibrarse fácilmente. Por eso, casi todo el mundo confesará que está luchando con sus propios problemas si logras que se abran. Algunos de estos problemas son más graves que otros, pero todos podríamos beneficiarnos de ayuda para liberarnos de nuestras trampas mentales y ver más claramente. El estoicismo lo describió hace tantos años, y hoy en día la TCC ofrece a las personas un camino concreto hacia un pensamiento más claro.

Combinando Terapia y Filosofía.

Los seres humanos son criaturas complejas. Rara vez estamos satisfechos con soluciones unidimensionales. Anhelamos tanto la razón como la emoción. Por eso la combinación de la TCC y el estoicismo puede ser una combinación poderosa.

Muchas personas pueden apreciar la ciencia de la TCC y el pedigrí intelectual que prácticamente cualquier profesional aporta a la mesa. Pero las personas todavía pueden quedar anhelando más. La mayoría de la gente anhela ser parte de algo más grande que ellos mismos, algo que pueda ayudar a conectarlos con una gran tradición. Esta es una de las razones por las que la creencia religiosa y el patriotismo son fuerzas tan poderosas, ya que reúnen a las personas como parte de una tradición que se remonta al pasado.

El estoicismo es un sistema de creencias secular que puede ofrecer a las personas la historia y la belleza que anhelan. Es una filosofía de dos mil años de antigüedad que cuenta con algunos de los escritos más hermosos y conmovedores jamás producidos por la filosofía occidental. Combina el intelectualismo y el romanticismo en un paquete que sigue atrayendo a las personas miles de años después de la muerte de su fundador.

Cuando el poder emocional del estoicismo se combina con el atractivo científico de la TCC, pueden suceder cosas maravillosas. Pero más allá del nivel práctico, también sirve como un recordatorio de lo increíbles que eran esos estoicos originales. Incluso con todos los avances en conocimiento que han ocurrido desde los días de la antigua Grecia, seguimos utilizando su sabiduría para iluminar nuestro camino hacia adelante.

Trabajando con tu Química Cerebral Única

Los antiguos estoicos tenían cierta comprensión de la variedad que existía entre los seres humanos, pero no podían haber conocido la naturaleza arraigada de estas diferencias. La idea de que podríamos tener un software bioquímico como el ADN guiando nuestras acciones o complejas reacciones electroquímicas en nuestro cerebro moldeando nuestros pensamientos estaba mucho más allá de su capacidad de descubrir.

Esto no significa que los estudiantes modernos necesiten desechar el trabajo de los antiguos. Un estudio cuidadoso de las obras fundamentales de los estoicos revela que, aunque los escritores pueden no haber sabido lo que ahora sabemos sobre la composición física de la mente humana, aún así produjeron ideas y teorías que se alinean de manera notable con los últimos avances científicos.

En 2015, un consejero llamado Ian Guthrie guió a sus pacientes a través de una discusión de las Meditaciones de Marco Aurelio. Descubrió que mientras sus pacientes estaban "gravemente y persistentemente enfermos mentales", sus pacientes se beneficiaron de una discusión guiada sobre el tema. (Guthrie 2015)

Esto demuestra que todo tipo de personas pueden beneficiarse de estudiar y practicar el estoicismo. Puede que sientas que estás siendo limitado por las circunstancias de tu nacimiento o por situaciones negativas que has experimentado a lo largo de tu vida, pero nada de esto significa que no puedas obtener un mayor entendimiento de ti mismo y un mayor control sobre tu mente a través de un estudio del estoicismo. Algunas personas ciertamente tienen más privilegios que otras, pero todos pueden beneficiarse si se comprometen a seguir la sabiduría transmitida por los antiguos estoicos.

Una palabra de precaución

En este punto vale la pena reiterar el punto de que este no es un libro médico. Mientras que algunas personas informan que practicar el comportamiento y los pensamientos estoicos ha mejorado su calidad de vida, eso no significa que esta filosofía u otra sea un reemplazo para el tratamiento médico. Si tienes problemas de salud física o mental, entonces tu primera prioridad debería ser ver a un profesional médico capacitado que pueda ayudarte a controlar tu situación.

Si bien los estoicos modernos no están de acuerdo en muchas cosas, un área donde hay un amplio consenso es que el verdadero estoicismo debe estar en línea con los últimos descubrimientos científicos. Los antiguos estoicos lograron desarrollar muchas ideas increíbles sobre la naturaleza de la mente humana mucho antes de la creación del método científico moderno, pero eso no es motivo para tomar su palabra por encima de los últimos descubrimientos de científicos y profesionales médicos.

Ciencia y Estoicismo: Trabajando Juntos

El estoicismo trata de mejorar tu mente, y todos podemos estar agradecidos de que la ciencia nos haya brindado ideas increíbles sobre cómo funciona la mente, cómo puede fallar y cómo podemos mejorarla a través de una amplia gama de enfoques. La terapia, la medicación, el ejercicio y muchas otras opciones pueden ser utilizadas para mejorar tu salud mental y permitirte tomar el control de tu vida.

Nunca debes sentir que tienes que elegir entre el estoicismo y los tratamientos propuestos por profesionales médicos cualificados. Los estoicos modernos son abrumadoramente pro-ciencia y están constantemente trabajando para integrar los últimos descubrimientos en su entendimiento del estoicismo. Cuando la ciencia y la filosofía trabajan juntas, pueden suceder cosas increíbles, nunca sientas que tienes que elegir entre una u otra en tu búsqueda de una vida más feliz y saludable.

Lección práctica

El pensamiento es una de esas cosas que viene tan naturalmente que simplemente lo damos por sentado. Pero si quieres tomar el control de tus pensamientos, entonces ayuda tomar un tiempo para examinar cómo piensas.

Para este ejercicio necesitarás encontrar un lugar tranquilo y pacífico.

Una vez que tengas un espacio para ti mismo y unos minutos

libres, puedes usar la meditación para examinar el funcionamiento interno de tu mente.

Cierra los ojos, respira lentamente y cuenta hacia atrás lentamente desde diez con cada exhalación. Una vez que llegues a uno, simplemente sigue repitiendo ese número. Esto te ayudará a silenciar tu diálogo interno consciente.

Tómate el tiempo para estar en el momento y observa cómo reacciona tu mente. Observa cómo los pensamientos entran en tu mente. Siente cómo tu cuerpo reacciona ante la paz y la tranquilidad.

Muchos de nosotros pasamos nuestros días con pensamientos que corren constantemente por nuestra mente, pero realmente nunca examinamos cómo llegan esos pensamientos a nosotros. Este tipo de meditación no es solo una buena forma de calmarse y tomar un descanso del caos de la vida moderna, también te dará una comprensión más profunda de cómo funciona tu mente.

Capítulo 9: Aceptando lo Inaceptable

No importa lo que soportes, sino cómo lo soportes.

—Séneca

A lo largo de este libro hemos examinado los principios más fundamentales del estoicismo y cómo puedes usar estos principios para navegar por los altibajos de tu vida diaria. Pero ¿qué sucede cuando te enfrentas a luchas que van más allá de lo ordinario?

Nadie en esta tierra puede vivir una vida libre de tragedia. Por eso, cualquier filosofía debe luchar con las verdaderas profundidades del sufrimiento humano. Cualquiera puede encontrar una forma de dar sentido a una vida fácil, se necesita verdadera sabiduría para encontrar un camino hacia adelante cuando el sufrimiento se vuelve tan profundo que nos sentimos impulsados hacia la desesperación.

Tratando con el Dolor y el Sufrimiento

A lo largo de este libro hemos llegado una y otra vez a las diferentes formas en que los estoicos manejaban el dolor, la decepción y otras formas de sufrimiento. Pero hasta ahora, principalmente hemos examinado los tipos de problemas que nos causan dificultades pero no nos sacuden hasta la médula.

¿Qué sucede cuando un estoico siente el tipo de dolor que podría destruir a una persona?

Es una cosa buscar oportunidades en los pequeños contratiempos que sufrimos cada día, pero ¿qué pasa con verdaderas instancias de tragedia? A veces puede sentir como si nuestras filosofías se desmoronaran cuando nos enfrentamos al sufrimiento a gran escala. Cuando el dolor nos desgarra y parece que nadie más ha sufrido tanto, toda la sabiduría del mundo puede sonar hueca.

No estás solo

Lo primero que hay que entender es que, pase lo que pase, no eres la primera persona en sufrir como tú. Tu situación puede ser única, pero el dolor y el sufrimiento son tan antiguos como la humanidad.

Por eso buscamos la sabiduría de los ancianos en estos asuntos. Todo se siente nuevo cuando lo estamos experimentando nosotros mismos, pero la verdad es que las mismas emociones se han repetido una y otra vez a lo largo de innumerables generaciones. Una de las cosas que une a la humanidad es nuestro sufrimiento compartido.

Lo siguiente que hay que entender es que, si bien algunas formas de dolor pueden sentirse tan extraordinarias que los consejos normales no son válidos, la realidad es que estas son situaciones en las que es absolutamente crucial aferrarse a la sabiduría que tengamos. Cuando la primera oleada de dolor te golpea, puede sentirse como si nunca pudieras recuperarte, pero solo porque sientas así no significa que sea verdad. Aún puedes practicar el estoicismo y negarte a obsesionarte con lo que has experimentado. Puede que necesites cada gramo de fuerza que puedas extraer de cada fibra de tu ser, pero si puedes hacerlo, puedes detener el sangrado y evitar que la situación empeore más de lo necesario.

Este tipo de dolor y sufrimiento es la razón por la cual es tan valioso practicar el estoicismo en todo lo que haces. No quieres tener que aprender el arte de la aceptación mientras lidias con algo que parece claramente inaceptable. Necesitas empezar poco a poco y crear un hábito de aceptación que pueda crecer con el tiempo hasta que un día pueda llevarte a través de momentos de dolor y dificultad.

Nunca es demasiado pronto para prepararse para el dolor.

Si estás pasando por un periodo relativamente positivo en tu vida, es posible que sientas que puedes pasar por alto todo esto. Cuando la vida va bien, la mente humana tiende a asumir que las cosas seguirán yendo bien para siempre. Pero la realidad es que cada vida tiene altibajos. Todos experimentan momentos buenos y malos. Si estás pasando por un buen momento en este momento, entonces una de las mejores cosas que puedes hacer es prepararte para cuando tu suerte cambie.

"Es en tiempos de seguridad cuando el espíritu debe estar preparándose para tiempos difíciles; mientras la fortuna le está otorgando favores es entonces cuando es el momento de fortalecerse contra sus reveses." - Séneca

Nadie disfruta de la desgracia. Pero aquellos que están acostumbrados a la desgracia están mucho mejor preparados para manejarla que aquellos que nunca la han experimentado. Por eso las personas nacidas en la pobreza no son tan propensas a ser destruidas por ella como aquellos que nacieron en la riqueza y luego cayeron por el destino.

La buena noticia es que en realidad no tienes que hacerte daño para prepararte para el posible dolor que podría venir en el futuro. Puedes empezar a prepararte a través de la práctica estoica de la visualización. Imagina que las cosas salen mal. Pero no te quedes ahí. Imagina qué podrías hacer si tu fortuna cambiara. Piensa en cómo podrías convertir la desgracia en oportunidad.

Ves, si solo visualizas el dolor entonces solo tenderás a deprimirte. Pero si superas el dolor puedes recordar la verdad esencial del estoicismo, que cada momento es una oportunidad para desarrollar tu virtud.

Esto puede que no redima el sufrimiento en tus ojos o explique por qué tienes que pasar por ello. Pero el estoicismo no se trata de explicar por qué suceden las cosas. Los estoicos no preguntan por qué el destino nos reparte las cartas que nos reparte; los estoicos simplemente aceptan lo que se les da y sacan lo mejor de la situación.

Procesamiento del duelo

De todos los tipos de dolor que la humanidad se ve obligada a soportar, ninguno es más temible que el duelo. El duelo es el dragón que derriba incluso los corazones más poderosos.

Es difícil expresar con palabras la enormidad del dolor, pero eso no significa que esté más allá de ti. El duelo es algo que casi nadie puede comprender, y sin embargo todos deben aprender a lidiar con él en algún momento de sus vidas.

Aunque no puedas imaginar cómo el estoicismo puede ayudarte a lidiar con el dolor, debes confiar en que puede.

Tienes el poder dentro de ti, y si puedes practicar la sabiduría del Sabio, puedes superar cualquier obstáculo.

Para obtener instrucciones sobre cómo manejar el duelo, podemos recurrir a Séneca.

"La naturaleza nos exige un poco de tristeza, mientras que más que eso es el resultado de la vanidad. Pero nunca te exigiré que no te entristezcas en absoluto. ... Deja que tus lágrimas fluyan, pero también permite que cesen, deja salir los suspiros más profundos de tu pecho, pero también permite que encuentren un final."

Lo primero que hay que recordar es que un estoico no es alguien que no sienta dolor. Si sientes dolor ante una gran pérdida no significa que no seas un estoico, simplemente significa que eres humano.

Lo que separa a los estoicos de los demás es cómo procesan el dolor.

No importa cuán mal se sienta el dolor, necesitas practicar el arte estoico del pensamiento claro y racional. Debes ser capaz de retroceder y darte cuenta de que aunque parezca que el dolor durará para siempre, la realidad es que todo en esta vida es impermanente. Esto también pasará.

Puede sentirse como si el dolor nunca desapareciera, pero la verdad es que se embotará con el tiempo. Puede que nunca desaparezca por completo, pero no siempre amenazará con devorarte entero. Esto es lo que debes recordar y encontrar consuelo en ello.

Finalmente, recuerda que el estoicismo enseña que podemos tomar el control de nuestras emociones y redirigirlas. Puedes tomar emociones negativas y moverlas en una dirección más saludable. Puedes pasar tus días lamentando el dolor que sientes después de perder a alguien, o puedes pensar en lo afortunado que eres de haber podido experimentar la vida con ellos mientras estaban contigo.

Nunca hay solo una cosa que debamos sentir. Siempre tenemos una elección que podemos hacer. Regodearse en el dolor es algo que tienes que elegir. También puedes elegir levantarte de tu tristeza y moverte hacia algo más constructivo. No es fácil y no sucede rápidamente, pero cuanto antes comiences a moverte, antes llegarás a tu destino.

Luchando con Grandes Preguntas

Una vez más, en esta etapa vale la pena reconocer las limitaciones del estoicismo. Si bien el estoicismo tiene respuestas a muchas de las preguntas urgentes de la vida, hay otras áreas donde las cosas quedan abiertas a la interpretación.

¿Cuál es el significado último de la vida? ¿Existe un Dios? ¿Sucede algo después de la muerte?

Estas son todas preguntas profundas, significativas y altamente personales de las que el estoicismo moderno se aleja.

Algunos de ustedes pueden sentir que esto es una excusa, pero la verdad es que proviene de un lugar de humildad intelectual. Hay estoicos modernos que pertenecen a todo sistema de creencias imaginable, religiosas u otras. Cada uno encuentra una forma de unir el pensamiento estoico con sus convicciones personales para poder dar sentido al mundo que les rodea y superar los altibajos de cada día.

Al final, el estoicismo no se trata de responder a todas las preguntas. Se trata de cómo avanzas en la vida. Las preguntas que van más allá de esto están también fuera del alcance de este libro.

Soltando

Lo único que el estoicismo nos dice claramente en esta área es que la aceptación es clave. Esta es una de esas áreas donde la aceptación es increíblemente difícil, pero por eso es tan importante. Nadie quiere aceptar o reconocer la pérdida, pero es un paso que debe tomarse antes de que el proceso de curación pueda comenzar.

Nada en el estoicismo puede quitarle el aguijón al dolor, pero si practicas la aceptación estoica, puede que descubras que estás mejor preparado para aceptar incluso las verdades más agonizantes cuando llegue el momento. La aceptación es como cualquier otra habilidad, la práctica hace al maestro. Cuanto antes empieces a enfrentarte a la realidad en toda su fealdad y gloria, mejor preparado estarás para los golpes más duros que la vida pueda arrojarte.

El dolor de la pérdida permanecerá mientras lo retengas. El estoicismo nos enseña que todo dolor puede ser eliminado si logramos soltarlo. Nunca es fácil, pero es lo correcto. Hasta que lo dejes ir, no podrás avanzar.

Interactuando con los demás

Si te comprometes por completo a practicar el estoicismo, presenciarás cómo ciertas transformaciones tienen lugar en tu vida. Con el tiempo, tu forma de ver el mundo cambiará, al igual que la manera en que piensas y sientes. A medida que pasa el tiempo y interiorizas más y más el pensamiento estoico, es posible que encuentres que otros te miran de manera diferente, con algunos conocidos preguntándose si eres la misma persona que una vez conocieron.

Una cosa que los estoicos comprometidos se dan cuenta es que puede sentirse como si hubiera una brecha entre ellos y la persona promedio, una brecha que se amplía con el tiempo. El hecho es que la mayoría de las personas no son estoicas. Aunque la sabiduría estoica podría beneficiar a todos, la mayoría de las personas nunca abrazarán esta filosofía.

Con esto en mente, vale la pena considerar cómo deberían actuar los estoicos alrededor de los no estoicos. Si deseas vivir una vida productiva y placentera, necesitas pensar cuidadosamente y actuar con prudencia.

Viviendo en un mundo lleno de no estoicos.

El estoicismo se trata de aceptación, y una cosa que todo estoico necesita aceptar es que no todos comparten sus creencias. Tal vez el mundo sería un lugar mejor si todos fueran estoicos, pero lo más probable es que dicho mundo nunca llegue a existir.

Esto significa que como estoico debes entender que no todos pensarán como tú o compartirán tus valores.

Por ejemplo, tu lema personal podría ser "memento mori" y podrías encontrar que recordatorios constantes de tu propia mortalidad son una buena manera de fomentar la productividad y una vida significativa. Esto no significa que quienes te rodean apreciarán que se les recuerde que algún día van a morir.

Cada vez que alguien es introducido a un nuevo sistema de creencias que les habla de manera profunda y profunda, su primer impulso suele ser compartir su nueva sabiduría con todos los que puedan. Este es un impulso natural y comprensible, pero también puede ser peligroso.

Empatía Estoica

Una forma en que el estoicismo puede ayudarte a lidiar con quienes te rodean es la empatía que puede ayudarte a desarrollar. Una vez que te comprometes seriamente a trabajar para abordar tus propias deficiencias y debilidades, puedes adquirir una apreciación por las luchas por las que están pasando otras personas. Profundizar en ti mismo revelará las causas fundamentales del mal comportamiento, y una vez que entiendas esto en ti mismo, podrás verlo en los demás.

De repente podrás ver cómo alguien te insulta o te interrumpe sin ser insultado de la manera en que antes lo hacías. Esto se debe a que entiendes que este tipo de comportamiento generalmente no tiene que ver contigo, sino que es un reflejo de las luchas internas con las que la otra persona está lidiando.

Finalmente, cuanto más practiques el estoicismo, mejor equipado estarás para mantener la calma ante circunstancias negativas.

Practicando la humildad estoica

Quiero que consideres una vez más la idea de que debemos aceptar el destino. El estoicismo nos insta a aceptar el destino porque mucho en esta vida está más allá de nuestro control. Entonces pasamos de aceptar el destino a enfocarnos en tomar el mando de nuestros pensamientos, emociones y acciones.

Pero ¿qué tal si pensamos más en el destino? Considera todo lo que está más allá de tu control. El universo es un lugar gigante y solo tienes control sobre tu cuerpo y algunas de las cosas con las que entra en contacto.

Properly understood, Stoicism is incredibly humbling. Even a great emperor like Marcus Aurelius came to understand his limitations through Stoicism. Other Emperors saw themselves as deities, but Marcus understood that he was really no different than any other man. Correctamente entendido, el estoicismo es increíblemente humilde. Incluso un gran emperador como Marco Aurelio llegó a comprender sus limitaciones a través del estoicismo. Otros emperadores se veían a sí mismos como deidades, pero Marco entendía que en realidad no era diferente de cualquier otro hombre.

El estoico entiende que nuestro control es extremadamente limitado, pero aún así somos increíblemente afortunados de estar bendecidos con lo que tenemos. La vida puede estar llena de luchas, pero también es demasiado breve. Por eso debemos aprovechar al máximo cada momento que tenemos en este planeta.

Toma práctica

Toda la vida es temporal. Este es un doloroso hecho de la vida. Aun así, es una de las cosas que hace la vida tan preciosa. El hecho de que aquellos que están más cerca de nosotros no estarán con nosotros para siempre debería recordarnos apreciar nuestro tiempo con ellos mientras están aquí.

Saca un trozo de papel y un utensilio de escritura. Piensa en alguien a quien aprecies. Date cuenta de que no estarán contigo para siempre.

Ahora escríbeles un mensaje. Hazles saber cuánto significan para ti.

Puedes darles la carta, decirles el mensaje con tu propia boca, o guardar el mensaje en privado. La elección es solo tuya.

Algunas prácticas estoicas pueden parecer morbosas a primera vista, pero si las entiendes en su contexto adecuado verás que son afirmativas de la vida. Muchas palabras no se dicen porque las personas operan bajo la suposición de que siempre habrá otro día, otra oportunidad para encontrarse. La verdad es que la vida pasa rápidamente, así que necesitas aprovechar cada oportunidad que se te presente.

No vivas con arrepentimiento, deja que la gente sepa cómo te sientes acerca de ellos antes de que sea demasiado tarde.

Capítulo 10: El estoicismo en la práctica

Mientras esperamos la vida, la vida pasa.

— Séneca

Comprender los fundamentos filosóficos puede ayudarte a reorientar tu forma de pensar, pero si deseas ver un cambio real en tu vida, entonces necesitas tomar acción práctica. La palabra acción aquí no tiene el mismo significado que en frases como "película de acción", en cambio se refiere a

Recuerda, el estoicismo no es solo una forma de pensar sobre la vida. El estoicismo es una forma de vivir la vida. Si pasas todo el día leyendo las grandes obras de literatura estoica pero nunca pones en práctica lo que has leído, entonces no estarás en una mejor situación que alguien que nunca haya escuchado la palabra antes.

En este capítulo veremos algunos de los pasos más prácticos que puedes tomar para desarrollar tus habilidades estoicas. Aprenderás a tomar tiempo para reflexionar, vivir con incomodidad y practicar el impulso hacia adelante. Estos pasos pueden asegurar que logres resultados reales en tu viaje estoico.

Separando la entrada y la acción.

Cada programa de computadora se ejecuta a partir de una larga cadena de entradas y acciones. Un cálculo conduce a otro hasta que se logra un resultado. Cada vez que ejecutas un programa de computadora o abres una aplicación en tu teléfono, se ejecutan incontables ecuaciones matemáticas para producir todo lo que ves en la pantalla frente a ti.

La mente humana se compara a menudo con una computadora, pero lo asombroso es que poseemos la capacidad de reprogramar nuestro propio software. Al pensar cuidadosamente en cómo funciona nuestra mente, observando nuestra mente en acción y entrenándonos activamente, podemos usar nuestras mentes para transformarlas.

Pero lo que realmente diferencia al hombre de la máquina es el valor del pensamiento rápido. Si bien las reacciones rápidas son esenciales en la informática, si los humanos piensan demasiado rápido, pueden meterse en muchos problemas.

La sabiduría llega cuando eres capaz de reflexionar sobre las cosas antes de actuar.

"Entre el estímulo y la respuesta, hay un espacio. En ese espacio reside nuestro poder para elegir nuestra respuesta."

-Viktor Frankl

En nuestro estado natural, la brecha entre la entrada y la acción es casi inexistente. Cualquiera que haya criado a un niño sabe cuántas veces actuarán sin pensarlo. Solo a través de la educación, la experiencia personal y el paso del tiempo es que las personas desarrollan la habilidad de realmente reflexionar sobre nuestras decisiones.

Pero no todos los pensamientos se desarrollan de igual manera. La mayoría de las personas aprenden suficiente contención para evitar ingerir productos de limpieza venenosos solo porque parecen dulces. Pero ¿cuántas personas llenan sus cuerpos sin pensar con alimentos que saben que los están envenenando de formas más sutiles?

El hecho es que todos podrían espaciar el tiempo entre la entrada y la acción en sus vidas. Es valioso pensar en tu mente como un músculo. Si quieres poder sostener un peso pesado durante mucho tiempo, entonces necesitas practicar levantando pesos cada vez más pesados hasta que tus músculos se vuelvan lo suficientemente fuertes para la tarea en cuestión. Lo mismo se aplica a tus músculos mentales. Practicando la paciencia, la contención y la previsión en cada oportunidad que tengas, puedes desarrollar esta capacidad.

Es importante recordar que al igual que con el desarrollo de la fuerza física, puede llevar mucho tiempo desarrollar la fuerza mental. Es posible que tengas que trabajar durante años solo para comprarte unos segundos entre la acción y la reacción. Aun así, cualquier atleta de clase mundial te dirá que a veces un segundo es la diferencia entre perder la carrera y batir un récord mundial. Nunca subestimes el poder de las pequeñas ventajas que puedes obtener sobre tu competencia.

También debes recordar que simplemente leer este libro no hará que te conviertas en una persona más paciente y reflexiva, al igual que leer un libro sobre levantamiento de pesas no te hará una persona físicamente más fuerte. Si quieres ver resultados reales, entonces necesitas poner en práctica los principios de este libro.

Si puedes lograr practicar la paciencia y pensar más en cada acción, entonces puedes lograr cosas increíbles. El mundo está lleno de personas que actúan sin pensar, cada pizca de autocontrol que puedas reunir te ayudará a destacarte de la multitud. Compruébalo por ti mismo.

Abrazando la incomodidad/Practicando la desgracia

Los seres humanos temen muchas cosas, pero uno de los impulsos más poderosos detrás de todo comportamiento humano es el miedo a la pérdida. Tenemos un miedo mortal a perder lo que tenemos. A veces este impulso produce resultados positivos, pero más a menudo de lo que no, lo único que hace es crear estrés y dolor sin prepararnos para una pérdida real.

Los estoicos entendieron esto. Vieron cómo muchas personas vivían vidas de miedo porque se habían acostumbrado a cierta calidad de vida y no podían imaginar vivir si perdieran su riqueza y privilegio.

Séneca fue uno de estos filósofos. Vio el miedo que atenazaba a quienes lo rodeaban y lo reconoció en sí mismo. Como estoico, sabía que necesitaba encontrar una forma de lidiar con este problema. La solución que ideó fue impactante, pero innegablemente poderosa.

"Reserva un cierto número de días durante los cuales te contentarás con la comida más escasa y barata, con vestimenta tosca y áspera, diciéndote a ti mismo mientras tanto, '¿Es esta la condición que temía?'"

Palabras radicales. Palabras que son más fáciles de decir que de hacer. Pero según los registros históricos Séneca practicaba lo que predicaba. De vez en cuando dejaba atrás la seguridad de su vida normal y salía a las calles a vivir como los pobres y el sufrido submundo romano.

Algunos pueden sentirse ofendidos por esta idea, llamándola "turismo de la pobreza". Ellos podrían, con toda razón, señalar que hay una gran diferencia entre dormir en la calle por una noche sabiendo que tienes un hogar al que regresar por la mañana y vivir con el dolor continuo y la incertidumbre de la falta de vivienda crónica. Pero estos argumentos se pierden el punto.

Séneca no estaba tratando de sugerir que las personas pobres no tienen nada de qué quejarse o presumir el hecho de que él podía hacer cualquier cosa que pudiera hacer. Como estoico, no le interesaba demostrarse a los demás, se enfocaba en cultivar su propia mente. Descubrió sus propios miedos con respecto a la privación y decidió enfrentarlos directamente.

Seguir el estoicismo no significa que debas renunciar a todas tus comodidades mundanas y vivir una vida de pobreza y privación. El estoicismo se trata de reconocer que si, por alguna razón, te sumergieras en una vida de pobreza y privación podrías sobrevivir. Más allá de eso, se trata de cultivar tus virtudes personales para que incluso puedas prosperar en circunstancias tan extremas.

Cómo practicar la incomodidad

Tómate un minuto para pensar en las cosas en este mundo de las que no puedes vivir. Ahora reduce esa lista a las cosas que podrías estar moralmente autorizado a renunciar. No deberías abandonar a tu familia solo para intentar construir tu propio carácter.

Si eres como la mayoría de las personas, tendrás una lista de cosas que son agradables de tener pero en última instancia prescindibles. Teléfonos inteligentes, televisiones, bebidas caras, ropa elegante, y así sucesivamente. Cave tan profundo como puedas, quizás te sorprenderá descubrir cuántos lujos disfrutas como alguien que vive en el mundo moderno.

Ahora mira esa lista e imagina la vida sin cada elemento. Presta atención a cómo reacciona tu cuerpo. ¿Hay algo que tenga tanto dominio sobre ti que tu corazón empiece a latir más rápido solo de pensar en un día sin ello? Cuanto más miedo tengas de vivir sin algo, más valioso sería intentar vivir sin ello.

Ya puedo decir que muchos de ustedes que leen esta área ya están poniendo excusas. Dirán que necesitan este gadget para su trabajo, o si no se visten de la manera correcta podrían perderse alguna oportunidad, y así sucesivamente. ¡Y sus objeciones podrían ser lógicas! Pero necesitan saber que la mente humana le teme mortalmente a la pérdida y hará todo lo posible para aferrarse a lo que tiene. Por eso necesitan preguntarse si realmente están actuando en su propio interés o permitiendo que el miedo los controle?

Con la mayoría de las cosas en tu lista, puede ser útil recordar que hubo un tiempo en el que no tenías tus lujos actuales. Si eres más joven, puede que tengas que pensar en tu infancia para recordar los días antes de que siempre tuvieras un teléfono inteligente contigo, pero incluso si tienes que retroceder hasta la infancia, aún demuestra que alguna vez pudiste vivir sin una conexión constante a internet. También vale la pena recordar que muchos de los mayores milagros de la historia fueron logrados por personas que carecían de nuestros lujos modernos, ¡o incluso de nuestras necesidades modernas!

¿Significa esto que tienes que renunciar a todo y vagar por el bosque? Para nada. Como hemos hablado al discutir sobre la fuerza de voluntad, el desarrollo humano lleva tiempo. Y aunque algunas personas pueden permitirse renunciar a todo y seguir adelante con la vida, la mayoría de nosotros no tenemos el privilegio o la constitución para un cambio tan radical.

Lo que todos podemos hacer es realizar cambios pequeños pero significativos que nos recuerden lo que realmente necesitamos en esta vida.

Quizás tu trabajo signifique que necesitas estar de guardia todo el tiempo. Está bien, pero ¿significa eso que necesitas todos los juegos y dispositivos modernos incorporados en tu último teléfono inteligente? ¿Podrías mantenerte en contacto con el trabajo usando un teléfono con tapa o incluso un busca?

También podemos mirar a Séneca como un ejemplo de cómo podríamos practicar el malestar. Vivió la vida normalmente durante la mayor parte del año, solo sacrificando un día al mes como recordatorio de lo que era posible. Quizás no te sientas cómodo viviendo en el último escalón de la sociedad ni siquiera por un día, pero aún podrías dedicar un día al mes a vivir con lo mínimo posible.

Cuando la mayoría de las personas piensan en renunciar a lujos, se centran en cómo su vida estará limitada. Imágenes de lo que no podrán hacer pasan por sus mentes. Cuando tus días están llenos de entretenimiento moderno, es fácil pensar que no tendrás nada que hacer si lo dejas.

Pero algo gracioso suele suceder cuando las personas

renuncian a los lujos modernos, se dan cuenta de que no son tan buenos como parecen.

Claro, el teléfono inteligente ha abierto un mundo de increíbles oportunidades. Pero también ha traído consigo muchas consecuencias negativas imprevistas. Recuerda que el pensamiento estoico no se trata de etiquetar cosas como los teléfonos inteligentes como buenas o malas, se trata de verlas tal como son. Y lo que son es complicadas y en última instancia innecesarias.

Si todos los teléfonos inteligentes del mundo desaparecieran mañana, la vida seguiría. Lo mismo ocurre con cualquier otro artículo de lujo que puedas imaginar. Recuerda que incluso los Grandes Emperadores de Roma vivían sin electricidad, gasolina, internet o medicina moderna. Si la gente de esa época podía vivir sin cosas que sensatamente etiquetamos como esenciales, entonces ¿qué tan difícil sería realmente la vida si aprendiéramos a prescindir de cosas que todos consideramos lujos?

Enfrentando tu miedo

Algunos pueden ver todo este concepto como una forma de masoquismo o locura. Después de todo, ¿quién en su sano juicio se somete conscientemente al dolor y malestar?

Y, sin embargo, todos vamos al médico para ponernos la vacuna contra la gripe aunque no hay nada agradable en que nos claven una aguja en la piel.

Nadie se vacuna porque le guste vacunarse, lo hacen porque saben que los preparará para lo que está por venir. Lo mismo ocurre con el estoico. No buscan la incomodidad porque amen la incomodidad, la buscan porque saben que es un hecho de la vida. La incomodidad vendrá, la pregunta es si estarás preparado o no.

Movimiento constante hacia adelante

El estoico busca un desarrollo constante. Aunque aceptan las cosas tal como son, saben que siempre pueden trabajar hacia algo más grande.

Esto es algo que casi cualquier fan moderno del estoicismo te dirá. Sin embargo, también puede ser engañoso. Debes recordar que los objetivos de un estoico no son los objetivos de una persona promedio.

La mayoría de las personas piensan que para mejorar su vida deben acumular constantemente una mayor riqueza material. Muchas personas piensan que si no están sumando constantemente números, se están quedando atrás en la vida. El estoico rechaza todo esto.

El estoicismo se trata de entender que la vida tendrá altibajos. De hecho, es algo más grande que eso. Todo verdadero estoico recuerda que la vida terminará en la muerte. Con esto en mente, reconocen la futilidad última de la interminable carrera en la que parece estar sumida gran parte de la sociedad.

Por lo tanto, cuando el estoico habla sobre el desarrollo constante y la mejora, están hablando de trabajar en sí mismos. Constantemente se esfuerzan por entrenar sus pensamientos, agudizar su mente y fortalecer su alma. Esto se debe a que el estoico entiende que lo único que verdaderamente poseemos en este mundo somos nosotros mismos.

La Importancia de la Rutina

Volviendo a uno de los conceptos principales del estoicismo, la idea de vivir en armonía con la naturaleza. Recuerda que no se trata de convertirse en naturalista o ludita, se trata de trabajar con la naturaleza en lugar de luchar contra ella. Y la fuerza natural más importante con la que todos debemos vivir es la naturaleza humana.

Cada ser humano debe aprender a vivir con sus inclinaciones naturales. Casi nadie vive una vida libre de la tentación de hacer cosas que están mal. Es tan tentador tomar malas decisiones, y las malas decisiones pueden convertirse rápidamente en malos hábitos.

Esta es la razón por la que vale la pena invertir el tiempo y la energía necesarios para desarrollar rutinas positivas. Es una ley del universo que el orden tiende a degradarse en desorden con el tiempo. Solo insertando energía en el sistema puedes preservar el orden, y mucho menos construir algo más grande y grandioso. Si no estás dispuesto a invertir en una mejora constante, entonces tendrás que conformarte con un lento descenso hacia el olvido.

Por eso debes establecer una vida llena de rutinas que te impulsen continuamente hacia una vida mejor. La idea es que puedas utilizar el poder del hábito para asegurarte de que te mantengas en el camino correcto incluso cuando tu fuerza de voluntad te falle.

Estudios han demostrado que se tardan alrededor de dos meses en promedio en crear un nuevo hábito (Clear, 2018). Por eso, deberías comenzar a integrar actividades inspiradas en el estoicismo en tu rutina lo antes posible. Cuanto antes comiences a practicar, antes vendrán naturalmente a ti.

Lección práctica

No tienes que renunciar a todo lo que posees para tener una

idea de cómo sería vivir sin ellos. Todo lo que necesitas es algo de creatividad.

Saca tu papel y utensilio de escritura. Anota todas las cosas sin las que sientes que no podrías vivir. Lee la lista una y otra vez hasta que la tengas en tu memoria.

Ahora cierra los ojos e imagina la vida sin nada de la lista. Piensa en las consecuencias y cómo las manejarías. Trata de proyectarte lo más lejos posible en el futuro.

Entonces, ¿cómo fue? ¿Te imaginaste colapsando y dándote por vencido en la vida? ¿Te imaginaste muriendo? ¿O era posible que la vida continuara incluso sin todo en lo que confías y valoras?

El hecho es que estás hecho de material más resistente de lo que puedas pensar. No necesitas todas las cosas que sientes que necesitas. Si estás dispuesto a intentar y prescindir de estas cosas, entonces lo verás de primera mano. Sin embargo, también puedes aprender esta lección a través de la visualización. La elección es tuya.

Conclusión: Una Filosofía para la Vida

Ahí lo tienes. Ahora posees todas las herramientas básicas necesarias para comenzar a transformar tu vida. Sin embargo, debes tener en cuenta en qué consiste esta transformación.

La vida de un estoico no es una vida fácil. No es una vida perfecta, libre de dolor y contratiempos. No es la vida para aquellos que sueñan con el éxito de la noche a la mañana.

Lo que ofrece el estoicismo es una vida de mejora constante y gradual. Es una ascensión lenta y constante hacia la cima de la montaña que existe en el corazón humano.

Lo que descubrirás al practicar el estoicismo es que gran parte del dolor y sufrimiento experimentado en la vida no es obligatorio, sino que en realidad es autoinfligido. No puedes controlar las malas cartas que el destino podría darte, pero con una práctica cuidadosa puedes tomar el control de la forma en que tu mente reacciona ante estas situaciones.

Una vez que aprendas a dejar de obsesionarte con los aspectos negativos de las situaciones y empieces a buscar oportunidades para crecer como persona, puedes aumentar significativamente tu calidad de vida, disminuir tu nivel de estrés y lograr una calma que quizás nunca pensaste que fuera posible.

Por supuesto, estos grandes cambios no ocurrirán de la noche a la mañana. Existe una gran brecha entre aceptar la propuesta de que el sufrimiento puede ser superado y poner realmente esa idea en acción. El estoicismo no es un tónico milagroso que te transformará de la noche a la mañana, es un estilo de vida que debe ser practicado y perfeccionado a lo largo de tu vida.

Esto puede parecer una propuesta desafiante, pero debes recordar que este es el camino de todo verdadero auto-mejoramiento humano. No hay balas de plata que eliminen instantáneamente los obstáculos en tu camino. Las únicas personas que consistentemente se enriquecen con los esquemas de "hacerse rico rápidamente" son aquellos que los venden a personas que no tienen paciencia. Los caminos probados y verdaderos hacia el éxito involucran trabajo arduo, compromiso y perseverancia.

Sin embargo, esto no significa que tendrás que esperar meses o años para empezar a ver resultados. Si has leído cuidadosamente el libro y has interiorizado el conocimiento que contiene, entonces deberías ver el mundo con nuevos ojos. Cuando cambias tu perspectiva de pesimismo y frustración a una de fe en oportunidades infinitas, puedes ver cambios maravillosos ocurrir en tu vida.

El mundo está lleno de personas que sienten que la vida las ha derrotado. Miran a su alrededor y deciden que no tienen esperanza porque el mundo está en su contra. Muchas de estas personas lidian con un prejuicio real que deben esforzarse por superar, pero muchas otras realmente luchan contra su propia actitud poco saludable. Y en ambos casos, la negatividad les impide alcanzar su máximo potencial.

Un tú más tranquilo, calmado y controlado es posible. Después de leer este libro tienes todas las herramientas necesarias para tomar el control de tu vida. La única pregunta es si harás lo que sea necesario para lograr tus objetivos.

Construyendo Hábitos Ganadores:

112 Steps to Improve Your Health, Wealth, and Relationships. Build Self-Discipline and Self-Confidence.

© Derechos de autor 2024 por Robert Clear - Todos los derechos reservados.

El contenido contenido en este libro no puede ser reproducido, duplicado o transmitido sin permiso escrito directo del autor o del editor.

En ningún caso se responsabilizará ni se hará responsable legalmente al editor o autor por cualquier daño, reparación o pérdida monetaria debido a la información contenida en este libro. Ya sea directa o indirectamente.

Aviso Legal:

Este libro está protegido por derechos de autor. Este libro es solo para uso personal. No puedes modificar, distribuir, vender, usar, citar o parafrasear ninguna parte, o el contenido dentro de este libro, sin el consentimiento del autor o editor.

Aviso de responsabilidad:

Por favor, tenga en cuenta que la información contenida en este documento es solo con fines educativos y de entretenimiento. Se ha realizado todo el esfuerzo para presentar información precisa, actualizada y confiable. No se declaran ni se implican garantías de ningún tipo. Los lectores reconocen que el autor no está ofreciendo asesoramiento legal, financiero, médico o profesional. El contenido de este libro ha sido extraído de varias fuentes. Por favor, consulte a un profesional con licencia antes de intentar cualquier técnica descrita en este libro.

Al leer este documento, el lector acepta que bajo ninguna circunstancia el autor es responsable de cualquier pérdida, directa o indirecta, que se produzca como resultado del uso de la información contenida en este documento, incluyendo, pero no limitado a, errores, omisiones o inexactitudes.

Introducción

El éxito, la riqueza, el dominio de la vida y un estilo de vida envidiable son simplemente una agregación de nuestros hábitos. No somos más que la suma total de los hábitos, acciones y patrones de comportamiento que nos definen. Todo, desde nuestras relaciones interpersonales hasta nuestro éxito profesional, es producto de los hábitos que desarrollamos consciente o inconscientemente. Si deseas tener un mayor control sobre tus relaciones, trabajo y vida en general, asume el control de tus hábitos hoy.

Toma a cualquier persona exitosa de tu elección y determina esa única habilidad más grande que los distingue de los demás en su campo. ¿Qué es lo que los hace tan exitosos en su vida personal y profesional? Todo comienza con su capacidad para demostrar autocontrol y disciplina. Ellos saben cómo desarrollar disciplina a través de sus pensamientos, sentimientos, comportamiento y hábitos. Estas personas saben cómo mantenerse a sí mismas en control. Theodore Roosevelt dijo famosamente, "Los buenos hábitos formados en la juventud hacen toda la diferencia". Dio en el clavo. No somos más que la suma de nuestros hábitos, que eventualmente determina nuestro éxito en la vida.

La disciplina es el puente hacia el logro de tus metas. Las personas exitosas saben exactamente cómo utilizar la autodisciplina para alcanzar sus objetivos. Aprovechan el poder de la disciplina para hacer realidad sus sueños. La base de buenos hábitos inevitablemente establece el tono para una vida plena y gratificante.

¿Sabías que el 40 por ciento de nuestro comportamiento está impulsado por hábitos? Si quieres ser más disciplinado, el primer paso es desarrollar hábitos positivos. Has leído sobre los hábitos de las personas exitosas numerosas veces. Ellos son los que se levantan a las 4 de la mañana, corren unas cuantas millas, meditan y luego toman un batido fresco para el desayuno antes de comenzar con las tareas del día. Están trabajando fervientemente para establecer su empresa emergente, la cual planean lanzar pronto. Estas personas no perderán tiempo y solo se enfocarán en lograr su objetivo de lanzar su empresa emergente.

Sabes todo esto, sin embargo, te sientas cómodamente en el sofá, navegas por internet sin sentido durante horas, juegas juegos virtuales y te acabas los tarros de helado de la caja. ¿Realmente estás buscando llevar esta vida día tras día? ¿O quieres vivir una vida en la que se cumplan todos tus objetivos y sueños?

La clave mágica para lograr el éxito en tu vida profesional y personal es empezar a ser más disciplinado contigo mismo. Las actividades mencionadas anteriormente pueden darte placer a corto plazo o gratificación temporal. Sin embargo, si eres capaz de retrasar esta gratificación a corto plazo al enfocar tu atención en el panorama más amplio o metas a largo plazo, puedes tener una vida más gratificante a largo plazo. Perder el tiempo en actividades sin sentido puede parecer emocionante y agradable a corto plazo. Sin embargo, a la larga, tendrás problemas para lidiar con metas no cumplidas y una vida llena de decepciones. ¿Es esta la vida que has visualizado para ti mismo?

Comienza poco a poco pero con seguridad. Hacer varios cambios a la vez puede ser abrumador. Sin embargo, dar pasos pequeños y cambiar lentamente un aspecto a la vez puede prepararte para crear la vida de tus sueños. Si deseas lograr algo que aún no has logrado, debes hacer algo que aún no has hecho. La autodisciplina puede ser una gran parte de eso. Si no tienes metas y la disciplina para cumplirlas, estás disparando al azar.

Prepárate para aprender cómo desarrollar un plan paso a paso para volverte más productivo, disciplinado y orientado a metas en tres semanas.

Capítulo Uno: ¿Qué es la Autodisciplina?

"La felicidad depende de la autodisciplina. Nosotros somos los mayores obstáculos para nuestra propia felicidad. Es mucho más fácil librar batallas con la sociedad y con otros que luchar contra nuestra propia naturaleza." - Dennis Prager

La autodisciplina significa autocontrol, la habilidad de prevenir excesos no saludables, resistencia, contenerse antes de actuar, completar lo que empezaste, la capacidad de implementar decisiones y cumplir metas a pesar de los desafíos y dificultades. Una de las características principales de la autodisciplina es renunciar a la gratificación inmediata, la alegría o el placer por una ganancia mayor o resultados satisfactorios. La autodisciplina se asocia frecuentemente con algo desagradable y difícil de alcanzar. Se sabe que requiere un esfuerzo creciente, dolor y sacrificio.

Sin embargo, también puede ser agradable y tiene una multitud de beneficios adicionales. La autodisciplina no es una acción o estilo de vida restrictivo, doloroso o punitivo. No se trata de vivir la vida de un ermitaño, ser rígido o mantener una mentalidad estrecha. Si acaso, la autodisciplina es una manifestación de fuerza interior y demostración de esa fuerza interior.

Combinada con fuerza de voluntad y determinación, la

autodisciplina puede ayudar a una persona a combatir la pereza, la inacción, la indecisión y la procrastinación. Estas habilidades nos ayudan a tomar la acción correcta a pesar de que la acción sea desagradable y necesite esfuerzo adicional. Eres capaz de ejercer mayor moderación, desarrollar más paciencia y volverte más tolerante.

La autodisciplina ayuda a una persona a sobrellevar la presión externa. Un individuo que es autodisciplinado es más propenso a tomar un mayor control de sus metas y de su vida, enfocarse en sus objetivos y tomar medidas concretas para lograrlos.

El valor de la autodisciplina se expresa brillantemente a través de la fábula de la liebre y la tortuga que compitieron en una carrera. La liebre estaba segura de que ganaría por ser la criatura más rápida. Se volvió complaciente y se permitió el lujo de una siesta mientras duraba la carrera. La tortuga lentamente pero con constancia avanzaba, y con pura fuerza de voluntad, determinación y autodisciplina, logró ganar la carrera.

Capítulo Dos: Formas Poderosas de Comenzar el Apilamiento de Hábitos

"La capacidad de disciplinarte para retrasar la gratificación a corto plazo con el fin de disfrutar de mayores recompensas a largo plazo es el requisito indispensable para el éxito." - Maxwell Maltz

Hábito 1 - Identificar las cosas que son un obstáculo para tu éxito.

El primer paso para desarrollar una mayor disciplina es identificar hábitos, acciones, adicciones, comportamientos y rutinas que sean un obstáculo para tus metas personales o profesionales. Por ejemplo, como atleta, estás compitiendo para clasificar en un evento deportivo importante. Esto involucra horas de práctica, actividad física rigurosa y una fuerte actitud mental.

¿Cuáles son los hábitos o acciones que pueden ser un obstáculo para este objetivo? No levantarse temprano por la mañana para practicar, no comer alimentos que te den más fuerza y nutrición, y perder tiempo de práctica jugando juegos en línea. Estos son elementos que pueden impedirte lograr tu objetivo.

Haz una lista de cosas que desees eliminar o incorporar en tu vida. Esto solo sucederá cuando puedas identificar tus metas y las cualidades o hábitos necesarios para cumplirlas.

Por ejemplo, si tu objetivo es perder peso, habrá una lista de cosas que tendrás que hacer y evitar, como evitar la comida chatarra, reducir los postres, comer en pequeñas porciones, comer a intervalos regulares, reducir la ingesta de calorías y consumir alimentos altos en nutrientes para mantenerte energizado durante el día.

Hábito 2 - Comienza poco a poco

No puedes despertar una hermosa mañana y transformarte en una persona disciplinada. No es algún tipo de ceremonia en un evento o una elegante resolución de Año Nuevo que garantice cambiarte de la noche a la mañana.

Una persona necesita comenzar a hacer cambios lentos pero definitivos en su vida para ganar mayor autodisciplina. Por supuesto, puedes hacer una resolución de Año Nuevo pero no puedes cambiar todo de una vez. No puedes decir, este año voy a cambiar mi vida por completo. No funciona de esa manera. Hacer varios cambios grandes en tu vida de repente puede ser estresante y agotador. Es impráctico seguir todo de una vez. Eventualmente te cansarás y te rendirás.

Ve lentamente pero de manera constante cuando se trata de ser más disciplinado. Empieza por cambiar un aspecto de tu vida. Si crees que hay demasiados cambios que necesitas hacer, aborda un aspecto a la vez. Por ejemplo, comienza cambiando tus hábitos alimenticios. Cuando logres controlar la ingesta de comidas saludables a tiempo, concéntrate en la actividad física. Luego, céntrate en dormir y despertarte a una hora fija.

De esta manera, no te estás abrumando al cambiar múltiples hábitos al mismo tiempo. En cambio, te estás enfocando en mejorar un solo aspecto de tu vida a la vez, asegurando así mejores resultados en general. Comienza pequeño pero sigue adelante hasta que hayas logrado el objetivo.

Hábito 3 - Hacer una lista

Una parte importante de la autodisciplina es identificar lo que necesita hacerse durante el día y luego asegurarse de que se haya marcado en la lista. Es fácil desviarse de lo que necesita hacer si se tiene claro. Es fácil olvidar cosas o pasar tiempo en actividades sin valor en ausencia de una dirección clara.

Solo imagina que estás conduciendo un coche sin un mapa. Sabes a dónde ir pero no tienes indicaciones para llegar allí. En ausencia de un claro mapa de ruta o GPS, sigues yendo de un lado a otro sin saber cómo alcanzar tus objetivos.

Una lista de tareas es prácticamente como un mapa de ruta que te ayudará a determinar no solo a dónde te diriges exactamente, sino también cómo llegar allí. Te brinda una dirección clara y un plan de acción que debes seguir para desarrollar una mayor autodisciplina.

Acostúmbrate a establecer una lista de prioridades de cosas importantes que hacer durante el día al final del día anterior o al principio del día. Puede ser cualquier cosa, desde escuchar un podcast inspirador o informativo en tu camino al trabajo hasta trabajar en un esquema para un proyecto que debe ser aprobado por el cliente.

Hacer una lista te ayudará a priorizar tus tareas y eliminar las tareas que hacen perder energía y tiempo. Te permitirá decir no a las tareas que no encajan en tu esquema de cosas.

Podrás identificar los desperdiciadores de tiempo y los agotadores de energía.

La mejor manera de hacer las cosas temprano es obtener la ventaja temprana. Comienza tu día temprano y apunta a completar el 60 por ciento de tus tareas antes del mediodía. Esto solo sucederá cuando planifiques tu nuevo día al final del día anterior. Cuando todo esté listo el día anterior, simplemente comienzas a trabajar en el nuevo día con una mente fresca y entusiasmo.

Hábito 4 - Usa la tecnología para priorizar tus tareas y hacer la vida más fácil

Abandona los juegos virtuales improductivos y descarga aplicaciones como coach.me o ZenZone. Estas son aplicaciones de entrenamiento mental y seguimiento de hábitos que te permiten formar nuevos hábitos y hacer un seguimiento de ellos.

También me gusta poner un temporizador para todas las tareas innecesarias y poco productivas, como jugar a juegos o ver películas en NetFlix o pasar tiempo en las redes sociales. Instala una aplicación que registre la cantidad de veces que pasas en Facebook o Twitter sin hacer nada útil. Luego trabaja conscientemente para reducir este tiempo gradualmente.

Si quieres ponerte en forma o perder peso o llevar un estilo de vida más saludable en general, utiliza una aplicación de seguimiento de actividad física o de sueño para ayudarte a controlar la cantidad de actividad física a la que sometes tu cuerpo o si obtienes tu cuota de sueño sin interrupciones durante 8 horas.

Hábito 5 - Visualizar recompensas a largo plazo

Si tu "por qué" está claro, el "cómo" nunca será un problema. Si sabes que quieres tener éxito profesionalmente para darles a tus hijos y familia una gran vida, inevitablemente encontrarás el "cómo". La probabilidad de ceder a la tentación se reduce cuando mantienes tus ojos firmemente enfocados en recompensas a largo plazo.

En lugar de pensar en la gratificación instantánea, sigue visualizando metas a largo plazo. ¿Qué quieres lograr en el próximo año, cinco años o diez años? ¿Quieres llevar a tus hijos de vacaciones al extranjero? ¿Quieres comprar la casa de tus sueños? ¿Quieres tener un coche más grande? ¿Quieres expandir tu negocio? Visualizar metas a largo plazo mantiene tu mente y cuerpo disciplinados y alineados con el objetivo.

Se incrusta firmemente sus objetivos en la mente subconsciente. Una vez que un objetivo es plantado en el flujo del subconsciente, nuestra mente subconsciente inevitablemente dirige nuestras acciones para cumplir ese objetivo.

Visualízate cumpliendo tus metas y nota cómo te sientes cuando las logras. Entiende que las metas a largo plazo, las recompensas y la felicidad requieren que renuncies a la gratificación a corto plazo. Vive mentalmente la sensación de cosechar las ricas recompensas de la autodisciplina diaria.

Uno de mis consejos favoritos para mantener tus ojos fijos en un objetivo a largo plazo es crear un tablero de visión. Un tablero de visión o sueño es un tablero grande que incluye una colage de imágenes, fotografías, citas o casi cualquier cosa que represente tu vida soñada o todo lo que deseas lograr en tu vida.

Dado que las imágenes son varias veces más poderosas que las palabras cuando se trata de enviar un mensaje claro a tu subconsciente, seguirán reforzando el objetivo en tu subconsciente. Esto significa que tus pensamientos, palabras y acciones tenderán a estar en mayor alineación con tus metas que están firmemente incrustadas en tu mente subconsciente.

Por ejemplo, si tu objetivo es ser un influencer de redes sociales con un millón de seguidores/fans, tu mente subconsciente te guiará para hacer cosas que te conseguirán más seguidores, como publicar contenido interesante en tu página, interactuar con tus seguidores actuales, buscar colaboraciones gratificantes con otras páginas de redes sociales e influencers, y leer libros/páginas que te acerquen un paso más a tu objetivo. Tenderás a evitar tareas que te alejen de tu objetivo porque estás constantemente expuesto a él.

También puedes tener una visión o declaración de misión para ti mismo, al igual que las empresas. Te dará una dirección clara de hacia dónde quieres dirigirte y te hará trabajar hacia tus metas con aún más disciplina y entusiasmo.

Hábito 6 - Crea un tablero de visión

Utilice un cartón grande o tablero de corcho en el que pueda montar un collage de imágenes de diferentes usos. Utilice recortes de revistas, impresiones de imágenes de la red y otras fuentes. Encuentre imágenes con las que pueda conectar instantáneamente. Estas no deben ser simplemente visuales al azar, sino visuales que representen sus deseos más profundos.

Es posible que desees seguir cambiando estas imágenes, así que utiliza una superficie donde sea fácil quitar y añadir nuevas imágenes. Todos hicimos álbumes de recortes de niños, donde las imágenes podían ser pegadas en forma de collage. Piensa en esto como un álbum de recortes de gran tamaño.

¿Quieres que el tablero de visión refleje un único tema o múltiples temas? Por ejemplo, ¿quieres que un solo tablero de visión refleje un objetivo de una casa de ensueño o un destino de vacaciones soñado (añadiendo múltiples imágenes de cómo deseas que se vea tu casa o destino de vacaciones soñados en tableros de visión separados) o prefieres tener una casa, un coche y un trabajo en un solo tablero de visión? Los álbumes de recortes pueden ser buenos si es lo último porque tienen múltiples temas.

Sé claro sobre lo que exactamente quieres y no llenes tu tablero con demasiadas imágenes a la vez. Mantenlo significativo, relevante y selectivo. Enfócate en no más de 3-4 metas a la vez. Mirar los visuales de tus metas debería ayudarte a experimentar cómo se siente lograr esas metas. Deberías sentirte emocionado, feliz, motivado y en paz cuando miras estas imágenes. Piensa en ellas como pistas que hablan sobre los deseos más profundos de tu corazón.

A algunas personas les gusta añadir sus imágenes para darle un toque más personal. Por ejemplo, ¿qué tal imágenes tuyas en una casa que acabas de ver, o un coche que has probado recientemente, o quizás junto a un mueble elegante que ha estado en tu lista de deseos durante mucho tiempo? Puede ser una imagen antigua tuya cuando pesabas unos kilos menos si deseas deshacerte de los kilos extra y ponerte en forma.

Uno de los aspectos más importantes de un tablero de visión es que debe colocarse en una posición muy prominente, donde puedas verlo varias veces a lo largo del día. La idea es seguir incrustando estas imágenes en tu mente subconsciente durante todo el día. ¿Qué tal una pared que esté frente a tu cama, donde puedas verlo al despertar cada mañana? Cuanto más te expongas a estas imágenes, más estarás entrenando tu mente para lograrlas.

Dedica unos minutos cada día a reflexionar sobre estos objetivos. Cierra los ojos (una buena práctica es hacerlo al principio o al final de cada día) y pasa tiempo pensando en cómo sería lograr estos objetivos. Experimenta cómo te sientes cuando obtienes lo que deseas. ¿Cómo te sientes? ¿Qué emociones experimentas? ¿Cómo cambia tu vida? Imagina cómo harás las cosas de manera diferente, lo que dirás o cuáles serán tus acciones cuando logres tu objetivo. ¡Interioriza la sensación de haber logrado lo que realmente deseas en la vida! Esto hará que tu fijación de metas sea más interesante y cargada de poder.

Hábito 7 - Meditar

Una de las mejores formas de controlar tu mente y cuerpo mientras desarrollas una mayor autodisciplina es practicar la meditación a diario. No es necesario hacer un ritual completo, con palos de incienso, velas y campanas sonando de fondo. Medita siempre que y donde te sientas cómodo.

La idea es ser más consciente y deliberado de tus pensamientos y acciones. Es ser capaz de dirigir tu mente y pensamientos de manera disciplinada. La idea es barrer las telarañas de pensamientos negativos que se apoderan de nuestra mente periódicamente.

La investigación ha demostrado que nuestro éxito está directamente influenciado por nuestra determinación interna y fuerza de voluntad. Una práctica regular y consistente de meditación puede maximizar drásticamente tu fuerza de voluntad, determinación y autocontrol.

Todos anhelamos la gratificación inmediata en algún momento u otro sin preocuparnos por las ramificaciones o consecuencias de ello. Es como anhelar un "arreglo". En el éxtasis de la gratificación inmediata, los objetivos a largo plazo se vuelven borrosos. Hay poco sentimiento de culpa o arrepentimiento cuando se piensa en recompensas instantáneas. Por ejemplo, un grupo de amigos te sugiere unirte a ellos para un viaje de fin de semana largo cuando tienes una reunión importante el lunes. La tentación de ir a unas vacaciones relajantes en lugar de una aburrida reunión en el trabajo puede ser alta.

Prefiero estar sentado en una cabaña de montaña de fiesta con tus amigos que estar frente a un jefe aburrido y compañeros de trabajo. Sin embargo, ¿faltar al trabajo contribuye a tu objetivo de ascenso o conseguir un mejor salario o mudarte a una mejor organización? Una vez que hayas logrado tu dosis, puedes sumergirte en la culpa y el arrepentimiento habituales por haber perdido un día importante en el trabajo. ¿Te hace sentir bien acerca de las vacaciones que acabas de disfrutar?

La meditación evita que tomes decisiones tan impulsivas, en el calor del momento y destructivas. ¿Qué tal si comes una bolsa de papas fritas cuando estás a dieta? ¿O fumas cuando has decidido eliminar el consumo de nicotina para siempre? Es menos probable que tomes estas decisiones "del momento" y pienses en las repercusiones a largo plazo de cada decisión.

Científicos de la Universidad de Duke estudiaron los cerebros de 37 personas que estaban haciendo dieta mientras les mostraban imágenes de diferentes alimentos tentadores. La investigación reveló que la sección del córtex prefrontal dorsolateral del cerebro se activa poderosamente en personas que poseen un alto nivel de determinación o fuerza de voluntad. Esta misma área exacta del cerebro también se estimula durante la meditación.

La meditación libera las hormonas del bienestar del cerebro, lo cual es excelente cuando se trata de combatir los antojos momentáneos. Hay sustancias químicas específicas como las endorfinas y la dopamina en nuestro cerebro que se liberan cuando obtenemos nuestras "soluciones rápidas". Estas son las sustancias químicas que reducen el estrés y que buscan combatir el estrés.

Cuando meditas, activas estos químicos y combates el estrés sin buscar gratificación instantánea ni placer. La meditación libera estos químicos de una manera más saludable y natural, limitando así tus impulsos o deseos. Esto acaba aumentando tu fuerza de voluntad y determinación aún más.

Aquí hay algunos pasos simples pero efectivos para practicar la meditación.

Elige un entorno tranquilo, cómodo y relajante que esté libre de distracciones mientras meditas. Un ambiente tranquilo te ayudará a concentrarte mejor y evitar distracciones externas. Puedes meditar de 5 minutos a una hora dependiendo del tiempo disponible. Incluso si encuentras un rincón tranquilo en la oficina por 5-10 minutos, hazlo. Incluso un vestidor o un banco en el parque pueden ser perfectos. Pon tu teléfono en silencio, aleja todos los dispositivos y aíslate de otros ruidos.

Siéntate en una posición cómoda en una silla o en el suelo. Usa almohadas si necesitas apoyo. La idea es mantener una postura relajada y cómoda. Intenta mantener un horario fijo al meditar cada día. Esto hará que sea parte de tu rutina.

Despeja tu mente de todos los pensamientos. Intenta no pensar en nada más y prepara tu mente solo para enfocarte en la respiración.

Cierra los ojos. Empieza por enfocarte en tu respiración.

Toma respiraciones lentas y profundas contando lentamente. Deja que el aire pase a través de tu nariz, pulmones y estómago. Presta mucha atención a cada parte del cuerpo mientras se llena de aire fresco. De igual manera, presta atención al aire que sale de tu cuerpo al exhalar. Concéntrate en el acto de inhalar y exhalar mientras eliminas todos los demás pensamientos.

Si encuentras que tu mente o pensamientos divagan, dirígelos suavemente de vuelta a la respiración. No será fácil entrenar tu mente/pensamientos para que sean más controlados o disciplinados. Sin embargo, con práctica, sabrás cómo dirigir tus pensamientos de vuelta a la respiración. Si encuentras que tu mente es dominada por un pensamiento convincente, dale una breve atención y déjalo pasar. Dirige suavemente la atención de la mente de nuevo a la respiración. Puedes poner un temporizador para saber cuándo termina la sesión de meditación.

También puedes usar imágenes mentales para guiarte. Piensa en visuales como una flor en tu vientre. Visualiza cómo los pétalos se despliegan y se doblan cada vez que inhalas y exhalas. Esto entrenará tu mente para enfocarse claramente en la respiración e imágenes mentales.

Algunas personas les gusta repetir un mantra o afirmación poderosa mientras meditan. Puede ser un sonido, frase, oración o palabra que resuene con tus metas o lo que realmente estás buscando en la vida o algo que tenga un profundo significado en tu vida. Repite silenciosamente la afirmación o mantra varias veces hasta que tu mente subconsciente la interiorice.

De nuevo, no te preocupes por la mente que divaga. Permite que tu mente vague y luego vuelve a enfocarte en el mantra o afirmación.

A algunas personas les gusta centrarse en un objeto tangible mientras meditan. Puede ser cualquier cosa, desde una estatua de Buda hasta una flor o una llama parpadeante de una vela. Mantén el objeto en el que estás meditando a la altura de los ojos para que no tengas que esforzarte demasiado para verlo. Observa el objeto hasta que consuma por completo la visión.

La visualización también es una técnica de meditación muy conocida. Se trata de crear un espacio sereno en la mente. Puedes imaginar un lugar que te brinde una inmensa alegría o felicidad. Puede ser real o imaginario. Piensa en un prado verde exuberante o una playa idílica y deja que se convierta en tu santuario mental. Experimenta la brisa fresca contra tu cabello y rostro. Piensa en los diferentes elementos que hacen que el lugar sea hermoso. ¿Cómo se ve el lugar? ¿Cómo se siente? ¿Cuáles son las vistas y sonidos que experimentas a tu alrededor?

Hábito 8 - Haz un escaneo corporal de meditación.

Enfócate en cada parte del cuerpo individualmente. Relaja conscientemente cada músculo y libera la tensión o rigidez dentro de la parte. Comienza con los dedos de los pies y avanza hacia arriba desde los pies, pantorrillas, piernas, rodillas, muslos, caderas, abdomen, pulmones, espalda, hombros, manos, palmas, dedos, cuello, orejas y cabeza. Tómate todo el tiempo que necesites con cada parte del cuerpo. Experimenta y disfruta la sensación de enfocarte en cada parte del cuerpo.

Capítulo Tres: Estrategias Probadas para Construir y Mantener Hábitos Poderosos.

Si quieres cultivar un hábito, hazlo sin reservas, hasta que esté firmemente establecido. Hasta que esté confirmado, hasta que se convierta en parte de tu carácter, no haya excepción, ni relajación del esfuerzo. - Mahavira

¿Sabes cómo Benjamin Franklin logró superar sus hábitos negativos y sustituirlos por hábitos más positivos? Hizo una lista de 13 virtudes que eran fundamentales en su vida personal y profesional. El líder de renombre mundial luego se enfocó en una sola virtud por semana a lo largo de una fase de 13 semanas. Al final de cada semana, superó el hábito negativo y luego pasó a superar el siguiente hábito.

Buenos hábitos son la base de la autodisciplina. Cuando desarrollas hábitos buenos, positivos y constructivos, es fácil llevar una vida controlada y disciplinada que se traduce en éxito.

¿No sería sorprendente si nuestra vida funcionara automáticamente? ¿Qué tal correr, comer saludablemente, terminar proyectos a tiempo y más de forma automática? Desafortunadamente, ese no es el modo en que funciona. Tú tienes bastante control sobre lo que haces. Sin embargo, se vuelve más fácil cuando programas tus acciones como hábitos constructivos y positivos. Con un poco de disciplina inicial, puedes desarrollar hábitos sólidos y duraderos que pueden transformar tu vida personal y profesional. El verdadero reto no es desarrollar hábitos positivos sino mantenerlos a lo largo del tiempo.

Aquí tienes algunos de los trucos más efectivos para crear y mantener hábitos positivos.

Hábito 9 - Empieza poco a poco y date 30 días.

Una vez más, no puedes empezar a hacer grandes cambios en tu vida de repente. Los hábitos necesitan tiempo para construirse y desarrollarse. Por mucho que estés descontento con tu situación actual, no puedes transformarla en un día. Muchas personas están muy entusiasmadas con hacer demasiados cambios repentinos en su vida, solo para sentirse abrumadas y rendirse. Por ejemplo, si te has propuesto dedicar 2 horas al día al estudio, no empieces con dos horas de inmediato.

Comienza lentamente y aumenta progresivamente. Puedes empezar estudiando durante 30 minutos todos los días y aumentar lentamente tu tiempo de estudio. En lugar de hacer 100 flexiones al día, comienza con 10. Los hábitos tienen más probabilidades de tener éxito cuando empiezas poco a poco y gradualmente lo aumentas.

Nota y disfruta de los pequeños beneficios de hacer estos cambios en tu vida. Por ejemplo, si has decidido llevar una vida más activa o perder peso, nota cómo te sientes después de unos minutos de ejercicio durante los primeros días. ¿Notaste algún cambio en el nivel de energía después de comenzar una rutina de ejercicio o una nueva dieta? Visualízate obteniendo mejores calificaciones y tu trabajo soñado después de cambiar tus hábitos de estudio.

Según la investigación, toma alrededor de cuatro semanas para que un hábito se vuelva automático. Si una persona puede mantener el ciclo inicial de acondicionamiento mental, el hábito se volverá casi involuntario y mucho más fácil de mantener. Un mes es un tiempo bastante decente para comprometerse con un hábito positivo. Al igual que Benjamin Franklin, bloquee un mes para desarrollar y mantener un nuevo hábito.

La consistencia es esencial para el éxito de desarrollar y mantener nuevos hábitos. Si has decidido correr un par de kilómetros cada mañana, levántate y hazlo todos los días durante los primeros treinta días sin interrupción. Si decides ir solo algunos días de la semana, el hábito será más difícil de mantener. Los hábitos que se practican con interrupciones tienden a desaparecer.

Haz algo continuamente y sin parar, si quieres convertirlo en un hábito. Cuanto más consistente y regular seas al seguir un hábito, más fácil y natural se vuelve mantenerlo.

Hábito 10 - Swish

Swish es una técnica de Programación Neuro-Lingüística que tiene que ver con entrenar tu mente a través de la visualización negativa. En la técnica swish, una persona se visualiza a sí misma realizando el hábito negativo. A continuación, imagínate eliminando el mal hábito y reemplazándolo con una alternativa más positiva.

Digamos que quieres dejar de fumar. Visualízate físicamente levantando un cigarrillo y colocándolo. A continuación, imagínate/visualízate respirando aire fresco o huyendo del cigarrillo. Repite esto varias veces hasta que experimentes involuntariamente el patrón antes de dejar realmente el hábito negativo.

Haz que este consejo lleno de poder sea aún más impactante combinándolo con un modelo a seguir. Dedica tiempo a una persona o personas cuyos hábitos quieras imitar en tus propios hábitos. Investigaciones recientes han descubierto que las personas que tenían amigos obesos tenían mayores posibilidades de volverse obesas. Por lo tanto, realmente te conviertes en aquello en lo que decides gastar tu tiempo y energía.

Reestructura tu entorno de una manera que te resulte fácil abandonar el mal hábito o formar nuevos hábitos positivos. Por ejemplo, si deseas dejar de beber alcohol, evita tomar una ruta que tenga demasiados bares en el camino. Toma una ruta diferente del trabajo a casa. Del mismo modo, elimina la comida chatarra de la casa si deseas llevar una vida más saludable y en mejor forma. Si te das cuenta de que pasas demasiado tiempo en Netflix, cancela tu suscripción. Deshazte de los cigarrillos y el alcohol si deseas abandonar la adicción. Además, deja de relacionarte en círculos sociales que refuercen los hábitos que deseas abandonar.

Por ejemplo, si planeas dejar de beber, es mejor dejar de moverte o socializar con personas que beben. Esto eliminará tu lucha de fuerza de voluntad. En cambio, encuentra un compañero que te mantenga optimista y motivado para cumplir con tu hábito.

De igual manera, si tienes ganas de ir al gimnasio cada mañana antes de ir al trabajo, deja tu ropa de gimnasio lista la noche anterior. Mantén tu bolsa de gimnasio lista y empacada en la entrada de la habitación. Al despertar por la mañana, lo primero que verás al salir de la habitación es la bolsa. Esto te recordará tu objetivo o hábito de visitar el gimnasio cada mañana. Estas son pistas del entorno que te ayudarán a crear el ambiente adecuado para perseguir tus hábitos y metas positivas.

Hábito 11 - Recompénsate de manera saludable

La razón por la que mucha gente desarrolla malos hábitos o negativos es porque les da una sensación de bienestar. Si les quitas esta gratificación o sensación de bienestar de golpe, será difícil mantener el buen hábito. En cambio, acostúmbrate a premiarte de vez en cuando cuando logres resistir la tentación. Por ejemplo, si logras no comer postres durante toda la semana, date un pequeño pastel o cupcake el domingo.

Del mismo modo, date el gusto de disfrutar de tu café favorito durante el fin de semana si logras mantenerte alejado del alcohol durante toda la semana. Buscamos una experiencia agradable porque nos hace sentir menos estresados. Sin embargo, después de la experiencia agradable, desarrollamos un sentimiento de culpa o arrepentimiento. Para prevenir caer en el antiguo patrón de malos hábitos, date un premio ocasional. Asegúrate de que tus premios sean saludables y equilibrados.

Cómprate un nuevo libro, date un premio con un vestido nuevo, ve un concierto que hayas querido ver por mucho tiempo, compra equipo de ejercicio nuevo y más. ¡Incluso algo tan simple como una taza de tu café con leche favorito o tomarte el tiempo para visitar una galería de arte puede ser un premio increíble! Trabaja duro para ganarte estos premios y disfrútalos sin sentir culpa.

Una de las mejores formas de abandonar hábitos poco saludables es contar con el apoyo de la familia y amigos. Siempre informa a las personas en las que confías sobre lo que te esfuerzas en lograr. Mostrarán más comprensión cuando pases la bebida o no visites el pub con ellos después del trabajo o te saltes el postre. De hecho, te motivarán y apoyarán para resistir el impulso de volver al antiguo patrón.

Te ayudarán a mantenerte alejado de las tentaciones, serán tus animadores e incluso te brindarán el apoyo moral tan necesario cuando te sientas deprimido. Todos podríamos beneficiarnos de algunos animadores que nos apoyen en el logro de nuestras metas.

Una cosa que funciona maravillas para algunas personas es comprometerse con unos pocos grupos de personas de confianza. Por ejemplo, puedes darles dinero a estas personas dentro de tu círculo íntimo y pedirles que no te lo devuelvan hasta que hayas implementado el buen hábito, o resistido la tentación de caer en el mal hábito un número específico de veces. Por ejemplo, si tu intención es llevar una vida más sana y dejar la comida chatarra, pídele a un amigo que te devuelva tu dinero solo después de haber evitado la comida chatarra y haber comido de forma saludable por una semana. De esta manera, te haces responsable ante alguien mientras desarrollas hábitos positivos.

Hábito 12 - Predecir posibles problemas y tener un plan listo para superarlos

Cuando buscas desarrollar hábitos positivos o abandonar hábitos destructivos, habrá algunos obstáculos o desafíos en el camino. Planifica tus pasos de acción por adelantado para combatir estos posibles desafíos.

Toma, por ejemplo, que decidiste ir al gimnasio antes de ir al trabajo levantándote a las 6 cada mañana. Puede haber varios desafíos en esto, incluyendo presionar la siesta cuando suena la alarma a las 6 am. Ahora, ya eres consciente de estos desafíos potenciales porque sabes que no eres madrugador o quizás hayas intentado sin éxito despertarte a las 6 am cada mañana anteriormente.

Sin embargo, ahora que sabes que el enfoque anterior no ha

funcionado, intenta pensar en una nueva estrategia donde no te estés preparando para otra decepción. Trata de pensar en diferentes formas, donde se necesite más esfuerzo para apagar la alarma. Esto hará que te resulte difícil volver a dormir. ¿Qué te parece si pones la alarma un poco más lejos de la cama para que te veas obligado a levantarte y caminar una cierta distancia para apagarla?

De esta manera, es mucho menos probable que regreses a la cama, ya que has hecho un esfuerzo para caminar y ahora estás completamente despierto.

Aprende a reformular los errores si tu intento inicial no tiene éxito. No te rindas si tu primer intento fracasa. Inténtalo de nuevo. Trata de convertir estos errores en oportunidades sólidas. Quién sabe, intentarlo algunas veces más podría ayudarte a desarrollar un hábito positivo o a abandonar uno negativo. Los investigadores descubrieron que nuestro cerebro tiene dos posibles respuestas ante un error: resolver el problema o desconectarse de él.

Cuando prestas atención consciente al error, puedes encontrar maneras novedosas de combatirlo y corregirlo en el futuro. Desconectarte del error a nivel neurológico puede sentirse bien en el momento presente. Sin embargo, no te ayuda en circunstancias futuras. Observa de cerca dónde fallas o los errores que cometes para que puedas abordarlos mejor en el futuro.

Los hábitos son bucles continuos en los que trabajamos a un nivel más automatizado. Ten un plan claro de si-entonces para romper el círculo vicioso de un mal hábito y reemplazarlo con hábitos más positivos. Conozco personas que hacen diagramas de flujo para guiarlos cuando surgen desafíos potenciales o incluso cuando logran resistir con éxito el hábito (tiempo de recompensa).

Hábito 13 - Utilizar el diálogo interno positivo

Los malos hábitos se han abierto camino en tu vida por alguna razón. Podría ser baja autoestima, estrés, falta de orientación, sensación de placer o simple aburrimiento. Podrías estar mordiéndote las uñas por estrés o bebiendo en exceso debido al puro aburrimiento. Sin embargo, no hay nada que tu mente no pueda entrenar para hacer cuando te entregas a un diálogo interno positivo, alentador e inspirador. Los hábitos malos o negativos pueden ser sustituidos por otros positivos cuando eres honesto contigo mismo y estás decidido a realizar cambios positivos en tu vida a través de la autodisciplina.

Puede haber mucho diálogo interno negativo durante la fase de superar los malos hábitos. A veces, es posible que no logres resistir un impulso y te juzgues duramente por no poder controlar el hábito. Muéstrate amor y compasión. No te sigas recordando lo mal que eres al involucrarte en pensamientos negativos.

Trata de adquirir el hábito de usar “pero” en tus oraciones cada vez que te encuentres tentado a sucumbir al diálogo interno negativo. Independientemente de lo que digas, siempre agrega un “pero” a tu declaración para transformarla en un diálogo interno más constructivo. Por ejemplo, "Ahora no estoy en forma perfecta pero podría estarlo en los próximos meses si sigo mi dieta" o "Soy un fracaso en este proyecto pero estoy aprendiendo cosas nuevas y puedo mejorar cada día si paso menos tiempo jugando juegos o viendo televisión".

Cada vez que te saltas un entrenamiento, comes comida poco saludable o duermes horas extras, no te conviertes en una mala persona. No es motivo para caer de nuevo en el antiguo patrón. Mucha gente comete errores un par de veces y piensa que no pueden renunciar a un mal hábito. Eso no es cierto. No estás siendo un mal ser humano; simplemente estás siendo humano.

En lugar de castigarte fuertemente por todos los errores, planifica posibles desafíos con anticipación y sigue motivándote a través de un diálogo interno positivo. Los mejores intérpretes no son aquellos que nunca se desvían del camino. ¡Simplemente vuelven al camino más rápido que los demás!

Mantén tu diálogo interno enfocado en el presente en lugar de impregnarlo de ansiedad por el futuro. Cuando te sientas atrapado en un hábito o situación, piensa en cómo puedes cambiarlo en el presente y deja que tu diálogo interno gire en torno a ello.

Capítulo Cuatro: Ganando el Juego de Gestión del Tiempo

"El tiempo es la moneda más valiosa en tu vida. Tú y solo tú determinarás cómo se gastará esa moneda. Ten cuidado de no permitir que otras personas la gasten por ti." - Carl Sandburg.

¿Alguna vez te has preguntado por qué mientras todos tienen 24 horas al día, algunas personas logran hacer tanto en un día y otras apenas logran sobrevivir con sus tareas? Todo se trata de gestionar el tiempo y maximizar la productividad. Con las técnicas adecuadas, estrategias e ideas ingeniosas, puedes hacer mucho en un día. Cuando alguien dice que no tiene tiempo para hacer varias cosas, simplemente puede significar que no tienen la habilidad de planificar bien su tiempo. Gestionar bien tu tiempo te hace más eficiente, productivo, libre de estrés y orientado a sus metas o propósitos.

Aquí tienes algunos de mis mejores consejos para gestionar bien tu tiempo y maximizar la productividad.

Día 14 - Priorizar tareas

El coautor de First Things First, Stephen Covey, ha propuesto un excelente truco para priorizar tus tareas en cuatro categorías basadas en dos parámetros - importante y urgente.

Observa cuidadosamente cómo pasas el tiempo durante el día. ¿Cuáles son las actividades típicas que consumen tu tiempo? Clasifica cada tarea en tu lista de pendientes en una de las cuatro clasificaciones. Las tareas que son importantes y urgentes deben abordarse primero, ya que están limitadas en tiempo y también son importantes. No pospongas estas tareas para después y termínalas de inmediato. Puede ser un proyecto importante y limitado en tiempo que tienes que entregar en un par de días o una cita médica para un problema importante de salud.

Las dos próximas categorías son importantes pero no urgentes y urgentes pero no importantes. En la primera categoría, puede que tengas tiempo, pero sigue siendo importante y necesita completarse. Por ejemplo, puede que tengas que presentar una propuesta preliminar a un cliente potencial que realmente no está apurado por recibirla. Puede que no tenga límite de tiempo, pero son una empresa/cliente grande, por lo que sigue siendo importante.

Dale tu tiempo porque es importante. Estas tareas "urgentes pero no importantes" pueden ser tareas con límite de tiempo que realmente no valga la pena apurarse. Pueden no tener mucho valor al finalizarlas. Por ejemplo, alguien puede decirte que se les está acabando el plazo de entrega y por favor les ayudes con un proyecto. Puede parecer urgente, pero tiene poco valor o importancia para ti. Si no es importante para ti, es mejor que te centres en cosas que son urgentes e importantes o al menos importantes para ti. Estas tareas pueden ser delegadas a otras personas.

Toma, por ejemplo, que estás manejando a un cliente grande y otro cliente de menor tamaño que no tiene mucho presupuesto y recién está comenzando y necesita tus servicios de forma oportuna. Ya estás ocupado con un cliente grande y, aunque todos los clientes son importantes, el más pequeño no va a agregar mucho valor a tu negocio u organización. Así que, aunque el trabajo del cliente es urgente, no es tan importante para ti como lo sería para un cliente más grande. Puedes delegar la comunicación con el cliente más pequeño a un subordinado, lo que te ayudará a centrarte en el cliente más grande y más importante que está aportando un mayor valor a la organización.

Del mismo modo, algunas tareas administrativas pequeñas pueden ser urgentes pero no son importantes desde tu perspectiva o la de la empresa. Estas pueden ser externalizadas o delegadas para hacer tiempo para tareas más urgentes e importantes. Así es como priorizas y gestionas el tiempo.

Del mismo modo, la última categoría son tareas que no son importantes ni urgentes. Deben figurar en la parte inferior de la lista ya que no están limitadas por el tiempo ni tienen mucho valor. Todas tus actividades poco productivas como navegar por la red sin rumbo, pasar tiempo en las redes sociales, jugar videojuegos virtuales, ver televisión durante horas y otras actividades infructuosas entran en esta lista. No caigas en la trampa de las cosas de baja prioridad que te hacen sentir ocupado. Déjalas solo después de haber completado las tareas en las otras tres categorías.

Comience cada día haciendo una lista de al menos tres o cuatro tareas que sean importantes y urgentes, las cuales necesitan ser abordadas de inmediato. Marque cada una de ellas una vez que las haya completado. Esto le dará un sentido de logro y le ayudará a mantenerse concentrado en sus objetivos.

Día 15 - Dominar el arte de decir un no firme

Eres el único jefe de tu día y actividades. Tienes un control total sobre lo que quieres y no quieres hacer, lo que significa que tienes todo el derecho de rechazar actividades que no encajen con tu objetivo o que tengan baja prioridad para ti. Conozco a muchas personas cuyo horario se descontrola completamente simplemente porque no pueden decir un no asertivo a las personas, debido al miedo de parecer groseros o desconsiderados.

Bueno, milagrosamente, están bien siendo groseros e injustos con ellos mismos. Si eres uno de ellos, ¡comienza a decir no hoy! Esto no significa que no ayudes a las personas o que no te tomes tiempo para los demás. Simplemente significa no permitir que las personas se aprovechen de ti para ocupar tu tiempo en sus tareas cuando tienes tareas de alta prioridad por terminar. Cualquier cosa que no te haga productivo puede que no valga la pena el tiempo y el esfuerzo.

No seas siempre una persona que busca agradar a los demás. Sé claro y firme. No te tomes demasiado tiempo cuando se trata de responder a solicitudes que no deseas cumplir o no tienes tiempo de cumplir. Si estás indeciso y necesitas más tiempo, reconoce su solicitud y pide más tiempo para responder. Además, cuando digas no, asegúrate de darles una razón clara.

Deja que la otra persona entienda por qué respondiste de una manera en particular en lugar de simplemente leer una respuesta lacónica y contundente. "Por qué" les facilitará digerir el hecho de que simplemente no estás listo para la tarea en este momento. Además, sé más directo, no te entretengas y luego termines dando una excusa débil en el último minuto. Cuando sabes que no puedes hacer algo, sé claro y contundente desde el principio. Esto ayudará a la otra persona a buscar alternativas en lugar de depender de ti.

Mantén tu respuesta simple y directa, ofreciendo una razón clara para decir que no. Sé directo, claro y firme. Utiliza frases como "Gracias por acercarte a mí para ayudarte con este proyecto, pero me temo que no es el mejor momento para que asuma más trabajo". Mantén una postura segura y firme. No te sientas culpable ni te disculpes en exceso.

Así como alguien piensa que tiene derecho a pedirte un favor, tú también tienes derecho a negarte. Entiende que has rechazado la petición de la persona y no a la persona. Esto te ayudará a ser más fiel y justo contigo mismo.

Haz tiempo para las cosas que son importantes o que son significativas para ti en lugar de dar una respuesta automática de sí. Conoce las consecuencias de aceptar cuidadosamente una solicitud antes de estar de acuerdo en cumplirla. Por ejemplo, si aceptas ayudar a un amigo a mudarse durante el fin de semana, tendrás que cancelar un viaje de fin de semana con otros amigos.

¿Estás preparado/a para renunciar a ayudar a un amigo a mudarse? ¿Puede encontrar otra persona para que no tengas que sacrificar un viaje planificado? ¿Está el amigo dispuesto/a a esperar otra semana para que puedas hacer ambas cosas, ayudarle a mudarse y disfrutar del viaje? Conoce las consecuencias de tu decisión y piensa en todas las opciones posibles si realmente quieres ayudar.

Si no quieres ayudar, un simple y asertivo "Lo siento, me encantaría ayudarte a mudarte pero ya tengo un viaje planeado para este fin de semana" debería ser suficiente. No debes sentir la necesidad de explicarte demasiado después de tomar una decisión.

Ten cuidado con las tácticas que la gente utiliza para inducir un sentimiento de culpa en ti. Todas estas son tácticas de persuasión. A veces, puedes rechazar una gran petición y la gente puede proponerte una más pequeña con la esperanza de que la aceptes por culpa de haber rechazado la primera. Di un no firme y claro también para la segunda petición si no estás interesado. No te convierte en una mala persona.

La gente intentará compararte con otros solo para que aceptes su petición. Simplemente di que eres tu propio ser y lo que haga otra persona no tiene relevancia para ti. No estás obligado a decir "sí" solo porque alguien más lo hizo.

Ofrezca un cumplido y exprese gratitud si no quiere que su "no" se perciba como demasiado insensible. Por ejemplo, si un amigo te pide que cuides a su hija mientras está fuera en una fiesta, di algo como, "Realmente estoy conmovido de que confíes en mí cuando se trata de cuidar a Suzie. Realmente significa mucho para mí que confíes en mí para cuidar de tu hija porque sé que ella es todo para ti. Sin embargo, estoy trabajando en un proyecto importante y no podré cuidar de ella esta noche. No sería justo para mi trabajo ni para Suzie si intentara hacer ambas cosas. Ahí lo tienes, acabas de decir que no de la manera más dulce posible.

Hábito 16 - La técnica Pomodoro

Esta es una técnica de gestión del tiempo por la que muchos exitosos en todo el mundo juran. Es una estrategia simple pero sorprendentemente efectiva para gestionar bien tu tiempo.

La técnica fue desarrollada por primera vez por Francesco Cirillo en los años 80. Utilizando esta técnica, se establece un temporizador para una tarea predefinida de 25 minutos. Una vez que han transcurrido los 25 minutos, marcas la tarea como completada. Esto es la finalización de un ciclo de pomodoro único.

Cirillo usó un temporizador de cocina en forma de tomate como su temporizador y el nombre se quedó. Pomodoro es italiano para tomate.

Si tienes menos de cuatro marcas de verificación en la lista, te otorgas un pequeño descanso de 5 minutos. Sin embargo, si completas con éxito cuatro ciclos de pomodoro de 25 minutos cada uno, te premias con un descanso más largo de 15-30 minutos.

Después de completar cada cuatro pomodoros, tomas un descanso largo (15-30 minutos). Después de completar cada pomodoro, puedes tomar un descanso corto de 3-5 minutos antes de regresar al siguiente ciclo o pomodoro. Si completas la tarea antes de 25 minutos, el tiempo restante debe dedicarse a aprender o adquirir conocimientos sobre cómo realizar la tarea específica de manera aún más efectiva.

El objetivo de la técnica es minimizar las distracciones internas y externas mientras se completa una tarea. Es abrir paso para mayor enfoque, esfuerzo y flujo. Invirtes toda tu energía en una sola tarea durante 25 minutos seguidos, asegurando así pocas distracciones y resultados óptimos. Haciendo cálculos simples, completas cuatro pomodoros o 100 minutos de trabajo con 15 minutos de descanso entre los pomodoros. Después de esto, tomas un descanso de 15-30 minutos. Cualquier interrupción durante un pomodoro en marcha se pospone hasta que termine el pomodoro de 25 minutos.

Por ejemplo, si recibes una llamada, simplemente le dices a la persona que les devolverás la llamada en la próxima media hora.

¿Cómo pueden ayudar las pausas frecuentes?

Descansos frecuentes ayudan a mantener tu mente enfocada, renovada y pensar con claridad. Según la página oficial de Pomodoro, la técnica es altamente efectiva y los resultados se pueden ver casi de inmediato (un día o dos). Utiliza la técnica de una a tres semanas consecutivas y la dominarás.

La técnica funciona porque te enfocas de manera determinada en completar una tarea a la vez en lugar de hacer multitareas. Cuando un reloj está tictaqueando frenéticamente en tu escritorio y tienes que completar una tarea en los próximos 25 minutos, pasas por alto todas las cosas inútiles como revisar correos electrónicos o tu feed de redes sociales. Puede ser un cambio de juego en tu productividad personal si entiendes su potencial.

No solo dejarás de trabajar mientras haces varias otras cosas automáticas a la vez, sino que también desarrollarás un sentido de urgencia y enfoque.

Muchos de nosotros tenemos esta molesta tendencia a pasar más tiempo en una tarea de lo necesario en un intento de lograr la sobreperfección.

La técnica Pomodoro te ayudará a dividir tu tiempo para completar múltiples tareas sin necesidad de pasar más tiempo del requerido en una sola tarea y posteriormente retrasar las demás tareas. También desarrollarás mayor auto-disciplina, niveles más altos de concentración y más fuerza de voluntad. ¿Puedes imaginar la cantidad de estrés que se reduce cuando te enfocas solo en una tarea a la vez?

Hábito 17 - Superar las distracciones

Uno de los aspectos más importantes de la autodisciplina es eliminar o resistir las distracciones cuando tienes tareas importantes por completar o te beneficiarías más invirtiendo tu tiempo en actividades productivas. Haz un seguimiento de las interrupciones, especialmente las provenientes de las redes sociales y aplicaciones de mensajería. Estas son las asesinas del tiempo insidiosas y adictivas.

Se requiere un gran reserva de fuerza de voluntad para cerrar la puerta a estas distracciones aparentemente interesantes y convincentes. En lugar de siempre estar en varias cosas al mismo tiempo, haz tiempo para estas cosas "interesantes" durante un descanso.

Cada vez que logres evitar una distracción con éxito, recompénsate con un descanso en el que puedas realizar todas las actividades diversas que no son parte de tu trabajo, como revisar las fotografías de vacaciones de tu amigo en Instagram o ponerte al día con un amigo en el chat para hacer planes para el fin de semana.

Mantén tu entorno libre de distracciones mientras trabajas o completas tareas importantes. Por ejemplo, retira todos los aparatos de tu sala de trabajo o escritorio. En cambio, mantén solo pósters motivacionales, libros y documentos relacionados con el trabajo en la habitación o escritorio.

Hábito 18 – Realizar auditorías de tiempo

Me gusta hacer una auditoría del tiempo, aunque suene gracioso. Me permite medir y hacer un seguimiento de dónde paso la mayoría de mi tiempo. Esto, a su vez, me ayuda a identificar actividades inútiles y reducir el tiempo dedicado a estas actividades.

Realice una auditoría de siete días para saber exactamente en qué está gastando su tiempo. Utilice una aplicación en su teléfono inteligente o registre físicamente la cantidad de tiempo que dedica a cada tarea. Incluso si juega un juego por minutos entre el trabajo, regístrelo. Discutimos los cuatro cuadrantes anteriormente (basados en urgente e importante). Coloque un conteo en el cuadrante al que pertenece una tarea. Al final de la semana, cuente todo y calcule en cuál cuadrante pasó más tiempo. ¡Los resultados pueden ser aterradores! Sabrá que es momento de ponerse las pilas si el conteo de tareas "no urgentes y no importantes" es alto.

Hábito 19 - Ser madrugador

Discutí esto brevemente en un capítulo anterior, pero créeme, si me preguntaras cuál es mi consejo favorito de gestión del tiempo, sería empezar tan temprano como puedas. Te dará una ventaja como ninguna otra cosa. Mark Twain una vez dijo famosamente, "Si tu trabajo es comer una rana, es mejor hacerlo lo primero por la mañana. Y si tu trabajo es comer dos ranas, es mejor comer la rana más grande primero." Esto resume en realidad todo sobre la gestión del tiempo.

Si te sientes abrumado por la perspectiva de tener que hacer mucho en un solo día, comienza temprano. Ten todo lo que necesitas para realizar la tarea listo el día anterior para que no pierdas tiempo tratando de resolverlo en el último minuto.

Por ejemplo, si estás preparando un informe importante basado en hechos y cifras que has recopilado durante un período de tiempo, asegúrate de que todos los documentos estén ordenados de manera ordenada en una carpeta única para que la información sea más accesible para ti. Si tienes toda tu investigación lista, puedes empezar a preparar el informe inmediatamente al día siguiente en lugar de perder tiempo tratando de encontrar documentos de investigación dispersos por todas partes.

De igual manera, si tienes una reunión importante programada para el próximo día, prepara tu ropa y accesorios la noche anterior. De esta manera, no perderás tiempo ni te estresarás (cuando ya estás estresado por la reunión) pensando en qué ponerte. Utilizarás ese tiempo y energía en enfocarte en lo que debes decir durante la reunión o en cómo representarte a ti mismo o a tu empresa de la mejor manera.

Si tienes más de una tarea que realizar durante el día y todas son importantes, elige la tarea más difícil primero. La idea es completar la tarea más desafiante o difícil antes del mediodía. Una vez que completes una tarea que parezca grande o desafiante, sentirás un fuerte sentido de logro. Esto te motivará a abordar las otras tareas con una actitud más positiva.

Cuando sabes que tienes muchas tareas que completar a lo largo del día o que tienes un día largo por delante, evita mantenerte despierto hasta tarde. Ve a la cama temprano, disfruta de un sueño ininterrumpido de 7-8 horas y despiértate temprano para comenzar a trabajar con la mente fresca. Mirar Netflix hasta medianoche y despertarte con los ojos somnolientos no contribuirá hacia tus metas. Si acaso, traerá más ingresos a Netflix pero tus metas personales/profesionales para el día pueden quedar sin cumplir o cumplirse de manera ineficaz.

Una de las cosas más ineficaces que puedes hacer es lanzarte a un día de trabajo sin tener absolutamente ninguna idea de lo que necesitas hacer. Imagina pasar una hora tratando de pensar o planificar lo que se debe hacer durante el día, cuando podrías haber utilizado ese tiempo para comenzar las actividades del día y terminar temprano.

Ahora, terminarás tarde, lo que significa que no tendrás tiempo ni energía para planificar las tareas del día siguiente. Estás atrapado sin darte cuenta en un círculo vicioso. Seguirás saltando de una tarea a otra y perdiendo tiempo valioso. Ser disciplinado significa planificar tu día con anticipación para aumentar la productividad.

Tómese unos minutos para despejar su escritorio de trabajo un día antes y haga una lista de las cosas que necesita abordar al día siguiente. Se le llama técnica de descompresión. Se sentirá mucho más fresco y rejuvenecido cuando entre a un escritorio más limpio la próxima mañana. Llegue un poco temprano y comience a reunir su material de trabajo. Esto puede ser literalmente la parte del día que determina cuán productivo será a lo largo del día.

Hábito 20 - Mantente fiel a la regla del 80-20

Este es otro maravilloso método de gestión del tiempo, productividad y disciplina personal conocido como el Principio de Pareto. La regla se basa en el hecho de que el 80 por ciento de nuestros resultados provienen del 20 por ciento de nuestro esfuerzo, y el 20 por ciento restante de nuestros resultados se originan del 80 por ciento de nuestros esfuerzos. Esta regla también es aplicable en ventas y negocios, donde el 80 por ciento de las ventas de un negocio provienen del 20 por ciento de sus clientes.

Identifica cuáles son esas tareas del 20 por ciento que están contribuyendo al 80 por ciento de tus resultados. Amplía estas tareas. Por ejemplo, puedes darte cuenta de que capacitar a tu personal y delegarles tareas te está llevando el 20 por ciento de tu tiempo pero generando el 80 por ciento de los resultados. Puede que quieras ampliar esto, ya que obviamente te está ayudando a aprovechar tu tiempo. Del mismo modo, identifica el 80 por ciento de esas tareas ineficaces que solo están contribuyendo al 20 por ciento de los resultados y reduce su cantidad.

Hábito 21 - Dedica un tiempo separado para enviar y responder correos electrónicos.

Una de las cosas que consume mucho tiempo es responder a

correos electrónicos a lo largo del día a menos que hayas contratado a alguien específicamente para responder a los correos. También es una gran distracción tener correos electrónicos entrando a lo largo del día cuando estás tratando de enfocarte en completar una tarea importante en ese momento.

La mejor manera de abordar la amenaza del correo electrónico es apartar un tiempo específico para revisar y responder a los correos en lugar de hacerlo a lo largo del día, y en el proceso, interrumpir el flujo o impulso de tu tarea. Si algo requiere atención inmediata, es probable que alguien te llame o te envíe un mensaje de texto. Es más difícil retomar el ritmo de la tarea una vez que has sido interrumpido. A menos que estés esperando un correo electrónico realmente importante, apaga tu correo electrónico y dedica un tiempo al final del día para responder a todos los correos.

Hábito 22 - Eliminar la procrastinación

Piensa en una diana como todas las actividades del día. Si has acertado en el centro de la diana, has dado en el blanco. Sin embargo, si estás merodeando alrededor del blanco, no estás dedicando tu tiempo a actividades constructivas y solo estás retrasando tareas importantes. La procrastinación es el virus insidioso que envenena tu productividad y reduce tu apetito por cumplir con tareas que contribuyen positivamente a tus objetivos. El mayor enemigo de la productividad, la gestión del tiempo y la autodisciplina es la procrastinación.

Aquí tienes algunos consejos prácticos y altamente efectivos para superar la procrastinación.

Evita soplar tareas más allá de lo que son. A menudo exageramos erróneamente una tarea diciéndonos a nosotros mismos que nuestra carrera entera o vida o negocio depende de esta sola cosa. Cuando crees que tu vida descansa en esta única tarea, estás poniendo un estrés excesivo en ti mismo. Esto te hace caer en una mentalidad de excusas donde buscas una razón para retrasar la acción. Te estás presionando y abrumando a ti mismo en la inacción.

Deja de decirte a ti mismo que solo porque no puedes hacer una tarea perfectamente, no deberías hacerla en absoluto o posponerla hasta un momento en que puedas hacerla perfectamente. Esto no es más que una excusa envuelta en el elegante papel de la perfección. La acción imperfecta es often mejor que la inacción. Comenzar es mejor que ser perfecto. Adquirirás la perfección en el camino una vez que comiences. No esperes no actuar y desarrollar la perfección automáticamente.

Cambia tu percepción sobre elegir hacer algo en lugar de tener que hacerlo. La procrastinación sucede cuando crees que tienes que o estás obligado a hacer algo. Por el contrario, "elegir hacerlo" es algo que disfrutas. Por ejemplo, cuando tu cónyuge te insiste en arreglar un problema de fontanería, pospones la tarea porque crees que "tienes que" hacerlo porque tu cónyuge así lo quiere.

Esto te lleva a cerrarte a la idea de completar la tarea y eliges pasar el tiempo viendo películas y jugando en lugar de arreglar el problema de fontanería. Sin embargo, al cambiar la percepción y verlo como algo que eliges para mantener tu casa en orden y a tu cónyuge feliz, es más probable que lo hagas. Un pequeño cambio en nuestra perspectiva puede eliminar la procrastinación. No "tienes que" arreglar el problema de fontanería, "eliges" arreglar el problema de fontanería.

Un consejo que me funciona de maravilla cuando se trata de vencer la procrastinación es dividir una tarea grande en partes más pequeñas. Cuando la tarea que quieres abordar es bastante grande, es más fácil intimidarse por la perspectiva de terminarla.

Un estudio realizado por científicos del comportamiento encontró que cuando los niños veían televisión y no entendían lo que estaban viendo, apartaban la mirada de la televisión. De manera similar, cuando no entendemos por dónde empezar y qué hacer, tendemos a buscar distracciones. En lugar de sentirnos abrumados y no saber por dónde empezar, divide la tarea en piezas pequeñas y aborda una a la vez.

Del mismo modo, divide una tarea en plazos más cortos para no luchar por completarla un día antes de la fecha límite. Por ejemplo, si tienes que entregar un informe de 12 páginas en las próximas 3 semanas, no optes por una fecha límite de 21 días. En su lugar, establece una fecha límite de 7 días para cada 4 páginas. Terminas 4 días a la semana y empiezas con las siguientes 4 durante la semana siguiente. Divide un proyecto grande en subtareas y ten una fecha límite clara para cada subtarea. Esto garantiza que trabajes en un proyecto de manera constante durante el período de 3 semanas en lugar de dejar las cosas para el final.

Dividir las tareas en plazos fragmentados significa que no te quedas despierto durante 48 horas para completar el informe un par de días antes de la fecha de entrega. Te estás dando tiempo suficiente para escribir bien el informe y entregarlo a tiempo.

Haz una tarea interesante si simplemente la estás posponiendo porque es aburrida. No comenzarás si encuentras algo poco inspirador y aburrido, lo que pospondrá la tarea hasta que sea demasiado tarde. Por ejemplo, si estás posponiendo una visita a una tienda de comestibles porque lo ves como una tarea aburrida, encuentra maneras de hacerla más desafiante. Hazlo un juego donde encuentres todos los artículos en tu lista dentro de 30 minutos con un presupuesto preestablecido. Si logras comprar todo dentro del tiempo y presupuesto establecido, has ganado.

Date un capricho con una taza de café en tu cafetería favorita o cómprate un helado. Otro consejo increíble que funciona de maravilla es la penalización. Así como te recompensas cada vez que logras completar una tarea a tiempo o resistes la tentación de caer en un mal hábito, te estableces una penalización si no completas una tarea según los plazos preestablecidos.

Por ejemplo, digamos que decides escribir un capítulo de tu novela cada día. Cuando no logras escribir un capítulo, pones $15 en un fondo. Al final del mes, dona ese dinero a una fundación en la que no creas o no te guste. ¿Qué te parece esta penalidad retorcida? Te odiarás a ti mismo por regalar dinero precioso a una fundación cuyas ideas no crees, lo que te motivará a cumplir tu objetivo cada día.

Aunque a simple vista, programar tiempo para jugar puede parecer contraintuitivo, es uno de los mejores trucos cuando se trata de vencer la procrastinación. Cuando te das el tiempo suficiente para relajarte, jugar y participar en actividades de ocio, estás reduciendo la tentación de distraerte mientras completas una tarea importante.

Por ejemplo si sabes que vas a salir a jugar al golf con tus amigos después de las 4 pm, es más probable que estés más emocionado por completar una tarea que si simplemente estás pasando un día lleno de tedio. Date algo por lo cual esperar, para que estés lo suficientemente motivado para completar una tarea sin distracciones. Puede ser cualquier cosa, desde una película que planeas ver más tarde en la noche hasta una comida en tu restaurante favorito. La idea es hacer que la perspectiva de terminar tu trabajo sea interesante para que no lo delays.

Hábito 23 - Selecciona tu propia canción de procrastinación

Elige una canción de tu elección que te haga sentir energizado, inspirado y listo para salir y conquistar el mundo. Reprodúcela cada vez que tengas que lidiar con una tarea en la que has estado procrastinando. El cerebro tiene un disparador para crear nuevos hábitos. Cada vez que escuchas la canción y haces las cosas, tu cerebro asocia la canción con "hacer". Es más probable que sigas adelante cuando te sientes maravilloso en cuerpo y mente.

Hábito 24 - Evita esperar hasta que estés de humor

Cuando se trata de hacer cosas, seguimos diciéndonos a nosotros mismos que no estamos de humor. Sucede incluso con los mejores de nosotros. Esperamos hasta sentir que estamos en el "humor" para hacer algo. No es necesario estar de humor para tomar acción. Por ejemplo, si quieres ser un autor, tienes que establecer un tiempo y objetivo para escribir cada día, independientemente de si estás de humor o no. Escoges un momento para sentarte y escribir un número determinado de páginas cada día. ¡Así es como funciona cuando tienes que hacer cosas!

No puedes estar emocionado e inspirado todo el tiempo, incluso si estás en una profesión creativa. A veces, simplemente tienes que salir y hacer el trabajo, ya sea que estés de humor o no. Tienes que tomar acciones consistentes en la dirección de tus objetivos sin importar si tienes ganas de hacer algo o no.

Hábito 25 - Establecer recordatorios periódicos

Configure alarmas en tu teléfono u otros dispositivos o crea recordatorios visuales de las tareas que deben completarse. Establece un recordatorio para la fecha límite final. Sin embargo, también configura recordatorios para las sub-fechas límite para mantenerte en camino durante todo el proceso.

Por ejemplo, digamos que tienes un proyecto que debe entregarse en las próximas 3 semanas. Puede que quieras establecer recordatorios no solo al final de los 21 días, sino también en los días 7, 10, 15 y 17. Esto asegura que no te muevas frenéticamente como un pájaro sin cabeza en el último día de tu plazo para completar la tarea. Se te recuerda la tarea a lo largo de todo el proceso, lo que es más probable que te mantenga en el horario previsto.

Hábito 26 - Siestas de poder

Las siestas cortas funcionan maravillosamente bien para mí. Cuando llevas mucho tiempo trabajando y tu cuerpo parece que se está alejando, no luches ni te resistas. En cambio, escúchalo y disfruta de una siesta corta y reparadora. Incluso una siesta de 7-15 minutos es suficiente para recargar tus sentidos y rejuvenecer tu espíritu. El cerebro descansa como es debido y estás listo para seguir con otra tarea.

No siempre es posible alejarse del trabajo o realizar incluso un pequeño ejercicio para despejar la mente. En este escenario, es mejor tomar un descanso de agua en el baño o estirarse/meditar durante un par de minutos. ¡Todo lo que tu cerebro necesita son unos minutos!

Capítulo Cinco: Dominando Hábitos Positivos

Los humanos son criaturas de hábito. Si te rindes cuando las cosas se ponen difíciles, será mucho más fácil rendirse la próxima vez. Por otro lado, si te obligas a seguir adelante, la determinación comienza a crecer en ti. - Travis Bradberry

En el corazón de casi todas las personas exitosas está su capacidad de ser disciplinadas, ya sea en su vida personal o profesional. Comienza con una habilidad intrínseca para ejercer autocontrol y disciplina en todo lo que hacen. Desde sus pensamientos hasta emociones, acciones y hábitos, todo está impulsado por un fuerte sentido de disciplina personal.

Si quieres lograr grandes metas, la autodisciplina es realmente el ingrediente principal en la receta de tu éxito. Es fundamental en el proceso de alcanzar tu objetivo y llevar una vida más plena.

Aristóteles una vez dijo famosamente: "Los buenos hábitos formados en la juventud pueden marcar toda la diferencia." Formar estos hábitos no es posible si no tenemos la capacidad de disciplinar nuestros pensamientos y acciones. El 40 por ciento de nuestro comportamiento está impulsado por hábitos, lo que significa que son fundamentales para el proceso de lograr nuestras metas y llevar una vida más disciplinada. Cuando un comportamiento es constantemente repetido, se convierte en un proceso subconsciente y permite que la mente se enfoque en otras tareas.

Aquí están algunos de los hábitos más positivos que, si se practican consistentemente, pueden transformar completamente tu vida.

Hábito 27 - Practicar la gratitud

Mucho de nuestra vida se pasa queriendo o deseando cosas, lo cual no es tan malo porque nos impulsa a alcanzar nuestro potencial. Sin embargo, practicar la gratitud nos hace contar nuestras bendiciones y nos ayuda a reconocer que somos afortunados de tener los regalos que disfrutamos, eliminando así lo negativo como la avaricia y los deseos excesivos. Desarrolla este simple hábito hoy y nota el cambio en tu vida en los próximos días.

La gratitud tiene muchos beneficios positivos. No solo mejora nuestra salud mental y emocional, sino que también cambia la perspectiva de un estado de "carencia de cosas" a un estado de "abundancia".

Piensa en vivir en un estado de falta. ¿Cómo te sientes cuando crees que te falta algo en lugar de creer que tienes algo en abundancia? Es prácticamente imposible concentrarse en ser disciplinado y lograr tus metas cuando operas desde un punto de vista de "falta". Estamos tan consumidos por lo que nos falta que vivimos eternamente en un estado de miedo e inseguridad. Nuestras energías mentales se centran en lo que nos falta en lugar de en lo que podemos tener, y en lo que podemos lograr.

Acostúmbrate a expresar gratitud por tus bendiciones hoy. Al final de cada día, haz una lista de diez cosas que sucedieron durante el día por las que estás agradecido o diez regalos con los que has sido bendecido y por los que estás realmente agradecido. Piensa en un conjunto diferente de regalos cada día.

Te sorprenderás por la cantidad de bendiciones que tienes. Puede ser desde los ojos que te permiten ver el maravilloso mundo que te rodea hasta las piernas que te ayudan a correr el maratón, pasando por la educación que te ayuda a crear informes excelentes en el trabajo o el techo sobre tu cabeza. Expresa gratitud hacia las personas y las cosas que posees. Incluso si crees que no tienes nada por qué estar agradecido, piensa y busca con fuerza. Siempre encontrarás bendiciones por las que estar agradecido. Incluso el bolígrafo y el papel que tienes en la mano mientras haces tu lista son una bendición.

El hábito de la gratitud te somete a un menor estrés, te ayuda a ser más positivo y transforma tus pensamientos. Te vuelves aún más motivado y decidido a alcanzar tus metas cuando eres consciente de las bendiciones en tu vida.

Hábito 28 - Practicar el perdón

Imagina pasar una gran parte de tu día siendo consumido por sentimientos de ira, odio, venganza, culpa y otras emociones negativas que te impiden concentrarte en actividades o tareas más productivas. El odio consume mucha más energía en comparación con el perdón y el amor. Cuando aprendemos a soltar las cosas, no le haces un favor a la otra persona.

De hecho, nos hacemos un gran favor al desviar la energía llena de odio hacia actividades más productivas. No te enfoques demasiado en cómo alguien te hizo daño o actuó injustamente contigo. Más bien, concentra tus pensamientos y energías en lograr tus metas.

Si alguien te lastima, simplemente aprende a perdonar. No

significa que hayas olvidado lo que te han hecho. Simplemente significa que has elegido liberar la energía negativa de tu cuerpo, mente y espíritu. Aunque el perdón no se relaciona inmediatamente con la auto-disciplina a simple vista, profundiza y te sorprenderás al notar cuánto de tu tiempo, energía y pensamientos son consumidos por pensamientos de venganza.

Pon todo por escrito para hacer el proceso de perdón aún más efectivo. Piensa en todas las personas que te han causado daño o no te han tratado bien. Escribe la razón por la cual has decidido perdonar en lugar de guardar rencor. Trata de ser más empático poniéndote en su lugar.

Intenta entender por qué hicieron lo que hicieron. ¿Cómo actuarías en una situación similar? Uno de los mejores enfoques que siempre funciona para mí es tratar de encontrar algo de humor en la situación. Además, intenta aprender una lección importante y finalmente dejarlo ir.

Te sorprenderás por la cantidad de energía positiva que creas en tu vida cuando puedas avanzar más allá del odio, el dolor y la animosidad. El tiempo que pasabas preocupándote y estresándote por cosas negativas en tu vida ahora se utilizará para acercarte más a tus metas o la vida de tus sueños. Deja de pensar en lo que no querías y en cambio concéntrate en la vida que quieres crear adelante.

Hábito 29 - Comer saludable

Lo que no nos damos cuenta es que los seres humanos pasan una parte importante de su energía en procesar y digerir los alimentos que consumen. Cuando comemos alimentos altos en carbohidratos o grasas, el cuerpo necesita mucha energía para procesar y digerir alimentos que tienen poco valor para el cuerpo.

Por otro lado, las frutas y verduras crudas nos ofrecen un impulso de energía. Son más fáciles de digerir y no consumen mucha energía en el proceso de digestión. Esto nos deja con más energía, por eso nos sentimos más activos y centrados. Es difícil ser disciplinado cuando no tenemos la energía para concentrarnos en una tarea. Si te sientes demasiado adormilado después de comer comidas pesadas, grasosas y altas en carbohidratos, se vuelve un reto enfocarse. Aleja esta sensación de lentitud incluyendo más alimentos crudos, frescos y no procesados en tu dieta.

Resista la tentación de consumir alimentos altos en almidón, artificialmente endulzados, procesados, enlatados y chatarra. En su lugar, opte por alimentos integrales que sean ricos en nutrientes y ofrezcan al cuerpo la energía adecuada para mantenerse enfocado y disciplinado. Intente comer en porciones pequeñas y hacer ejercicio con moderación o equilibrio.

Creas o no, la comida que comemos afecta la composición neurológica de nuestro cerebro. Tiene un impacto considerable en la conexión física y mental de nuestro cuerpo. Opta por granos enteros, alimentos crudos, nueces enteras y alimentos orgánicos, y disminuye la cantidad de comida chatarra de tu dieta. La próxima vez que sientas la tentación de picar unas papas fritas, intenta reemplazarlas con rodajas de vegetales frescos sumergidos en hummus u otro dip recién hecho y delicioso.

Hábito 30 - Desarrollar patrones de sueño saludables

El sueño es una parte importante de la disciplina personal. Está directamente relacionado con nuestra capacidad para enfocarnos y concentrarnos en las tareas que tenemos entre manos. Nota cómo cuando no duermes lo suficiente (no se trata de levantarse de la cama por el lado equivocado), impacta negativamente en tu estado de ánimo, concentración, juicio, toma de decisiones, eficiencia, productividad y mucho más. Se vuelve aún más grave con investigaciones que sugieren que las personas privadas de sueño tienen un mayor riesgo de desarrollar enfermedades graves y un sistema inmunológico reducido.

Es importante dormir al menos 7-8 horas cada día. Evita ver televisión o pasar tiempo en dispositivos electrónicos un par de horas antes de acostarte para disfrutar de un sueño más relajado. Deja de consumir cafeína al menos 5-6 horas antes de acostarte para evitar interrumpir el flujo natural de tu ciclo de sueño. Si quieres dormir mejor, evita el consumo de alcohol, nicotina y comida chatarra.

Hábito 31 - Organiza tu espacio, tus pensamientos y tu vida

Organizar tu espacio, pensamientos y vida es fundamental en el proceso de desarrollar una mayor auto disciplina.

Comience con su espacio personal y de trabajo. En lugar de tener documentos dispersos, utilice archivos etiquetados para almacenarlos. De esta manera, cuando necesite una hoja de papel importante, no perderá tiempo buscándola por todas partes.

Mantén tu escritorio acogedor, positivo, organizado y limpio. Un espacio de trabajo limpio refleja una mente organizada y libre de desorden, capaz de generar ideas frescas.

Regala las cosas que no necesitas o las que ya no sirven para nada en tu vida para dejar paso a cosas nuevas. Dona a una ONG u organización para los menos afortunados. A menudo, las cosas viejas están ligadas a dolorosos recuerdos del pasado (especialmente pertenencias que nos recuerdan relaciones pasadas) que nos impiden avanzar. Estamos frenados por sentimientos de culpa, vergüenza y arrepentimiento, que nos impiden concentrarnos en lo nuevo.

Si todo tu espacio de oficina o tu oficina en casa está desorganizada, trata de abordar un cajón a la vez porque organizar todo de una sola vez puede ser abrumador. Toma un espacio pequeño a la vez durante los próximos siete días. Incluso cuando se trata de despejar u organizar tu hogar, toma una habitación o una sección de una habitación a la vez en lugar de intentar ser sobrehumano organizando toda la casa en un día. Si has organizado o limpiado tu hogar durante días, no será posible levantarlo, limpiarlo y ponerlo en funcionamiento de repente en unas horas a menos que tengas ayuda.

Asegúrate de que cuando recojas o uses algo, lo devuelvas a su lugar original por mucho que te tiente dejarlo por ahí. De esta manera sabrás dónde buscarlo cuando lo necesites y ahorrarás tiempo precioso.

Inevitablemente desarrollarás tu fuerza de voluntad cuando tus pensamientos, el espacio que te rodea y tu vida estén más organizados.

Hábito 32 - Escribir en un diario

Llevar un diario o escribir tus objetivos (usando un diario para el auto-mejoramiento) es una de las mejores maneras de adquirir una mayor disciplina personal. Escribir tus objetivos no solo te ayuda a comprometerte físicamente con esos objetivos, sino que también dirige tu mente subconsciente para lograr esos objetivos, desarrollar nuevos hábitos o llevar una vida más disciplinada. Llevar un diario tiene múltiples beneficios, incluyendo aumentar la creatividad, impulsar la autodisciplina y mejorar tu salud en general.

Cuando escribes tus metas, les das forma o las haces cobrar vida. Les das a las metas mentales una especie de forma tangible, lo que te hace aún más responsable de cumplirlas. Mantén tus metas SMART. Deben ser específicas, medibles, alcanzables, realistas y con límite de tiempo. Esto hará que sea más fácil hacer un seguimiento del progreso de tus metas.

Nuestra mente subconsciente es una herramienta muy potente. Cuando escribes sobre algo que deseas lograr, la mente subconsciente no puede diferenciar entre el presente y el futuro, o si tienes o deseas algo. Cree que ya lo tienes, y luego dirige tus acciones en línea con ese objetivo.

Por ejemplo, si deseas más dinero y prosperidad en tu vida y sigues escribiendo tus metas, la mente subconsciente cree que ya son tuyas y inevitablemente alinea tus acciones para atraer aún más dinero y prosperidad.

El subconsciente no es capaz de diferenciar entre lo real y lo imaginado. Para él, todo es real. Por lo tanto, la mente subconsciente dirige tus acciones en línea con el objetivo, creyendo que es real. Así, canaliza tus acciones hacia la dirección de obtener aún mayores recompensas financieras y prosperidad general.

Aquí tienes algunos consejos para hacer que el proceso de escribir en un diario sea aún más efectivo.

Comienza por donde te encuentras actualmente en tu vida. ¿Dónde estás en este momento de tu vida? Describe tu situación general en el trabajo, la vida y las relaciones. ¿Realmente estás donde te imaginabas cuando eras niño o adolescente?

Luego, pasa a los objetivos que deseas lograr. ¿Dónde te ves al final del año o en los próximos cinco años? ¿Cuáles son los objetivos que deseas lograr al final de la semana, mes y año?

Escribe en un flujo de conciencia sin editar tu escritura. Reserva la gramática, ortografía, estructura de las frases y habilidades lingüísticas impecables para tu informe de trabajo. Los sentimientos, emociones y pensamientos no deben ser editados. Escribe sin censurar tus pensamientos. Silencia al editor interno porque estás escribiendo solo para ti mismo.

Comienza un diálogo con tu yo interior escribiendo con la mano no dominante. ¿Cuáles son los desafíos que experimentas?

Después, comienza a incluir una lista de agradecimiento al final de cada día. Haz una lista de las cosas por las que estás agradecido diariamente. Mantén actualizada la lista cada día encontrando nuevas cosas por las cuales estar agradecido. Gradualmente notarás que las cosas por las que estás agradecido aumentarán. Cuanto más agradecido seas, más tendrás por lo cual estar agradecido en el futuro.

Tu diario es un relato personal que te representa en todo momento. Incluye desde tiras cómicas, pegatinas, frases motivadoras, fotografías personales, cuentos cortos, imágenes de internet, y cualquier cosa que te conecte con tus metas o la vida de tus sueños.

Mantén un registro de todos tus éxitos y logros. Puede ser algo tan simple como que alguien te elogie por tu letra. Sigue apuntando los elogios, recompensas y logros que obtengas a lo largo de la semana, por pequeños que te parezcan. A medida que te vuelvas más consciente y cultives la lista, notarás cómo poco a poco se convierte en un éxito mayor.

Estás condicionando tu mente para actuar en conjunto con tus objetivos de una manera más consciente y con propósito.

Me gusta escribir sobre las cosas que me preocupan o me perturban de una manera más objetiva, en un estilo en tercera persona. Esto te permitirá distanciarte del evento o situación y verlo con una perspectiva más fresca. A veces, estamos tan involucrados en circunstancias que nos afectan que no podemos verlas desde una perspectiva diferente. La autodisciplina también se trata de conectar con tu ser superior para lograr tus metas.

Deja de usar tecnología (aplicaciones de diario) y opta por escribir a mano en tu diario en su lugar. El proceso físico de escribir tiene un impacto poderoso en tu mente y la condiciona para cumplir tus metas.

Puedes tener diferentes diarios con un tema diferente cada uno. Conozco a muchas personas que tienen diarios diferentes, como un diario de pensamientos, un diario de sueños, un diario de metas y un diario de gratitud. Dale a cada diario un propósito claro y convincente.

Si realmente admiras a una persona/celebridad, escribe una conversación imaginaria con ellos. Diles qué es lo que admiras de ellos y por qué su historia de vida te inspira. ¿Cómo planeas modelar tu vida según la de ellos? ¿Qué aspectos de su vida te gustaría incorporar en la tuya propia? Puede ser cualquier persona, desde tu estrella de rock favorita hasta alguien fallecido a quien desearías haber conocido.

Uno de los mejores trucos de autodisciplina es hacer un seguimiento de tu progreso mientras te acercas a cumplir tu objetivo o dejas un mal hábito o desarrollas un hábito positivo. Sigue registrando tu progreso a medida que completas tareas importantes o dejas hábitos negativos o dominas nuevas habilidades. ¿Qué tal tener una barra de estado diaria, semanal y mensual? ¿O el porcentaje de cuánto has avanzado con tu objetivo?

También está bien ser aleatorio con tu diario y no seguir un solo tema si eso es lo que te hace sentir más cómodo. Si amas el arte o sientes una conexión con artefactos, incluye imágenes de artefactos para fomentar la creatividad. Los diarios son excelentes salidas creativas para dibujar y pintar lo que deseas expresar a través de visuales. No hay regla que diga que mantener un diario es solo acerca de escribir. Puedes dejar volar tu imaginación y pintar lo que quieras expresar a través de tus dibujos y bocetos.

Intenta escribir tu diario a la misma hora todos los días para que se convierta en una parte integral de tu rutina.

Capítulo Seis: Construye Tu Red y Relaciones

"Si estás con cinco personas exitosas, entonces tú eres la sexta persona exitosa. Lo contrario también es verdad, así que ¿con quién te estás juntando?" - Michael E. Gerber

No vives en una selva o madriguera de conejos. Sin embargo talentoso, trabajador, disciplinado y perseverante que creas que eres, necesitas a otras personas para tener éxito. Recuerda, construir una riqueza a largo plazo y sostenible no se trata de correr un maratón, sino de correr una carrera de relevos donde aprovecharás el tiempo, habilidades y esfuerzos de otras personas. Para tener éxito, necesitas habilidades sólidas de networking para construir contactos, una excelente relación con las personas con las que haces negocios o trabajas, y personas de las que puedas aprender. Según estudios, nos volvemos como las cinco personas con las que pasamos más tiempo. Si pasas la mayor parte del tiempo con personas exitosas, observando y admirando sus estrategias de éxito, tus posibilidades de éxito aumentan exponencialmente. Construir grandes relaciones y tener acceso a excelentes mentores es la clave del éxito, que desafortunadamente muchas personas pasan por alto.

Aquí tienes algunos consejos para hacer networking y construir relaciones para el éxito.

Hábito 33 - Utiliza el poder de las redes sociales

No hay mejor manera de conectar con personas para trabajar que codearse con ellos virtualmente en LinkedIn y otras plataformas. Hay muchos grupos especializados en LinkedIn y Facebook donde puedes comunicarte con personas afines en busca de oportunidades, asociaciones o simples consejos. Aprovecha el poder de las redes virtuales para hacer crecer tu negocio/trabajo y riqueza. Hay menos presión en estas reuniones en comparación con reuniones en persona. Además, estos profesionales con mentalidad similar en Google Plus, LinkedIn y Twitter pueden abrir varias puertas de oportunidades para ti que de otra manera no habrías pensado posible. Comenta en sus publicaciones, genera discusiones inteligentes en grupos, deja un feedback valioso y perspicaz en una publicación de blog que disfrutaste leyendo, y comienza una conversación en cualquier oportunidad que se presente. De esta manera, no solo conocerás a nuevas personas, sino que tendrás muchas cosas que decirles cuando los conozcas en persona.

Hábito 34 - Solicitar referencias a personas existentes

Otra excelente manera de conocer gente es a través de las personas que ya conoces. De esta manera, estás expandiendo constantemente tu lista de contactos. Si estás buscando conocer a personas importantes, quédate un tiempo con las personas que las conocen antes de pedir sus datos de contacto o solicitar una cita. Puedes pedir educadamente una presentación con las personas con las que quieres establecer una red. Únete a la conversación y podrías recibir una cálida bienvenida. También hay una herramienta de presentación en LinkedIn donde puedes ser presentado a nuevos conocidos a través de contactos existentes.

Si ves un círculo de personas en un evento de networking y conoces a algunos de ellos, acércate y preséntate. Intercambia tarjetas de negocios y obtén tantos números como puedas para mantenerte en contacto. No pidas trabajo o negocios de inmediato. Si estás buscando asociaciones a largo plazo con personas y enfocado en aprovechar estos contactos para el éxito y la riqueza en el futuro, no pidas favores inmediatos. Digamos que estás buscando trabajo. Evita pedir trabajo directamente a la gente de inmediato. En cambio, busca su consejo pidiéndoles consejos que ayudarán en tu búsqueda de trabajo. Esto te hace parecer más profesional y creíble.

Tu objetivo principal debería ser construir una gran relación y conexión con las personas, los favores pueden seguir. De esta manera, cuando se presente una oportunidad, estarás en la mente de ellos. Abre tantas puertas de oportunidad como sea posible al diversificar tu lista de contactos sociales. Nunca sabes quién será esa persona que pueda cambiar tu fortuna. Uno de mis consejos favoritos en los primeros años, cuando se trataba de aprovechar al máximo mis posibilidades de conseguir un trabajo, era pedir a las personas que revisaran mi currículum. Nunca pediría directamente un trabajo.

Sin embargo, revisar mi currículum fue una buena manera de que las personas conocieran mi experiencia, habilidades, trabajos anteriores, y más. De esta manera, muy a menudo, me proporcionaban información sobre oportunidades que coincidían con mi perfil o las tenían en cuenta cuando surgían oportunidades similares. Es un truco ingenioso. Las personas se sienten bien cuando les pides que revisen tu currículum, y también terminas abriendo camino en su círculo.

Solicite sugerencias sobre cómo ampliar su red de contactos. Cada nueva persona que conozca conocerá aproximadamente a 200 personas. Está aprovechando una fuente de red valiosa. Si obtiene acceso a contactos al seguir las sugerencias de contactos existentes, rápidamente ampliará su red de contactos. Pida organizaciones profesionales, clubes y sugerencias o nombres de personas que crean que pueden ser buenas para su asociación. La mayoría de las personas son abiertas y serviciales cuando se trata de sugerir personas de su lista de contactos, y estarán aún más felices de hacerlo si usted también les puede dar unos cuantos contactos de su lista. Es un mundo de 'te ayudo yo a ti y tú me ayudas a mí'.

Hábito 35 - Encontrar o crear razones para hacer un seguimiento

Crea razones para mantener una relación con las personas de forma continua una vez que te han presentado. Digamos que conociste a alguien en un evento de networking y discutieron un tema en particular. Envíales un blog o artículo que hayas disfrutado leyendo sobre el tema y haz referencia a la conversación.

Envíales alguna información valiosa que pueda beneficiarlos o una nota de agradecimiento si te ayudaron con algo. Enviar saludos y buenos deseos en festividades también es una buena forma de mantener la relación. Si no te mantienes en contacto con las personas, te olvidarán después de un tiempo. Busca dos o tres oportunidades al año para volver a conectar con ellos en persona. No solo quieres seguir conociendo gente nueva sin mantener el contacto con ellos.

Hábito 36: Participar en tantos eventos de networking como sea posible.

Participa en estos almuerzos, reuniones de networking, conferencias y eventos. Ten tus tarjetas de presentación listas. Preséntate a las personas diciéndoles a qué te dedicas. Es posible que no tengan algo para ti de inmediato. Sin embargo, si causas una impresión positiva, es muy probable que seas la primera persona que venga a su mente cuando haya algo para ti. Un consejo profesional para mantenerse visible dentro de tu organización es asumir responsabilidades voluntarias adicionales dentro de la misma. Esta es una excelente manera de devolverle algo a la empresa y mantenerte visible. También demostrará a las personas que vas más allá de tu deber, lo que significa que eres más probable que seas elegido sobre otros cuando surja una oportunidad adecuada.

Hábito 37 - Permanecer con personas positivas y exitosas

Si quieres ser rico y exitoso, haz un esfuerzo consciente de moverte con gente exitosa. Su consejo, sugerencias, hábitos, estilo de vida, mentalidad, creencias y ética laboral inevitablemente impactarán tu propia mentalidad y pensamiento. Desarrollarás una mentalidad de creación de riqueza e ingresos, y comenzarás a adoptar hábitos que dirijan tus esfuerzos hacia el éxito.

Su aura positiva y frecuencia de pensamiento te afectarán a un nivel más profundo, a nivel subconsciente. Comenzarás a comportarte y pensar como una persona rica y exitosa. Encuentra mentores que te guiarán en la dirección correcta.

Una de las mejores formas de convertir a alguien en tu mentor es decirles cuánto admiras su trabajo y pedirles sugerencias.

Capítulo Siete: ¿Obstáculos o Oportunidades?

Cuando se trata de limitar o mejorar tus posibilidades de éxito, el factor más importante es tu percepción. Al alterar tu percepción, puedes programar tu mente para lograr un mayor éxito. La buena noticia es que no es difícil crear una mentalidad innovadora que perciba los contratiempos como oportunidades y aprendizaje y no como obstáculos. Puedes trabajar fácilmente a través de barreras que te limitan y desarrollar estrategias para contrarrestar estos llamados obstáculos que se interponen en el camino de tu éxito y abundancia.

Hay una historia budista sobre un rey cuyo reino estaba lleno de ciudadanos auto-titulados. No contento con esto, decidió darles una lección que no olvidarían. Tenía un plan simple e ingenioso. Colocó una enorme roca en el centro de la calle principal, bloqueando la entrada de la gente. El rey decidió esconderse en los arbustos cercanos y observar las reacciones de sus ciudadanos.

Se preguntaba cómo reaccionarían. ¿Se reunirían y lo descartarían? ¿Se sentirían desilusionados y regresarían? El rey observaba con decepción cómo uno tras otro de sus súbditos abandonaba y regresaba, en lugar de intentar quitar la roca de su camino. En el mejor de los casos, algunos intentaron levantarla de forma poco entusiasta pero rápidamente se rindieron. Muchas personas criticaban abiertamente al rey o se quejaban de la incomodidad sin pensar en formas de superarla.

Después de unos días, un campesino tuvo la suerte de encontrarse con la roca. En lugar de retroceder como los demás, intentó empujar la roca fuera de su camino varias veces. Entonces, de repente, una idea le vino a la mente. Fue al bosque contiguo para buscar una rama grande que utilizó como palanca y desalojar la enorme roca de la calle. Tan pronto como se movió la roca masiva, debajo de ella había una bolsa de monedas de oro y una nota escrita a mano del rey que decía: "El obstáculo en el camino se convierte en el camino. Nunca olvides, dentro de cada obstáculo hay una oportunidad para mejorar nuestra condición."

¿Estás aprovechando los obstáculos en tu camino a tu favor? ¿Estás aprovechando el poder de los desafíos en tu vida para convertirlos en oportunidades? Como discutimos anteriormente, los obstáculos son oportunidades disfrazadas. ¿Tienes la perspicacia para convertir los desengaños en tu vida en riqueza y éxito? Aquí tienes algunas estrategias para cambiar tu percepción hacia los desafíos y utilizarla para construir una mayor riqueza y éxito.

Hábito 38 - Modificar tu perspectiva

Recuerda, no siempre puedes elegir tus circunstancias y las cosas que te suceden en la vida. Sin embargo, puedes elegir tu reacción ante ello. No siempre puedes determinar el curso que pueda tomar tu vida, pero puedes elegir tu percepción y respuesta ante ello. Los ganadores ven oportunidades, los perdedores ven excusas. Controla cómo percibes y enfrentas un obstáculo. Esto se puede lograr controlando tu pensamiento catastrófico o emociones irracionales. No pienses en términos de extremos. Un fracaso o despido no significa la perdición de tu carrera. Un mal negocio no quiere decir que sea hora de cerrar la tienda. Evita magnificar las cosas y míralas de forma más equilibrada. Observa las cosas como son y no como crees que son. Estás reorientando tu mente o editando selectivamente tus pensamientos para desarrollar una mentalidad de victoria incluso en medio de lo que se llama fracaso. La perspectiva correcta puede llevar a acciones positivas.

Hábito 39 - Poner patas arriba al monstruo

Hay un montón de aspectos positivos en todo si solo tenemos la visión de buscarlos. Las cosas que creemos ser negativas pueden contener muchos aspectos positivos. Una falla técnica que crees que ha destruido todo tu trabajo es una oportunidad para trabajar en ello nuevamente y mejorarlo aún más que el anterior porque ahora estás más preparado y informado. Recuerda, ¿qué pasa con el amigo que perdió su trabajo y luego montó su propio negocio rentable? ¿Y si no hubiera sido despedido por su organización? Todavía estaría trabajando como un simple asalariado, trabajando día y noche para lograr las ganancias de otra persona en lugar de construir riqueza para sí mismo.

Tener un jefe que es negativo y desalentador es una maravillosa oportunidad para aprender lo que no debes ser como jefe o actualizar tu currículum para un mejor trabajo en otra organización. Créeme, cada situación tendrá algo bueno en ella. Solo tienes que ser lo suficientemente perceptivo para detectarlo.

Hábito 40 - Mantén la visión global en mente

A veces, cuando estás atrapado en medio de una situación aparentemente imposible, lo mejor que puedes hacer es ¡pensar! Creas un montón de oportunidades y caminos al pensar de manera racional y objetiva. Crea movimiento al pensar en cosas como ¿cómo puedo resolver este problema o desafío? Si no puedo resolverlo, ¿cómo puedo mejorarlo para mí y para otras personas? Te sorprenderá cómo algunas preguntas simples y positivas pueden cambiar la forma en que abordas el problema en cuestión. Piensa en otras personas, especialmente en tus seres queridos.

Esto te da la fuerza para superar desafíos. La próxima vez que te sientas abrumado por un desafío, no te quedes ahí sentado maldiciendo tu destino. Si no lo intentas, no llegarás lejos de donde estás actualmente y nunca crecerás. Todas las personas que admiras han enfrentado y superado obstáculos en algún momento u otro, lo cual es responsable de su actual gloria. En lugar de sufrir sus circunstancias menos deseables, aprovecharon al máximo los desafíos que se les presentaron. Si tu objetivo a largo plazo es jubilarte a los 40 años o alcanzar la libertad financiera para tu familia u otra razón convincente, seguirás avanzando a pesar de los obstáculos.

Hábito 41 - Deja ir los desafíos que están más allá de tu control.

Por mucho que te gustaría controlar todo en tu vida, algunos desafíos van a estar más allá de tu control. Piensa en la devaluación de tu hogar debido a una catástrofe natural en la región o perder tu trabajo debido a una fusión o recesión global. Estas son circunstancias donde tienes poco control. En cambio, céntrate en los desafíos que puedes controlar.

Por ejemplo, no saber una habilidad en particular que puede ayudarte a ganar más dinero o hacer crecer tu negocio es un desafío que puedes superar fácilmente dominándola. Si aún no te has graduado, lo cual representa un desafío en tus futuras perspectivas laborales o para ganar más dinero, ve y obtén ese título. Deja de enfocarte en desafíos que no se pueden controlar y en cambio presta atención a aquellos que se pueden superar.

Hábito 42 - Crece más grande que el desafío.

Mientras que la mentalidad pobre ve sus problemas y a menudo los atribuye a la mala suerte o circunstancias, la mentalidad rica se esforzará intensamente hasta descubrir una solución. Rara vez se darán por vencidos. En cambio, cambiarán el rumbo de sus acciones o intentarán una forma diferente de hacerlo.

Los ricos, a diferencia de la persona promedio, no tienen una mentalidad de "esto o aquello". Pueden adquirir tanto esto como aquello. En cambio, buscarán la manera de comprar ambos retrasando la gratificación. No buscarán placer inmediato, sino que trabajarán para obtener todo lo que desean. Digamos que una persona con mentalidad de riqueza tiene $10.

Ahora, quieren tanto helado como dulces a $10. En lugar de pensar, puedo tener dulces o helado, evitarán comprar ambos. Seguirán adelante y comprarán cuatro docenas de botellas de agua envasadas y las venderán a viajeros sedientos por 50 centavos cada una para ganar $24. Ahora pueden comprar dulces, helado y tener algunos dólares de sobra. Los ricos tienen una mentalidad de "ambos" no "o uno u otro".

Capítulo Ocho: Ejercicio Diario y Salud

Somos lo que comemos no es una declaración descabellada sino la verdad. Nos convertimos en lo que comemos. Si estás comiendo comidas poco saludables, tu cuerpo y mente se vuelven letárgicos, lo cual no te coloca en el estado adecuado de productividad. Necesitas energía para trabajar largas horas, la cual a su vez se alimenta de una dieta equilibrada, nutritiva y controlada. Combina esto con ejercicio y un régimen regular de actividad física y tienes la receta perfecta para la buena salud.

Aquí tienes algunos consejos seleccionados para comer de forma saludable y hacer ejercicio.

Hábito 43 - Desayunar una hora antes de hacer ejercicio.

Si haces ejercicio o practicas cualquier forma de actividad física, desayuna al menos una hora antes de entrenar. Asegúrate de estar lo suficientemente energizado para el entrenamiento. Según la investigación, consumir carbohidratos antes de hacer ejercicio puede mejorar tu rendimiento y permitirte mantener el entrenamiento por más tiempo o aumentar su intensidad. No comer puede hacer que te sientas con poca energía o lento. Toma un desayuno ligero si vas a hacer ejercicio después del desayuno o toma una bebida deportiva que te dé energía. Consigue carbohidratos para una energía óptima.

Hábito 44 - Tamaño de tus comidas

Come alrededor de tres a cuatro comidas grandes si estás haciendo ejercicio. Además, come comidas o snacks más pequeños y saludables en el medio. Incluye nueces enteras, frutas y verduras crudas, y salsas caseras como el hummus. Evita picar comida chatarra, grasosa, artificialmente saborizada y endulzada con frecuencia. También se debe evitar la comida enlatada y con conservantes. No aportan ningún valor nutricional a tu cuerpo y terminan haciéndote sentir letárgico.

Hábito 45 - Comer bocadillos saludables

Los refrigerios evitan los antojos entre comidas. Sin embargo, evita picar alimentos poco saludables que te hagan sentir somnoliento, con poca energía, irritable y con poca productividad. Aquí tienes algunas opciones de refrigerios saludables: barras energéticas, frutas frescas, yogurt, batidos de frutas frescas, barras de granola, bastones de verduras crudas y otros alimentos similares para picar.

Hábito 46 - Crear un plan de comidas

Un plan de comidas es maravilloso cuando se trata de hacer cambios en tu estilo de alimentación, y comer comidas más disciplinadas y llenas de nutrición. Trátalo como un plan detallado de tus elecciones de comida. Incluye opciones sobre lo que planeas comer para el desayuno, almuerzo y cena cada día de la semana, junto con una estimación aproximada de la nutrición que consumirás con cada comida. Tener algunas comidas detalladas mencionadas te puede ayudar a verificar si estás tomando decisiones inteligentes en cuanto a la comida. Puedes darte cuenta de que tu consumo de vegetales es bajo o que tu cena no está muy equilibrada. Deja que tu plan de comidas te guíe hacia la toma de decisiones inteligentes en la alimentación. También puede ayudarte a hacer tu lista de compras, lo que te llevará a una comprar inteligente y determinar si estás cumpliendo con tus metas dietéticas.

Hábito 47 - Consumir proteína magra

Las proteínas magras son un componente importante cuando se trata de proporcionar a tu cuerpo componentes dietéticos esenciales. Para cumplir con los requerimientos nutricionales diarios, incluye una porción de 3-4 oz de proteína en cada comida. Las proteínas magras son buenas porque son bajas en grasa y calorías. Elige alimentos como huevos, tofu, aves de corral, mariscos, legumbres y carne magra. Limita las proteínas grasosas como tocino, salchichas y carne procesada.

Hábito 48 - Mantente en alimentos a base de granos

Incluya alimentos a base de granos como pan y pasta de trigo integral, arroz integral y otros alimentos 100% de grano entero en su dieta. Los granos enteros son deliciosos y hacen opciones alimenticias saludables. Requieren un procesamiento mínimo y contienen la bondad de cada porción de grano.

Los granos enteros son ricos en fibra, ricos en proteínas y tienen una gran cantidad de nutrientes beneficiosos. Cambia a avena, cebada, pan integral y mijo en lugar de pan blanco y pasta.

Hábito 49 - Tomar más vitaminas y minerales

Los estadounidenses no reciben la ingesta requerida de minerales y vitaminas según varias investigaciones nutricionales. Es más comida procesada, carbohidratos, azúcar refinada y otros alimentos poco saludables. Encuentra suplementos de vitaminas y minerales que se puedan consumir diariamente para compensar cualquier deficiencia. La consecuencia de ignorar las necesidades de tu cuerpo puede no ser inmediata, sin embargo, a lo largo de un período más largo de tiempo, puede ser considerablemente perjudicial. Esto nos afecta a lo largo de un período de tiempo donde se refiere a la claridad física, mental, emocional y espiritual.

Hábito 50 - Beber suficientes líquidos

Consuma suficiente agua a lo largo del día para mantener su cuerpo hidratado. La mayoría de los profesionales de la salud recomiendan beber un mínimo de ocho vasos de agua de 8 onzas cada día. Evite las bebidas con cafeína y artificialmente endulzadas. Opte por bebidas claras, naturales y sin azúcar. Además, limite el consumo de alcohol.

Hábito 51 - Salir al aire libre

Pocas cosas pueden hacer tanto bien a tu cuerpo, mente y alma como salir al aire libre como parte de tu régimen de fitness. Haz cualquier cosa, desde caminar hasta correr hasta andar en bicicleta. Nadar, jugar tenis y saltar en tu patio trasero también son maravillosos. Aprovecha un poco de sol temprano en el día si puedes. ¡Sal al bosque y experimenta la naturaleza! Te sorprenderá lo vigorizado y rejuvenecido que te sentirás al final.

Hábito 52 - Incluye entrenamientos más disfrutables y completos en tu horario.

¿Quién dice que los entrenamientos tienen que ser aburridos y monótonos? Puedes divertirte mucho bailando, haciendo aeróbicos, Zumba, kickboxing, y simplemente saltando. Hay varias formas de ser más activo, y agregar actividad física estimulante en tu horario. Cuanto más te diviertas haciendo estos entrenamientos, menos probabilidades tendrás de rendirte a la larga. Incluye una combinación de cardio y fuerza para disfrutar de un régimen de fitness más completo.

Hábito 53 - Consigue un compañero de gimnasio para responsabilizarte.

Regístrese en el gimnasio local con un compañero de entrenamiento que pueda mantenerlo responsable de sus entrenamientos. También puede unirse a clases grupales o a una clase de yoga. La actividad física no siempre requiere que salga de casa. Si lleva una vida ocupada, simplemente encuentre videos instructivos de ejercicios o yoga en línea o compre DVD. Programe estas actividades en su horario semanal.

Hábito 54 - Aumenta tus actividades básicas.

Aunque estos no puedan estar incorporados en tu rutina diaria de ejercicio, haz un hábito consciente de aumentar tus actividades físicas diarias. Experimentarás muchos beneficios para la salud al hacer pequeños cambios en tus actividades básicas. Haz cambios lentos pero graduales en tu estilo de vida que puedan ayudarte a largo plazo. Camina a la tienda en vez de manejar. Toma las escaleras en lugar del ascensor. Rastrilla hojas en tu jardín. Estas actividades pueden sumar rápidamente un equivalente de más de 2 horas de cardio a la semana.

Hábito 55 - Comienza un blog de responsabilidad o un diario.

Tu compromiso y responsabilidad con una resolución aumentan cuando la haces pública. Obviamente, nadie quiere ser visto como una persona que no cumple su palabra. Comienza a poner las cosas por escrito (o en un blog si prefieres) para seguir tu progreso de fitness. Al final de cada día, menciona tu dieta, actividades físicas y régimen de fitness.

Escribe sobre los viejos hábitos que deseas eliminar y cómo los estás reemplazando con hábitos más nuevos y positivos para presenciar una transformación completa. Menciona cómo el nuevo plan y los alimentos están impactando tu cuerpo, mente y espíritu de una manera positiva. Si hay desafíos en el camino, menciónalos y también las medidas que tomaste para superarlos. Haz un seguimiento del progreso que haces en la dirección de tus metas.

Hábito 56 - Realícese chequeos de salud regularmente

Además de comer de manera saludable y llevar una vida físicamente activa, es importante someterse a revisiones físicas regulares. Esto puede ayudar a apoyar tus objetivos de fitness y salud, además de detectar cualquier disfunción. Consulta a un dietista, médico o nutricionista profesional antes de probar cualquier plan de dieta nuevo. También puedes contratar los servicios de un entrenador personal para guiarte hacia tus objetivos de salud y fitness.

Capítulo Nueve: ¿Por qué reinventar la rueda?

La mayoría de las cosas en la vida no necesitan ser reinventadas. Probablemente necesitas mejorar una idea, concepto o pensamiento existente. Tal vez encontrar una forma de hacer las cosas de manera diferente para producir una mayor eficiencia o resultados. Sin embargo, no es necesario reinventar la rueda todo el tiempo.

Piénsalo, tu tiempo en la tierra es limitado, y solo tienes tantos años para ser productivo y construir riqueza. ¿Por qué harías algo desde cero que te consume todo tu tiempo cuando simplemente puedes copiar y pegar un sistema que ya está funcionando bien para otros? La forma más inteligente de progresar en el mundo actual es seguir algo que ya ha demostrado ser un éxito o emular un modelo probado.

Hábito 57 - Comienza donde tus ídolos comenzaron, no donde están actualmente.

El éxito radica en los detalles. Duplicar con éxito un sistema también es un arte. Por ejemplo, no puedes modelar tu negocio en alguien que está 2000 pasos por delante de ti. Si estás construyendo una red social para viajeros, no puedes imitar lo que Facebook está haciendo ahora. Tendrás que retroceder a lo que hizo Zuckerberg cuando lanzó Facebook.

El enfoque correcto sería identificar todos los puntos clave que implementó para ayudar a que Facebook obtuviera el impulso inicial correcto. Por ejemplo, enfocarse intensamente en los estudiantes de Harvard, inducir a la sensación de ser parte de una comunidad exclusiva, y desarrollar una plataforma para individuos con intereses similares.

En resumen, toma el principio fundamental de un plan y aplícalo a tu idea. En el ejemplo anterior, utilizamos los principios fundamentales básicos de Facebook para construir una red social exclusiva para viajeros. ¿Entiendes la idea, verdad? Debes elegir con prudencia lo que hicieron en la misma etapa o nivel en el que te encuentras actualmente.

Digamos que eres una start-up de entrega de alimentos que tiene cuatro empleados. Ahora, no te modelas en torno a lo que está haciendo actualmente un gigante de entrega de alimentos con más de 2000 empleados. Tu emulas lo que hicieron cuando empezaron con cuatro empleados. ¿Cómo puedes modelar los métodos actuales de un multimillonario con $200 en tu bolsillo? Tienes que adoptar los métodos que él/ella adoptó para convertirse en multimillonario cuando tenían $200.

Hábito 58 - Mantenerse al día con las tendencias que cambian dinámicamente

Los principios de la tecnología, hacer negocios y comprar pueden no ser los mismos hoy en día como lo eran hace unas décadas o años. Considere el tiempo, las tendencias cambiantes y un cambio en la forma en que se hacen los negocios también. Por ejemplo, hace unos años, los minoristas de comercio electrónico confiaban únicamente en las computadoras para generar ventas. Hoy en día, si ignoras a los usuarios de teléfonos inteligentes y tabletas, dejarás mucho dinero sobre la mesa para tus competidores.

Si quieres emular un negocio, observa los principios en los que se basa en lugar de exactamente cómo lograron algo. Las cosas cambian dinámicamente en la era actual. Para mantenerte al día con el mundo empresarial acelerado y lleno de acción, busca los principios más amplios que la técnica exacta. Sin embargo, si puedes encontrar éxito utilizando la técnica exacta, ¿qué te impide usarla?

Hábito 59 - ¿Por qué no crear un método único

Es posible que te preguntes por qué no deberías crear tus propios métodos y sistemas únicos. Si te dedicas al negocio de la invención, entonces sí, por todos los medios, crea tus propios métodos y sistemas a través de ensayo y error. Sin embargo, si tu objetivo es tener éxito en un campo que ya está establecido, no hay necesidad de reinventar la rueda o gastar tiempo, dinero y esfuerzo tratando de encontrar una forma diferente de hacer las cosas (cuando el método actual claramente está funcionando).

Identifica lo que es efectivo para otros, imítalo inteligentemente y agrega tu propio toque único para luego recrear un modelo diferente y mejor. Necesitas ideas para inspirarte, un proceso de trabajo ya establecido para emular. Piensa en corporaciones como Apple. Ciertamente no fue la primera en inventar su línea de productos. Fueron lo suficientemente ingeniosos para innovar en cosas que ya estaban en su lugar.

¡Los empresarios inteligentes son copiones más inteligentes! No pierden tiempo creando cada radio del neumático o cada aspecto de su modelo de negocio. Son innovadores astutos, no inventores que consumen mucho tiempo. La mayoría de las grandes organizaciones alcanzaron su gloria a través de la innovación y la imitación.

¿Por qué crees que los vendedores de internet están haciendo una fortuna vendiendo sus secretos, estrategias para ganar dinero en línea? Ganan más dinero enseñando sobre estas estrategias de lo que probablemente ganan de su negocio en línea. Lógicamente, si estuvieran ganando más del negocio, ¿no guardarían esos secretos para ellos en lugar de invitar a más competencia? Esto se debe a que hay una gran demanda de sistemas imitadores en el mundo en línea y fuera de línea hoy en día. La gente quiere invertir su dinero, tiempo y energía en cosas que ya han demostrado funcionar.

Construir algo desde cero lleva mucho tiempo, dinero y esfuerzo y ofrece resultados mínimos. El tiempo es valioso. Pasas una gran cantidad de tiempo tratando de construir un negocio solo para darte cuenta de que has gastado tu tiempo en una tontería o has obtenido resultados escasos que simplemente no valen la pena. ¡Ajusta lo que está en su lugar y tómalo como un jefe! Esa es la forma inteligente de hacer negocios hoy en día. Piensa en productividad y eficiencia; piensa en términos de crear grandes resultados en un período de tiempo más corto para aprovechar al máximo tu tiempo, esfuerzo e inversión financiera. Las empresas efectivas ganan mucho dinero en un período de tiempo relativamente corto. En lugar de buscar nuevos sistemas y probar plataformas tecnológicas, encuentra un negocio exitoso en tu campo y copia el sistema que utilizan. ¡Obviamente lo están haciendo excelente!

Hábito 60 - Encuentra un líder empresarial en tu industria

Identifica a una persona que tenga éxito en un negocio similar al tuyo o en el que aspiras a ingresar. Si estás experimentando un crecimiento lento en algún aspecto del negocio, una forma inteligente de proceder sería identificar quién tiene éxito o buscar a un líder en la misma área de negocio y copiar su método! Por ejemplo, si estás teniendo éxito en la retención de clientes pero el negocio falla en cuanto a la adquisición de nuevos clientes. Identifica un negocio en tu industria que lo haga extraordinariamente bien en lo que se refiere a la adquisición de nuevos clientes. A continuación, copia sus métodos de adquisición de clientes (quizás añadiendo tus propias innovaciones).

Hábito 61 - Atrévete a estar más cerca del líder de la industria

Estudia detenidamente al líder empresarial al entrar en su círculo íntimo lo máximo posible. Opta por estar en la lista de líderes. Suscríbete a sus boletines. Síguelo en sus redes sociales para ver qué tipo de publicaciones generan reacciones máximas. Observa qué hace que su audiencia participe, converse y actúe. Trata de establecer una buena relación con el fundador, líder de pensamiento o influencer del negocio. Asiste a seminarios realizados por ellos o donde puedas encontrarte con ellos. Síguelos en Facebook, LinkedIn y Twitter. Haz networking para entrar en su círculo íntimo.

Una de las mejores formas de hacer esto es dejar consistentemente comentarios perspicaces en sus blogs y publicaciones en redes sociales. Cuando dejas comentarios valiosos en las publicaciones de alguien o contribuyes a la discusión de manera perspicaz, la gente lo nota. Tarde o temprano, el líder te notará. Agrega valor y sigue ayudando a otros para que estos líderes de pensamiento te noten y te ayuden cuando necesites colaboración, sugerencias y consejos. Los líderes de pensamiento se sienten naturalmente atraídos por otros pensadores perspicaces y conocedores que presentan ideas y soluciones innovadoras.

Otro súper consejo para acercarse a los líderes de pensamiento es enviarles un correo electrónico y decirles por qué los admiras. No pidas ningún favor o sugerencia.

Simplemente menciona una o dos razones específicas por las que los admiras. Por ejemplo, "Realmente aprecio la forma en que traes soluciones estratégicas y creativas para la retención de empleados" o "tus opiniones sobre fusiones y adquisiciones fueron inusuales y bien pensadas." No des cumplidos vagos como "Realmente me encanta tu blog" o "Soy fan de tu escritura y opiniones." Ser específico es la clave. No des la impresión de desesperación cuando les escribas. Todos recomendaría usar sus productos o servicios y compartir tus opiniones/comentarios sobre los mismos.

Hábito 62 - Observa cómo él/ella hace negocios

Observa (bueno, no literalmente) a tu líder empresarial para aprender cómo hacen negocios y por qué. Identifica y destaca sus mejores prácticas. Observa cómo llevan a cabo sus negocios. Una vez que aprendas cómo lo hacen los maestros, ¿por qué hacerlo de otra manera? ¿Cómo opera esta persona su negocio? ¿Cuáles son los diferentes aspectos de su negocio? Entiende su modelo de negocio y de monetización.

Recoge una o dos cosas de su operación para acelerar tu negocio. Por ejemplo, puedes observar que los mejores ejecutantes y fundadores de empresas casi siempre están involucrados en dar presentaciones a los clientes para mejorar sus resultados, mientras han contratado personal de apoyo para actividades que consumen mucho tiempo, como enviar correos electrónicos en su nombre a clientes potenciales. Te das cuenta de que la delegación aprovecha el tiempo, los esfuerzos y las habilidades. Sigue el ejemplo y emplea las mismas estrategias para tu negocio.

En el mundo de hoy, es fácil entender un modelo de negocio porque todo está en línea. Estudia a fondo el negocio en línea para conocer su funcionamiento interno. ¿Tiene el negocio presencia en línea? ¿Cómo están diseñadas sus páginas de aterrizaje, blogs y sitios web? ¿Cómo están escritos sus correos electrónicos y publicaciones en redes sociales? ¿Cómo se redacta su copia de ventas? ¿Cómo se escriben sus blogs? ¿Cómo interactúa el dueño/fundador/personal con seguidores en canales de redes sociales? ¿Cómo lanzan sus productos? ¿Cómo generan expectación antes, durante y después del lanzamiento?

Líderes empresariales imitadores. Comienza a aplicar las prácticas más efectivas de tu mentor empresarial a tu negocio, un pequeño paso a la vez. Varias empresas en línea y fuera de línea han encontrado un gran éxito imitando e innovando sobre los sistemas de otras empresas exitosas.

Por supuesto, el trabajo duro no se puede descartar. Sin embargo, hoy en día, también se trata de estrategias de trabajo inteligentes y una de las cosas más inteligentes que puedes hacer para acelerar tu camino hacia la riqueza y el éxito es seguir sistemas establecidos para ganar dinero.

Si piensas que el empaque de un producto es enormemente atractivo para los clientes, ¿por qué optar por otros colores? De manera similar, si la fuente y la ubicación de la imagen funcionan maravillosamente para el diseño de la portada de un libro, ¿por qué experimentar con algo más? Ha habido personas exitosas antes que tú que ya han hecho el trabajo duro al experimentar. Ahórrate el esfuerzo y simplemente copia tu camino hacia el éxito siguiendo lo que ha demostrado funcionar.

Hábito 63 - Mantén un registro de todo lo que te inspira

Un imitador inteligente siempre tiene un álbum de recortes lleno de ideas. Hay muchas aplicaciones con funciones de notas que puedes usar en tu teléfono inteligente o tableta para el proceso de creación de ideas o toma de notas. Observa a cualquier visionario exitoso con un montón de ideas. Sus libros y aplicaciones siempre están llenos de bocetos, imágenes, historias, pistas de una palabra y ideas escritas aproximadamente.

De esta manera, cuando encuentres una idea que puedas usar para tu propio negocio, puedes tomar nota rápidamente para futuras referencias. Las ideas a menudo se pierden cuando no se plasman en un documento porque nuestro cerebro hiperactivo solo puede recordar tanto. Acostúmbrate a grabar tus ideas y los sistemas que deseas emular. Puede ser cualquier cosa, desde una nueva palabra o frase utilizada por un competidor que se puede usar en tu propio texto, hasta un sistema que un negocio está utilizando para reducir sus costos operativos.

A veces, las ideas de otra persona te inspirarán y te llevarán a construir tus propias ideas alrededor de ellas. Nuestras propias ideas provienen de una combinación de diferentes ideas, que fueron creadas por otros líderes en partes ásperas.

Hábito 64 - Copiar ideas y conceptos

A menos que haya una clara ley de derechos de autor intelectual o legislación en su región de la que no esté al tanto, afortunadamente, no hay nada que le impida tomar prestadas las ideas de otras personas. Consideremos un ejemplo. Digamos que quiere tener un gran éxito en la industria de la autopublicación. Ahora, usted nota que un exitoso autor de libros electrónicos está ganando mucho dinero autopublicando libros en Kindle.

Obviamente no puedes copiar lo que escriben ya que está protegido por derechos de autor. Sin embargo, hay ideas y conceptos que puedes tomar prestados para lograr el mismo éxito que el autor más vendido.

Así que notes que el autor no solo crea eBooks, sino también versiones de audio y discursos a partir de ellos. Esta es la fórmula principal de su éxito. O probablemente ofrecen libros en versión conjunta para agregar mayor valor a sus lectores. ¡No hay nada que te detenga para usar su fórmula de éxito! Así que, si bien no puedes copiar todo en esencia, puedes tomar ideas exitosas, fórmulas, conceptos y estrategias para tu propio trabajo o negocio.

Como imitador, es extremadamente importante cumplir con las leyes y la cortesía básica. Respeta el trabajo de otras personas. Da crédito donde sea debido. No hagas nada a los demás que no quieras que te hagan a ti. Ten en cuenta los derechos de autor y otras leyes antes de simplemente copiar y pegar el sistema o las ideas de alguien. Mira a tu alrededor y encontrarás imitadores por todas partes. FedEx tomó prestado del Servicio Postal de EE. UU. y creó su propio servicio de envío a tarifa plana. ¿Es una idea nueva? Si viste "La locura de Costco" de CNBC, dentro del gigante del almacén, sabrás de lo que estoy hablando. Costco envió a sus empleados a las tiendas de la competencia para rastrear y enviar detalles de productos y precios a la oficina central de la empresa. ¡Estratégicamente lo llamaron investigación de mercado, cuando en realidad no era más que imitar! No te presiones para crear nuevas ideas todo el tiempo. La originalidad a veces está ligeramente sobrevalorada a menos que presentes algo verdaderamente revolucionario y innovador. En su lugar, sal y busca ideas ganadoras que puedas copiar o mejorar.

En el ejemplo anterior, escribe tu propio eBook ganador sobre un tema que funcione pero dale tu toque único. Por ejemplo, si te das cuenta de que los libros sobre cómo disfrutar de un matrimonio feliz funcionan bien, puedes darle tu propio enfoque sobre cómo reconstruir la confianza y disfrutar de un matrimonio feliz después de la infidelidad. Estás tomando un tema ya establecido y probado, pero también agregando tu propio ángulo único para definir a tus lectores. Las costillas y huesos ya están ahí, solo agrega el cuerpo. La hamburguesa está lista, disfrútala con tu propia salsa original. ¿Captas la idea?

Hábito 65 - Forma asociaciones beneficiosas

Las colaboraciones y asociaciones mutuamente beneficiosas son una excelente manera de hacer crecer tu negocio a largo plazo. Puede que tengas una página en redes sociales o una comunidad para madres o viajeros. ¿Cómo puedes monetizar ahora? Tal vez acercarte a otras comunidades similares juntas y combinar fuerzas para aproximarte a marcas de mamás-bebés o de viajes para publicidad con un público más amplio. De la misma manera, un negocio puede beneficiarse de algo que tú tengas, como una audiencia más grande, mientras tú puedes aprovechar su experiencia en la materia. Es una situación beneficiosa para ambas partes, a la vez que ayuda a ambas empresas a ahorrar dinero, tiempo y esfuerzo.

Capítulo Diez: Consigue un Mentor

"Dicho esto, también debo añadir que aprendí mucho al ser permitido en estos círculos privilegiados y estoy agradecido por la oportunidad de haber trabajado estrechamente con algunas de las personas más poderosas y exitosas en el negocio, incluidos Steven Spielberg y Ted Turner." - Douglas Wood

¿Te preguntas cómo adquirían conocimiento las personas antes de Google, las universidades o incluso los libros? Aprendían de otras personas. Acercarse y aprender de otras personas se ha vuelto aún más fácil ahora con la llegada de internet y las redes sociales. Los influenciadores, líderes empresariales y personas influyentes están más accesibles y abiertos a interactuar con su audiencia que nunca antes. El mentorazgo se remonta a la era de la antigua Grecia, cuando los filósofos tenían sus propias disciplinas que transmitían todo su conocimiento y sabiduría. Es un método probado de aprender de la experiencia, sabiduría y estrategias de los jugadores más experimentados en el mercado.

Obtener un mentor sólido, experimentado y conocedor puede acelerar tu medidor de éxito 10 veces más rápido. ¿No sabes cuáles son las mejores prácticas para conseguir un mentor? ¡Estoy revelando todos los secretos aquí!

Hábito 66 - Nunca preguntes directamente

¡Lo más tonto que alguien ha hecho es acercarse a mí con correos electrónicos preguntando si sería su mentor. ¡Un rotundo no! Nunca te acerques a los líderes que te gustan con correos electrónicos instándolos a ser tu mentor. Pensarán que estás siendo tremendamente ilusorio. La mayoría de las personas son serviciales y no les importa ayudar cuando necesitas orientación o sugerencias, pero no van a estar pegados a ti. Así que la palabra mentor probablemente los hará salir corriendo en otra dirección.

Además, la ayuda no es de una sola vía. Si las personas hacen algo por ti fuera de su camino, también esperarán que les devuelvas el favor. ¡No hay almuerzos gratis en el mundo! Mantén tu comunicación corta, directa y sencilla. Puedes hacerles una o dos preguntas o darles un cumplido específico (como se discutió en el capítulo anterior). Evita pedir un favor enorme al principio.

Cuando alguien te está ofreciendo un gran valor, no lo menosprecies ofreciéndote a comprarle café u algo tonto por ese estilo. Debes ser lo suficientemente convincente para merecer el tiempo y la atención de alguien.

He probado múltiples enfoques cuando se trata de acercarme a mentores, el que funciona de manera efectiva para mí es, ofrecer un cumplido específico al mentor líder de pensamiento, seguido de mi propia opinión sobre algo sobre lo que han escrito recientemente en un blog, y finalmente terminar con una pregunta sobre la que necesito más orientación. ¡Casi siempre funciona! Has satisfecho su ego al decirles que admiras su trabajo y luego has revelado tu conocimiento/inteligencia al ofrecer tu propia perspectiva única sobre un tema del que hablaron recientemente. ¡Finalmente, dándoles la importancia máxima buscando sus valiosas aportaciones sobre un problema, tema o asunto! ¿A quién no le gusta cuando la gente busca su orientación y sugerencias?

Hay toneladas de hilos de discusión y comunidades en LinkedIn, lo cual es una mina de oro para mentores. Encuentra un hilo o comunidad que sea relevante para tu negocio/industria, busca líderes de pensamiento activos y mentores que sean iniciadores regulares de conversaciones, y agrega valor a las discusiones iniciadas por ellos. Así es como construyes tu presencia. ¡No solo le pides algo a alguien, te ganas tu lugar como su aprendiz!

Imagina que estás buscando trabajo y conoces a alguien influyente en una industria donde quieres establecerte. Te presentan a esta persona en un evento de networking/seminario. ¿Qué haces a continuación? ¿Les pides trabajo? ¡Darás la impresión de ser un fracasado total! En su lugar, ¿qué tal si les pides un pequeño favor (revisar tu CV en busca de sugerencias o retroalimentación antes de enviarlo a posibles empleadores)?

De esta manera, presentarás de manera inteligente todo tu conjunto de habilidades ante ellos, al mismo tiempo que permaneces en su mente cuando surge un rol similar. Pueden conocer a alguien que podría necesitar tus habilidades o podrían contactarte para una posición en su organización o la de sus referencias. No pediste directamente al influencer un trabajo pero aún así hiciste avances en el mundo de las oportunidades dentro de su organización o industria. Ser inteligente y recursivo es la clave.

Además, las personas se sienten realmente bien cuando les pides que compartan su opinión sobre algo. Por lo tanto, estás cumpliendo un doble propósito al pedir a mentores de alto nivel que revisen tu currículum.

Hábito 67 - Pasar tiempo con personas activas aumenta nuestra propia energía para hacer.

La investigación ha demostrado que nos volvemos más parecidos a las cinco personas con las que pasamos más tiempo. Obviamente, cuando pasamos tiempo con personas, ya sea que nos guste o no, terminamos absorbiendo su energía a nivel subconsciente. Sucede de forma tan sutil y sin que nos demos cuenta que ni siquiera te das cuenta. Por lo tanto, si pasas más tiempo con personas abrumadas por la inercia, la procrastinación, la pereza, la negatividad, etc., empiezas a pensar y sentir como ellos.

En su lugar, elija a las personas con las que pasa la mayor cantidad de tiempo.

Codearse con personas exitosas y adineradas para adquirir su energía dinámica, mentalidad y acciones. Estar con personas que discuten ideas y soluciones en lugar de problemas. Pregúntate si relacionarte con una persona agrega valor a la búsqueda de ser exitoso y adinerado. ¿Contribuyen a tu crecimiento general?

Me gustaría que hagas un pequeño experimento la próxima vez que estés con un grupo mixto de personas o en una fiesta de oficina. Interactúa con un grupo de personas de alto rendimiento o exitoso y con un grupo de personas que no tienen un rendimiento tan bueno o son de rendimiento promedio. Las conversaciones del primer grupo serán muy diferentes a las del segundo.

Mientras los artistas siempre piensan en su próxima acción, ideas o soluciones, los artistas promedio estarán ocupados culpando al sistema, a otras personas y circunstancias por su inacción. Tendrán un enfoque más reactivo que proactivo.

¡Sus conversaciones se centrarán en excusas y problemas, no en soluciones e ideas!

Pronto aprenderás a distinguir entre estos dos grupos y harás un esfuerzo por mantenerte cerca de las personas exitosas una vez que observes cómo impacta en tus propios pensamientos, acciones, mentalidad y hábitos.

La mayoría de las personas exitosas y ricas no se volvieron ricas y exitosas de la noche a la mañana. Transformaron su vida al llevar a cabo una transformación dentro de su mentalidad. Antes de poder adquirir riqueza y éxito en persona, comenzaron a pensar de manera rica y exitosa. Cuando te relacionas con estas personas ricas y exitosas, desarrollas las mismas ideas ganadoras y mentalidad de encontrar soluciones.

Hábito 68 - Mantente en contacto

No esperes recibir una respuesta con un solo correo electrónico o un comentario en redes sociales. Cuando te acerques directamente a las personas para que sean tus mentores, hay diferentes formas de hacerlo. Probablemente los conociste en un evento de networking y no quieres que te olviden, en cuyo caso puedes enviarles un mensaje o correo electrónico diciendo que fue maravilloso conocerlos y te gustaría mantener el contacto con ellos para futuras asociaciones/colaboraciones.

Deja mensajes en días festivos y festivales para que sigas presente en su conciencia. A veces, cuando pides algo, es posible que no respondan o lo hagan de forma negativa, diciendo que están ocupados. Acéptalo con gracia y diles que comprendes. Intenta enviarles información o enlaces que sean relevantes e interesantes para ellos en el futuro. Intercambiar correos electrónicos sobre recomendaciones de libros, blogs, artículos de periódicos y preguntas es una buena manera de mantenerse conectado con tus mentores.

Es posible que no encuentres a estas personas con frecuencia. Sin embargo, pide amablemente sus sugerencias y aplícalas. Dale tiempo a la relación para crecer. Sin embargo, mantén el impulso manteniendo contacto con ellos regularmente. Si te ofrecen una sugerencia, consejo o recomendación que funcionó, no olvides enviarles un correo mencionándolo. Los mentores estarán aún más motivados para ofrecer sus consejos, sugerencias y recomendaciones a personas que realmente lo aprecian.

Cree razones inteligentes para hacer seguimiento con la persona para mantener la conexión y relación de forma continua. Si discutiste un tema específico con ellos durante tu reunión cara a cara, envíales blogs o artículos relacionados con eso con una nota sobre cómo disfrutaste discutir el tema con ellos y pensaste que podrían encontrar el blog/artículo interesante o valioso. Agrega referencias o fragmentos de la conversación que compartieron ambos.

Nunca olvides enviar una nota de agradecimiento si te hacen un favor o te ofrecen valiosos consejos/sugerencias/recomendaciones. Si algo que los mentores te dijeron funcionó maravillosamente bien, no olvides mencionárselo. Sigue encontrando razones y oportunidades para mantenerte conectado. No tiene sentido construir tu red de contactos sin hacer un esfuerzo por mantenerte en contacto regularmente.

Hábito 69 - Seriedad en tu oficio

Cuando te acercas a alguien que es altamente exitoso en su campo, hay grandes posibilidades de que tomen su oficio muy en serio. Las personas exitosas y con altos cargos desprecian a aquellos que desperdician energía y tiempo.

Tienes que demostrar que tomas en serio tu oficio para que ellos te tomen en serio. Mantén la misma intensidad, pasión, energía y entusiasmo por el trabajo que ellos. Muéstrales cómo estás dispuesto a ir más allá solo para aprender de ellos. Empuja los límites. Deja que tu energía contagiosa y entusiasmo se transmita a los demás.

Hábito 70 - Evita ser un aprendiz pasivo

Conozco personas que creen haber alcanzado el éxito mundial una vez que encuentran un mentor. No funciona así. No eres un aprendiz pasivo. Eres responsable de tus objetivos, nutriendo una relación con tu mentor, buscando activamente sus consejos y asistiendo a eventos siempre que tengas la oportunidad.

Tus esfuerzos no deben terminar una vez que consigas un mentor. Construir una red fabulosa de mentores requiere compromiso, tiempo y energía. A veces, tendrás que viajar a lugares lejanos solo para conocer a alguien a quien siempre has admirado de una industria. Conócete a ti mismo, tus valores y tu estilo de trabajo para obtener el máximo valor de tu relación con el mentor.

Hábito 71 - Encuentra a alguien que llene tus lagunas de habilidades.

No persigas a un mentor que sea tu clon. Por supuesto, quieres encontrar a alguien cuyas ideologías, valores y estilo de trabajo coincidan con los tuyos. Sin embargo, busca a alguien que pueda compensar las lagunas en tus habilidades. Hay valor en hacer que tus fortalezas sean aún más fuertes, pero hay un valor aún mayor cuando alguien puede ofrecerte orientación y consejo en un área en la que claramente estás luchando. Alguien que pueda complementar tus habilidades es un gran mentor.

Construir éxito y riqueza se trata de estar en un constante estado de aprendizaje y de tener a las personas adecuadas a tu alrededor para acelerar el proceso de aprendizaje. Es importante para el mentor complementar tus propias fortalezas.

Por ejemplo, puedes ser un diseñador de aplicaciones maravilloso que diseña las aplicaciones más elegantes con la destreza tecnológica requerida. Sin embargo, es posible que te falte la perspicacia de marketing para promocionar estas aplicaciones a los usuarios. Un buen mentor es alguien que puede intervenir y llenar el vacío para ayudarte a generar mejores ideas de marketing y promoción.

Hábito 72 - Evita seguir a un mentor ciegamente.

Comprende que nadie puede vivir tu vida. Los mentores están ahí para ofrecerte consejos, sugerencias y perspectivas basadas en su experiencia. Sin embargo, éstos pueden no ser adecuados para ti o pueden necesitar ajustes, o quizás necesites desarrollar sus ideas. Los mentores no pueden tomar decisiones amplias ni unilaterales por ti.

Solo pueden ofrecer sugerencias. Si aplicar estas sugerencias y recomendaciones a su empresa/trabajo debe ser su decisión y discreción. El rol de un mentor es más ayudarlo a reflexionar sobre algo, no seguirlo ciegamente.

Hábito 73 - Tómate el tiempo para establecer conexiones genuinas

No pretendas ser una mariposa social saltando de un grupo a otro, dando la impresión de que conoces a mucha gente. Es la calidad de tus conexiones lo que importa, no la cantidad. Tómate el tiempo para hacer conexiones genuinas con cada persona. Explora cómo puedes agregar valor a lo que están haciendo y cómo puedes beneficiarte de su experiencia y conocimientos. No vayas de una persona a otra en un intento por adquirir un montón de tarjetas de negocios. Sin embargo, pasar media hora con un buen contacto es más valioso que pasar 2-3 minutos con 10 contactos.

Aprovecharás al máximo tus oportunidades de networking al enfocarte en contactos genuinos. Identifica a un puñado de líderes, mentores y contactos, y concéntrate en ellos en lugar de adquirir un montón de tarjetas de presentación sin sentido, donde la gente ni siquiera recuerda haberte conocido. Tómate el tiempo para descubrir cómo tú y el líder/mentor pueden agregar valor a los proyectos o negocios del otro. Si les presentas una sólida propuesta de valor, es probable que se asocien contigo de alguna manera u otra.

Construir conexiones se trata de fomentar relaciones. No te olvides de agradecer a tus mentores, influencers o líderes de pensamiento por sus sugerencias, información o ayuda. Toma notas sobre lo que se discutió en tu última interacción con ellos para poder sorprenderlos al hacer referencia a la conversación previa. Esto agrega un toque personalizado a la correspondencia.

Hábito 74 - Intenta ser parte de tantos grupos profesionales como sea posible

Sé parte de grupos profesionales en línea y fuera de línea, organizaciones, asociaciones empresariales, y clubes donde es más probable que se reúnan personas de tu industria. Estos son lugares geniales para encontrarte con personas afines de las que puedes aprender o colaborar en el futuro. No te pierdas eventos de networking empresarial, seminarios, conferencias, charlas, exposiciones, y almuerzos dentro de tu ciudad o industria. Estos son los mejores lugares para conocer gente de tu campo.

Hábito 75 - Ofrecerse como voluntario para acercarse a las personas

Un consejo profesional que puedo ofrecerte para causar una impresión positiva en las personas es ser voluntario. Asume responsabilidades adicionales dentro de tu organización/o fuera de ella o ofrece ayudar al mentor yendo más allá de tu deber. Esta es una excelente manera de llamar la atención de las personas y aumentar tu visibilidad. Cuando haya una oportunidad adecuada para una asociación, alianza o trabajo, tu disposición proactiva aumentará tus posibilidades de ser considerado sobre los demás. Intenta buscar consejos de expertos sobre cómo expandir tu red.

Hábito 76 - Aprovecha el poder de tus contactos sociales al pedir referencias.

¿Recuerdas la regla de los seis grados de separación? Establece que cada persona en el planeta puede estar conectada a otra persona a través de un enlace que consta de un máximo de cinco conocidos o contactos. Significa que estás más cerca de tu mentor de lo que piensas. Simplemente tienes que aprovechar el poder de tu lista de contactos existente para construir más contactos o adquirir un mentor. Conocer gente a través de contactos que ya conoces te ahorra la molestia de acercarte a tu mentor como un desconocido. Si quieres que te presenten a un gran líder o mentor dentro de la industria, pasa un tiempo con personas que lo/la conozcan.

No pidas sus datos de contacto o solicites una cita inmediatamente. Haz una solicitud educada para que te presenten al importante. Busca la función de presentación en LinkedIn, donde los contactos existentes pueden presentarte a nuevos conocidos profesionales.

Cuando ves un grupo grande en un evento de networking empresarial y conoces a algunas personas del grupo, acércate y saluda a las personas que conoces, mientras te presentas a los nuevos conocidos. Intercambia tarjetas de presentación e intenta obtener los detalles de contacto de todos. Por supuesto, este no es el lugar para pedir un trabajo, asociación, mentoría, negocios o cualquier favor. En cambio, pregunta por sugerencias, consejos o recomendaciones de la persona.

Recuerda, estás aprovechando estos contactos para el futuro, lo que significa que los favores inmediatos son un gran no-no. Por ejemplo, si estás buscando un trabajo, no puedes pedirle directamente a alguien un trabajo. En su lugar, puedes buscar su consejo sobre consejos que pueden ayudarte en tu búsqueda de trabajo. Esto te presenta como un profesional menos desesperado y más creíble.

El objetivo principal al relacionarse con las personas antes de acercarse a un mentor debe ser construir una buena relación y desarrollar asociaciones profesionales sostenibles a largo plazo. No busques ganancias rápidas a corto plazo cuando se trata de construir relaciones con mentores o personas influyentes dentro de tu industria.

Sigue preguntando a tus contactos actuales por referencias o presentaciones. Cada persona que conoces a su vez conoce alrededor de 200 personas. No dejes sin aprovechar una fuente de red valiosa. Una de las formas más rápidas de hacer crecer tu red es solicitar recomendaciones a tus contactos actuales. Estarán aún más felices de compartir nombres de su lista de contactos si compartes algunos de la tuya.

Hábito 77 - Consigue un compañero de escucha

Cuando hablas, solo refuerzas lo que ya sabes. Sin embargo,

cuando escuchas, aprendes algo nuevo. Evita hablar demasiado para impresionar a un posible mentor y escucha. Pide el consejo, la opinión y la perspectiva de la otra persona sobre un tema importante dentro de la industria.

Permite que añadan valor a tu conocimiento. Si sigues hablando, la otra persona se dará la impresión de que no estás interesado en lo que están hablando. Además, ofrece indicios verbales y no verbales de que estás escuchándolos atentamente. Los indicios verbales pueden ser "aha", "ohh" y "hmm", mientras que los indicios no verbales de escucha pueden ser asentir con la cabeza. También puedes parafrasear lo que la otra persona dijo para demostrar que has estado escuchándolos activamente. También me gusta hacer preguntas a la persona sobre lo que dijo, no solo para comprobar mi comprensión, sino también para señalar hábilmente que he estado escuchándolos atentamente. A menudo no nos damos cuenta de que nuestras habilidades de escucha impresionan a las personas tanto como nuestras habilidades de habla. Puedes hacer preguntas perspicaces sobre algo que han dicho para dejarlos perplejos.

Consejos para acercarse a influencers y líderes de pensamiento en las redes sociales y otras plataformas en línea

Hábito 78 - Investigación y más investigación

Hay múltiples herramientas como Buzzsumo (con su suite de influencers llena de poder) que te permiten no solo descubrir, sino también contactar y estudiar datos de influencers. Tienen un motor de búsqueda útil que permite a las personas encontrar a los influencers más poderosos en cualquier tema/industria. También hay características adicionales que ayudan con tu plan de alcance. Otra aplicación útil que te permite identificar influencers en redes sociales y monitorear conversaciones es Hootsuite. Puedes crear y guardar una lista de Twitter en la plataforma para rastrear fácilmente los detalles de tus influencers y participación. ¿Qué tal eso?

Hábito 79 - Únete a chats en línea en los que tu influencer objetivo sea especialmente activo.

Hay muchas conversaciones ocurriendo en plataformas en línea si estás tratando de establecer una relación con el influencer deseado y luego participar activamente en las conversaciones. Encuentra las conversaciones más activas y expertos en Reddit, Quora, Grupos de LinkedIn y otros seminarios web de nicho. Identifica dónde pasan tiempo tus influencers y comienza a hacer sentir tu presencia en estas plataformas. Twitter es un buen lugar para comenzar a impresionar a los influencers dentro de tu industria. Organizado por un hashtag, hay muchas conversaciones ocurriendo en el mundo en línea. ¡Encuentra aquellas que sean relevantes para tu industria o área de especialización y arrasa!

Hábito 80 - Contactos mutuos

Esta no es la estrategia más impactante, pero a menudo ignoramos lo básico. Busca cualquier conexión mutua entre tú y el influencer. El mundo es más pequeño de lo que creemos. Acércate a tu propio contacto en redes sociales o seguidor y pídeles que te presenten al influencer. De esta manera no los tomas por sorpresa.

Hábito 81 - Mantenlo organizado

Si estás contactando a muchos influyentes con la esperanza de que uno de ellos acepte ser tu mentor, mantén todo organizado. Lleva un registro de las fechas en las que los contactaste, las conversaciones que tuviste, la fecha/hora en la que te pidieron que les respondieras y más. De esta manera, es probable que impresiones a estos influyentes con tu diligencia y esfuerzos disciplinados. Además, evitarás muchas situaciones incómodas.

Hábito 82 - Prueba MicroMentor o Mentoría de SCORE.

Estas dos son plataformas en línea que brindan a los propietarios de pequeñas empresas y principiantes acceso a un mentor. Puedes encontrar muchos mentores aquí o incluso ofrecerte como voluntario para ser uno tú mismo. SCORE Mentoring cuenta con voluntarios con experiencia en 62 industrias, por lo que hay muchas posibilidades de que encuentres a alguien que conozca tu industria al dedillo. Aprovecha el poder de estas plataformas para encontrar a tus mentores en línea.

Cómo encontrar y retener un mentor - los pasos

La mayoría de las personas no entienden el concepto de mentoría, y eso incluye a mí en mis días iniciales también. A menudo pensamos que la mentoría se trata de nosotros y de encontrar al mejor mentor/maestro. ¡No, necesitas a alguien que no solo conozca bien su oficio, sino también a alguien que invierta en ti y te enseñe. Y finalmente, debes hacer el trabajo, ¡el mentor solo te guiará hacia él! Aquí están mis pasos secretos para no solo conseguir un mentor increíble, sino también para mantenerlo.

Hábito 83 - Busca a alguien a quien quieras emular.

No vayas simplemente a cazar un mentor y tomar el primer pato que encuentres. No solo necesitas a alguien que sea rico, exitoso y bueno en su trabajo. También quieres a alguien cuyos valores, estilo de trabajo y punto de vista coincidan con los tuyos. ¿A quién aspiras a ser como? Encuentra a alguien a quien admires, te guste y con quien te puedas identificar. Tómate tu tiempo para analizar varios candidatos antes de elegir a tu mentor, quien probablemente sea la persona con la que desees estar dentro de unos años.

Hábito 84 - Investiga a la persona

Una vez que hayas identificado a un mentor o un par de mentores, conócelos a fondo. Sigue sus blogs y cuentas de redes sociales. ¿Te gusta su persona pública? Asegúrate de entender sus fortalezas y limitaciones. Mantén expectativas realistas.

Hábito 85 - Programar una reunión

Como discutimos anteriormente, no pidas a la persona que sea tu mentor. En su lugar, prepara una lista de preguntas pero no la saques frente al mentor. Úsala para guiar tus conversaciones, las cuales deberían fluir de forma natural. Adáptate al estilo de comunicación del mentor. Si él/ella es más formal, adopta un enfoque similar. Sin embargo, no caigas en la trampa de actuar como viejos amigos si él/ella actúa súper genial y casual. Evita tomar demasiadas confianzas con tu mentor y mantén la ecuación mentor-mentee en todo momento.

En lugar de solicitar una reunión formal, pide hablar con tu mentor tomando un café o brunch. Que dure menos de un par de horas. La primera reunión debe ser concisa y directa para que estén ansiosos por volver a reunirse contigo. Si te extiendes demasiado, los harás huir.

Hábito 86 - Evaluar la interacción

Una vez que conozcas a esta persona, pregúntate si quieres pasar más tiempo interactuando con ella. ¿Cómo son sus vibraciones? ¿Te hacen sentir positivo, inspirado y motivado para alcanzar tus metas? ¿Te hicieron suficientes preguntas y las correctas? ¿Te dieron respuestas a las preguntas que planteaste? ¿Sentiste una conexión con ellos? ¿Crees que la relación puede continuar en el tiempo? Si la respuesta es mayormente sí, crea un plan de seguimiento.

Hábito 87 - Seguimiento

Bien, ahora esto no es como tener una cita. Puedes parecer entusiasta y ambicioso. De hecho, deberías mostrar un entusiasmo extra por ser el aprendiz de alguien. Solo no parezcas demasiado desesperado. Hay una línea muy fina entre los dos. Haz un seguimiento agradeciendo al mentor por su tiempo, paciencia e ideas. Puedes enviar un correo electrónico o mensaje de texto sin parecer dominante.

Aprovecha esta oportunidad para mencionar que te gustaría volver a verlos. Si él/ella está de acuerdo, toma un calendario y fija una fecha y hora inmediatamente si puedes. Asegúrate de que el mentor esté relajado y no se sienta presionado para ceder a tu solicitud.

Hábito 88 - Deja que la relación se desarrolle de forma natural

No coloques demasiadas expectativas en la mentoría o fuerces la construcción de relaciones. Permítelo evolucionar de forma natural con el tiempo. Es prácticamente como cualquier otra relación, basada en la confianza mutua, lealtad y respeto. Dale tiempo para florecer. Forzar la relación solo matará una relación que de otra manera sería maravillosa.

Capítulo Once: Mantén un Enfoque Proactivo, No Reactivo

Una joven pareja estaba una vez preparando la cena. La mujer cortó los bordes del jamón antes de ponerlo en una bandeja para hornear. Su esposo le preguntó por qué lo hizo, ya que le parecía un desperdicio.

La señora respondió. "Realmente no sé. Corto los bordes del jamón antes de hornearlo porque eso es lo que vi a mi mamá hacer".

La pareja entonces se acercó a la madre de la dama y le preguntaron por qué cortaba los bordes del jamón antes de hornearlo. "No lo sé. Mi madre siempre lo hizo y yo hice lo mismo".

A continuación, van a la abuela de la señora y le preguntan por qué siempre cortaba los extremos del jamón antes de hornearlo. La respuesta llegó de inmediato, "esa era realmente la única forma en la que podía colocar el jamón en mi sartén pequeña."

Esto es más o menos lo que la mayoría de la gente hace en su vida. Viven su vida en piloto automático, haciendo lo que hacen otras personas sin tomar el control de su vida o saber por qué hacen lo que hacen. Caminar dormidos por la vida no te llevará a ningún lugar. Apenas paramos a reflexionar sobre por qué hacemos lo que hacemos. Simplemente reaccionamos a lo que se nos presenta en lugar de ser lo suficientemente valientes como para construir nuestro propio camino. Hay múltiples opciones disponibles para nosotros y en nuestra perspectiva limitada y reactiva de las cosas, no vemos el panorama general.

No hagas lo que otros hicieron con su 'pan'. Tú tienes tu propio, único 'pan'. Sé lo suficientemente proactivo para determinar cómo y por qué haces algo.

Déjame ser cristalino aquí: rara vez vas a construir una vida próspera, exitosa y plena adoptando un enfoque reactivo. Las personas reactivas son guiadas por sus circunstancias externas, otras personas y cosas fuera de su control, lo que significa que si tienes un enfoque reactivo, estás limitando tus posibilidades de éxito. Si tu empresa está en un plan masivo de despidos para reducir costos y pierdes tu trabajo, eso es el fin del mundo para ti. Las personas reactivas responden a las circunstancias y otras cosas más allá de su control, mientras que las personas proactivas aceptan la responsabilidad de sus acciones, independientemente de sus circunstancias, personas y otros factores que están fuera de su control. Ellos sostienen el timón de su vida y la llevan donde quieren, sin importar los baches y obstáculos a su alrededor. En lugar de ofrecer excusas o culpar a las personas o esperar a que una oportunidad llame a su puerta, ¡salen y crean puertas!

Las personas proactivas aceptarán la responsabilidad de sus acciones y se harán responsables de todo lo que hagan. O tienes una razón para tener éxito, donde tienes éxito a pesar de todos los obstáculos, o tienes una excusa para no tener éxito, donde fallas a pesar de que se te hayan ofrecido varias oportunidades. No puedes tener ambas cosas. Las personas reactivas tienen excusas, mientras que las personas proactivas tienen razones convincentes para tener éxito (sus porqués).

Acepta lo que está fuera de tu control y trabaja en ello. Hay algunas cosas que estarán fuera de tu control, por mucho que desees cambiarlas. Tu raza, color de piel, etnia, origen familiar, circunstancias de crecimiento, estatura, lugar de nacimiento o lugar donde creciste y otros. Estos son algunos ejemplos de factores que están fuera de tu control. Simplemente no puedes hacer nada al respecto.

Todo lo que puedes controlar es cómo reaccionas ante ello. Puedes quejarte del hecho de haber nacido en un entorno desfavorecido y racial, o puedes convertir tus supuestas debilidades en fortalezas y llegar a ser un campeón de empatía para personas de diferentes ámbitos de la vida al convertirte en el presentador de televisión mejor pagado, como Oprah Winfrey. Las personas exitosas se dan cuenta bastante pronto de que son responsables de su vida y que la clave para desbloquear su destino soñado está en sus manos.

Sé que algunos de ustedes están pensando, sé que es genial ser proactivo pero me cuesta desarrollar una mentalidad proactiva. No te preocupes, al igual que otras estrategias y principios de éxito, también te tengo cubierto aquí. Aquí están algunos de mis mejores consejos para desarrollar un enfoque más proactivo.

Hábito 89 - Enfócate en soluciones, no en problemas

Una diferencia importante entre las personas reactivas y proactivas es que, mientras las personas reactivas se enfocan en los problemas, las personas proactivas se centran en la solución. Eligen enfocarse en la solución en lugar de obsesionarse con un problema. ¡Todos se enfrentan a desafíos y circunstancias que están más allá de su control! Sin embargo, cómo abordar estos obstáculos es lo que distingue a un ganador de un perdedor. ¡Olvida lo que está fuera de tu control y, en cambio, concéntrate en lo que sí puedes hacer.

En el ejemplo de despido anterior, no puedes controlar la recesión global y el aumento de los costos operativos. Sin embargo, puedes controlar cómo eliges usar el tiempo que tienes disponible una vez que te hayan despedido. Puedes regresar a la universidad, tomar un curso para mejorar tus habilidades, encontrar un trabajo de medio tiempo mientras estudias, construir un negocio en línea desde casa o hacer varias otras cosas similares. Esta es una actitud proactiva. Una actitud reactiva o de víctima sería, "me han despedido o me han afectado las duras condiciones del mercado. No puedo hacer nada al respecto, solo esperar otro trabajo. Este es mi destino miserable." ¿Ves la diferencia? Las personas proactivas nunca se ven como víctimas. Tienen una visión más dinámica, amplia y orientada a la solución de la vida.

Aprende a superar tus desafíos en lugar de culpar a otras personas o circunstancias por ellos. Solo tú eres responsable de lograr tus metas y solucionar tus problemas. Aunque muchas personas te apoyarán y te cuidarán, solo tú eres responsable de tu éxito o fracaso. Asume la responsabilidad de los desafíos en tu vida y conviértelos en oportunidades. Trabaja para resolver tus problemas en lugar de culpar a otros.

Hábito 90 - Construye tu propia suerte

No puedes dormir hasta que llegue la oportunidad adecuada. Tienes que salir y crear tus propias oportunidades. ¿Qué tal dar unos pasos cada día para ser mejor de lo que eras el día anterior mientras avanzas en una trayectoria progresiva y positiva?

Haz un plan en papel sobre dónde quieres estar. Marca hitos para ti mismo con plazos precisos. Las cosas no simplemente suceden porque desesperadamente quieres que sucedan. Suceden cuando tú haces que sucedan.

Hábito 91 - Anticipar el futuro y tener tu plan listo

Las personas proactivas no se quedan sentadas esperando ser arrastradas por la lluvia. Estarán preparadas con sus paraguas. Desarrolla un enfoque más proactivo hacia la vida anticipando el futuro y preparándote para él con bastante anticipación. Al considerar problemas potenciales que puedan surgir en el futuro, puedes planificarlo con suficiente anticipación. Digamos que has planeado unas vacaciones dentro de unos meses. Comienzas a apartar fondos para las vacaciones al reducir gastos en comer fuera y en su lugar optas por comidas caseras o eliges café de la máquina expendedora en lugar de comprarlo en cafeterías.

Esto te ayuda a cuidar tus gastos en comida, viajes y actividades durante el destino. Un enfoque reactivo sería planificar actividades, comida y otros gastos según la cantidad que te quede durante el tiempo de tus vacaciones. El primer punto en el que trabajar para desarrollar un enfoque proactivo es anticipar el futuro y prepararse para él.

Las personas con una mentalidad proactiva tienen una gran perspicacia. Rara vez se ven sorprendidas o se encuentran desprevenidas ante cualquier problema. Comprende cómo funciona todo a tu alrededor. Observa patrones, identifica rutinas regulares y anticipa lo inesperado. ¿Cuáles son las prácticas diarias en tu trabajo o negocio? ¿Cuáles son sus ciclos naturales? ¿Qué factores inesperados pueden impactar tu negocio o trabajo? Aun así, no te restrinjas por el pasado cuando se trata de hacer predicciones o anticipar el futuro.

Utiliza tu imaginación para anticipar resultados futuros. Utiliza una combinación de lógica, ingenio y creatividad. Piensa en varios escenarios de cómo pueden desarrollarse los eventos en el futuro. Algunas de las personas más proactivas que conozco están siempre en movimiento, anticipando, pensando, planeando y ejecutando. Son emprendedores que no creen en quedarse quietos o volverse complacientes.

Hábito 92 - Participar en lugar de ser una audiencia pasiva

¡Sé parte de tantas oportunidades, responsabilidades e iniciativas como sea posible sin agotarte! ¡Si hay una responsabilidad adicional que tomar en tu lugar de trabajo, ofrécete voluntariamente para ello de forma proactiva! ¡Participa en iniciativas de la comunidad, competencias y eventos! ¡No seas un espectador pasivo que simplemente mira a otros hacer su cosa! Levántate, sal ahí y hazte visible. ¡Esta es la única forma de atraer más oportunidades a tu manera, en lugar de sentarte y esperar que sucedan!

Conozco a muchas personas que simplemente se sientan en las reuniones sin agregar ningún valor o sus propias aportaciones, y luego se preguntan por qué no son promovidas. Agrega tus propias ideas a las reuniones y contribuye para añadir valor a cualquier esfuerzo profesional. No sólo escuches o reacciones a las sugerencias de otras personas, añade las tuyas. Observar desde la banda no es lo mejor que puedes hacer si quieres desarrollar un enfoque más proactivo.

Hábito 93 - Evita saltar a conclusiones negativas y gestiona tus reacciones.

Es fácil sucumbir a impulsos emocionales o emitir juicios precipitados. Las personas proactivas rara vez se dedican al pensamiento catastrófico o ceden a sus emociones. Reúne toda la información posible antes de llegar a una conclusión.

Mantén una perspectiva más amplia y abierta para pensar lógicamente y llegar a soluciones más equilibradas.

Así que le enviaste un mensaje a alguien y no te respondió. No asumas automáticamente que te está evitando o que no responde a propósito tus llamadas. Piensa en pensamientos más equilibrados o realistas, como que tal vez estén ocupados, conduciendo o que no tengan su teléfono con ellos en ese momento. Puede haber innumerables posibilidades.

En vez de imaginar lo peor, piensa en posibilidades más realistas. Este es otro súper consejo para construir un enfoque proactivo.

Ser proactivo requiere que te pongas en el lugar de la otra persona para entender las cosas desde su perspectiva. Esto te evita ver las cosas únicamente desde tu perspectiva y te proporciona la capacidad de intentar llegar a una solución.

Hábito 94 - Rodéate de las personas correctas

Rodearte de personas positivas, trabajadoras, inspiradoras y proactivas es una de las mejores formas de desarrollar una mentalidad de ganador. Dedica tu tiempo y energía a personas que están motivadas. No puedes pasar una gran parte de tu tiempo con personas reactivas que se hacen las víctimas y esperar demostrar un enfoque más proactivo. Evita a las personas perezosas, desmotivadas y negativas como si fueran la peste. Te arrastrarán hacia abajo con su mentalidad negativa y serás consumido por su inercia antes de que te des cuenta.

Hábito 95 - Hacer un inventario de tus tareas

Ser proactivo se trata de ser organizado. Esto puede incluir desde tu mentalidad, hasta tu espacio físico de trabajo y tu horario. Organizar tus tareas de forma proactiva permite completarlas de manera más eficiente y te da más tiempo para explorar oportunidades. Lleva una vida equilibrada, programa un tiempo de descanso para el ocio y mantén una perspectiva positiva en general. Evalúa tus responsabilidades. Siempre sé el empleado, trabajador o empresario dispuesto a ir más allá. Una actitud lista y dispuesta te hace más proactivo. Serás visto como alguien en quien se puede confiar. Aquí tienes una lista de preguntas que te puedes hacer para desarrollar una mentalidad más proactiva.

1. ¿Cuáles son tus tareas/objetivos a largo plazo e inmediatos?
2. ¿Cuáles son tus prioridades actuales?
3. ¿Qué tareas puedes consolidar, acortar o descartar por completo?
4. ¿Cómo puedes mantenerte al día con tareas que no son urgentes?
5. ¿Cuáles son las cosas que necesitas aprender para ser excepcionalmente bueno en tu trabajo?
6. ¿Cuál es tu enfoque para resolver problemas?
7. ¿Puedes prever problemas y planificar alternativas y soluciones anticipándote a estos problemas?
8. ¿Puedes automatizar tareas para poder ser más eficiente y ahorrar tiempo?

Como persona proactiva, aprende a cumplir con las tareas. Mantente responsable de completar una tarea. Asegúrate de lograr algo en el tiempo designado. Una de las mejores maneras de aumentar tu responsabilidad hacia el objetivo o tarea es enlistar la ayuda de un compañero de responsabilidad. Esta persona es alguien en quien puedes confiar y que te mantiene responsable por tus acciones, recordándote constantemente tus metas.

Otra forma que funciona maravillosamente bien para algunos es comenzar a escribir un blog de responsabilidad o publicar en redes sociales. Cuando te comprometes públicamente con un objetivo o tarea, hay mayores posibilidades de que los cumplas porque obviamente no quieres ser visto como una persona que no mantiene su palabra o es demasiado perezosa para trabajar en lo que te comprometes. Haz un seguimiento de tu progreso a través de tu blog. Esto no solo te ayudará a mantenerte en el camino hacia tus metas, sino que también se convertirá en un viaje para inspirar a otros.

Hábito 96 - Cuanto más haces, más aprendes.

Me encantaría decirte que el secreto para ser una persona rica y exitosa es solo leer o escuchar eBooks como estos. Desafortunadamente, no funciona así. Puedes adquirir todo el conocimiento e inspiración del mundo, pero es inútil si no lo pones en práctica. El conocimiento adquiere poder solo cuando se pone en acción. Las personas proactivas no solo leen, ven y escuchan cosas inspiradoras para sentarse y incubar huevos. Se esfuerzan por aplicar el conocimiento que adquieren actuando de inmediato. Para ellos, el fracaso es preferible a la inacción.

Cuando las personas proactivas fallan, aprenden una forma más de no hacer algo o se dan cuenta de que necesitan cambiar o replantear su estrategia. Digamos que construyes tu propio blog/página de crianza en Facebook y sigues publicando contenido impresionante en él. Quiero decir, al menos piensas que estás publicando contenido fenomenal. Promocionas tu blog de manera agresiva para dirigirte con láser a un grupo de audiencia adecuado (piensa en padres) usando concursos e invitando a amigos a que les guste tu página. Sin embargo, a pesar de que has construido un seguimiento bastante impresionante en un corto período de tiempo, el blog no presume de un gran compromiso en términos de likes, comentarios, publicaciones de usuarios y conversaciones.

Te das cuenta de que, aunque lograste conseguir rápidamente muchos seguidores a bordo debido a los concursos y las invitaciones de amigos, no atrajiste a un grupo de audiencia realmente interesada, lo que llevó a una baja participación. Probablemente la gente siguió el blog solo para ganar algunos premios o porque se sintieron obligados a hacerlo porque eran tus amigos. Esto lleva a la realización de que necesitas una audiencia realmente interesada en tu blog. Por lo tanto, comienzas a dirigirte a tu audiencia con la publicidad de Facebook. ¿Por qué te estoy contando todo esto? ¿Cómo demonios sabrías qué funciona y qué no si no tomas medidas? Todas las personas exitosas y ricas que han logrado dominar la vida tomaron medidas en la dirección de sus sueños. Intentaron, fallaron, ajustaron, reinventaron, duplicaron y así sucesivamente. Sin embargo, pudieron hacer todo esto solo porque fueron lo suficientemente proactivos para implementar el conocimiento reunido.

¿Cómo sabrías qué funcionó o no funcionó para un blog de crianza si ni siquiera comenzaste uno en primer lugar? Sí, existen otros sistemas para duplicar, pero algunas lecciones internas tendrás que aprenderlas por tu cuenta. Nadie va a compartir todas sus estrategias secretas de éxito contigo. Ni siquiera los mejores mentores. Es tu viaje único, que necesita ser vivido y definido por ti solo al demostrar un enfoque más proactivo. Hay sistemas establecidos pero tendrás que agregarles tu toque basado en tu enfoque, metas e ideales únicos.

En el ejemplo anterior, si simplemente hubieras leído sobre cómo construir un blog en Facebook y no hubieras actuado por miedo a no generar suficiente, ¿habrías aprendido la manera correcta de hacerlo? No tuviste éxito de inmediato. Sin embargo, ¿no obtuviste ideas sobre lo que no funciona? ¡Ahora estás armado con conocimiento y sabiduría sobre cómo construir una comunidad de seguidores más comprometida en Facebook! No dejes que el miedo al fracaso te sumerja en la inacción. No aprenderás nada si ni siquiera lo intentas.

Sé proactivo acerca de tus fracasos. En su exitoso libro Cómo Ser una Jefa, la estrella de YouTube y entertainer Lily Singh menciona cómo nunca logra hacer la tortilla perfecta. Según su propia confesión, los huevos siempre se rompen "en al menos tres pedazos".

Después, en lugar de abandonar la tortilla menos que perfecta, se da el gusto de comerse unos huevos revueltos rompiéndolos en trozos aún más pequeños con una espátula.

¿Por qué el fracaso debería significar el callejón sin salida para una idea, empresa o proyecto? Reúne tu omelet imperfecto y conviértelo en deliciosos huevos revueltos siendo más proactivo. A veces, puede que tengas que empezar de nuevo después de presenciar el fracaso. Sin embargo, a veces el fracaso también puede ser la puerta de entrada al éxito inesperado. Esto sucederá más probablemente solo cuando tengas un enfoque más proactivo para abordar los desafíos por los cuernos en lugar de adoptar un enfoque reactivo, donde culpas a todo lo que te rodea por tus fracasos.

Capítulo Doce: Construye tu músculo de perseverancia

"No temo al hombre que ha practicado 10,000 patadas una vez, pero temo al hombre que ha practicado una patada 10,000 veces." - Bruce Lee

Aquí hay algunas formas poderosas de fortalecer tu perseverancia y determinación.

Hábito 97 - Empújate un poco más cada día

Haciendo pequeños incrementos en tu progreso diario es una gran manera de construir la perseverancia. Digamos que caminas 2 millas cada día o haces 100 flexiones al día. Intenta aumentar este número gradualmente. Camina media milla adicional o intenta acomodar 110 flexiones en tu entrenamiento. Pequeñas vueltas aumentarán tu capacidad para correr por más tiempo sin sentirte exhausto. El objetivo es empujarte a ti mismo a hacer más al salir de tu zona de confort. Si te sientes cómodo escribiendo 15 páginas al día, esfuérzate por hacer 17-18. Gradualmente, aumenta esto a 20 páginas al día. Sigue construyendo tu capacidad para sostener. Empújate poco a poco para evitar el agotamiento.

Hábito 98 - Afronta cualquier crisis de manera lógica, equilibrada y tranquila.

No hay necesidad de crear una telenovela o saga de todo en tu vida. Enfrenta los desafíos de manera lógica y racional. El estrés es un componente inevitable de la vida de cualquier persona exitosa. Donde hay éxito, riqueza y gloria, siempre habrá responsabilidad adicional, agotamiento y estrés. A veces, las circunstancias están fuera de nuestro control. Sin embargo, la manera en que decidimos responder a nuestras circunstancias determina la influencia que tienen sobre nosotros.

Hábito 99 - Desarrollar un sólido sistema de apoyo

Construye un sistema de apoyo positivo, poderoso e inspirador para obtener fuerza cuando sea necesario. Durante tiempos difíciles, deberías poder compartir tus sentimientos con un grupo de personas unidas, confiables y alentadoras. Intercambia tus pensamientos, solicita su apoyo, conoce acerca de su trayectoria, recibe retroalimentación positiva, obtén apoyo y habla sobre posibles soluciones. Terminarás obteniendo una perspectiva completamente diferente sobre una situación.

Hábito 100 - Habla regularmente con personas que te inspiren.

Hablar con personas de confianza puede ofrecerte nuevas perspectivas, visiones y soluciones sobre los desafíos, lo cual a su vez aumenta tu fuerza de perseverancia. Simplemente pasar el tiempo con personas que son positivas, inspiradoras y solidarias te ayuda a superar situaciones negativas y perturbadoras. Cuando estás lleno de dudas sobre ti mismo, estas personas de apoyo disiparán tus ideas incorrectas al animarte. Te ofrecerán una evaluación de la realidad más equilibrada y menos catastrófica.

Hábito 101 - Tomarse un descanso

Si tus desafíos parecen demasiado abrumadores para continuar, descansa un rato o toma un breve descanso en lugar de rendirte. Imagina si estuvieras a solo centímetros del éxito o de tu destino después de haber caminado varios miles de millas, y te das por vencido solo porque estás cansado de seguir caminando. ¿Qué tan desafortunado sería eso? El éxito a menudo está más cerca de lo que creemos. Si solo hubieras dado los últimos pasos, habrías tenido un gran éxito. Cuando algo no logra los resultados previstos, prueba tomar un descanso y cambiar de estrategia en lugar de simplemente rendirte. Aborda la tarea con una perspectiva fresca y totalmente nueva después de un descanso. El verdadero éxito llega a las personas que evitan rendirse.

Una de las autoras más vendidas y ricas de todos los tiempos del mundo, J.K. Rowling (fama de Harry Potter), tuvo su manuscrito de Harry Potter rechazado por 12 editoriales antes de que Bloomsbury decidiera continuar con la publicación de algunas copias. ¿Habría alcanzado la riqueza, gloria y éxito que tiene hoy en día si hubiera dejado que esos 12 rechazos determinaran su destino? ¿Disfrutarían varios millones de lectores en todo el planeta de su escritura si hubiera permitido que un puñado de personas evaluara su habilidad?

Independientemente de los fracasos pasados, el éxito puede estar mucho más cerca de lo que crees. Tómate un descanso si te sientes cansado o estresado. Sin embargo, no te rindas. No tendríamos nada, desde Windows hasta Disneyland, pasando por la bombilla, los aviones, Facebook e iPhones, si sus fundadores se hubieran rendido debido a los fracasos y decepciones iniciales. En lugar de ver los fracasos como obstáculos para tu éxito, vístalos como escalones que te acercan al éxito.

Imagina un escenario en el que se te pida recorrer una distancia considerable a pie. Sigues caminando una larga distancia pero te sientes cansado después de un rato. ¿Qué haces? ¿Vuelves todo el camino o simplemente te detienes un rato y continúas? ¡El viaje de tu vida no es diferente. El éxito puede estar más cerca de lo que piensas!

Hábito 102 - Desarrollar una mentalidad de solución

La razón por la que algunas personas son superadas por sus problemas es porque lo ven simplemente como eso - un problema o un obstáculo. Mira los desafíos y obstáculos desde una perspectiva de soluciones. La falta de habilidad para encontrar soluciones es lo que lleva a las personas a tirar la toalla. Cuando te enfrentas a un desafío, haz una lluvia de ideas. Piensa en un montón de soluciones, ideas y posibilidades para resolverlo. Tal vez necesitas un cambio en el enfoque o un pequeño ajuste en la estrategia. Identifica diferentes maneras de superar una situación desafiante o abrumadora.

De hecho, ve un paso más adelante y piensa en soluciones para problemas o desafíos que puedan surgir. ¡Ten soluciones y un plan B listos! Tu confianza aumentará cuando tengas soluciones más prácticas y viables a tu disposición. Desarrolla la habilidad de pensar en soluciones creativas.

Hábito 103 - Desarrollar un sentido del humor

Esto es tan fácil y agradable, sin embargo, la gente no logra sacar provecho de ello. Cuando llegan tiempos difíciles, el humor puede ayudarte a sobrellevarlos. Mirar el lado más ligero de la situación ayuda a superar el estrés y la ansiedad relacionados con ella. Reúnes una perspectiva diferente y refrescante sobre los desafíos.

De manera similar, cuando vemos una película graciosa, leemos un libro divertido, asistimos a un espectáculo de comedia en vivo o pasamos tiempo con personas graciosas, nuestros niveles de dopamina (hormona del bienestar) aumentan. Esto, a su vez, refuerza el mecanismo de defensa de tu cerebro. Encuentra un equilibrio entre situaciones difíciles y cosas placenteras que te alejen de la desesperación y la depresión. No dejes que las situaciones negativas te consuman o las tomes cada vez más en serio.

Mira el lado más brillante y ligero de las cosas y ríe. Desarrollar un sentido del humor puede que no haga que tu problema sea más pequeño. Sin embargo, aumentará tu capacidad para enfrentar el desafío. La riqueza y las personas exitosas entienden que el camino hacia el éxito está lleno de desafíos, y tienen sus mecanismos de afrontamiento listos.

Hábito 104 - Desarrolla una perspectiva positiva sobre tus habilidades y capacidades.

La autoestima y la imagen personal de una persona impactan, en gran medida, en su capacidad para mantenerse perseverante. Recuérdate a ti mismo tus fortalezas, logros, habilidades y momentos gloriosos. Haz una lista de las situaciones desafiantes a las que te enfrentaste anteriormente y cómo las superaste. Encuentra inspiración en momentos positivos.

Hábito 105 - Inscríbete en clases de hablar en público

Inscríbete en cursos de oratoria para aumentar tu confianza. Asiste a eventos de networking, seminarios y talleres para conocer personas positivas que te hagan sentir bien contigo mismo. Del mismo modo, domina nuevas habilidades que aumentarán tu confianza, autoestima y fuerza de voluntad. A veces, todo lo que necesitas es un poco de creatividad desahogante. Intenta redecorar un espacio, escribir un cuento corto o componer un poema.

Hábito 106 - Observa tu diálogo interno

¿Cómo es tu diálogo interno? Si no está alineado con la positividad, la riqueza y el éxito, es mejor que lo sintonices a otra frecuencia. Nuestro diálogo interno puede hacer o deshacer nuestras posibilidades de éxito. Puede ayudarte a sobrellevar situaciones difíciles o hundirte en el fracaso. Modifica tu diálogo interno para el éxito haciéndolo más constructivo y positivo. Seguramente has escuchado la famosa cita, "los pensamientos se convierten en cosas". ¡Si tu diálogo interno es más derrotista, el éxito definitivamente te evadirá!

En lugar de decir, "Nunca podré hacer esto", di, "Puede que no sea fácil pero eso no me impide dar lo mejor de mí. Solo es cuestión de tiempo que lo domine".

Detente en seco con una acción física (ponte una banda de goma en la mano, pellízcate, date un golpe en la cabeza, muerde tu lengua - haz lo que quieras) cada vez que te involucres en pensamientos negativos o de no poder hacer algo.

Reemplace palabras y frases negativas con términos más positivos. Deje que su voz interior lo guíe hacia la positividad y las posibilidades. Evite hablar en términos fijos o absolutos como que algo nunca se puede hacer. Mantenga abiertas las opciones y explore alternativas. Dígase a sí mismo, "cada paso me acerca más a mi sueño" o "estoy verdaderamente feliz y agradecido de poder aprender esta lección".

Otra cosa a tener en cuenta es no catastrofizar eventos o imaginar lo peor. Unos desafíos y fracasos en el pasado no significan que fallarás en todo lo que hagas. Esto no es pensar de manera realista. ¡No permitas que unos desafíos desalienten tu espíritu! Evita personalizar tus fracasos o culparte a ti mismo por ellos. Supéralos encontrando pruebas en sentido contrario. Piensa en todas las veces que has tenido éxito. Cada vez que creas que algo no se puede hacer, vuelve a un momento en que creíste que no podías hacer algo y terminaste dominándolo.

¿Cuál es la fuente principal de tu diálogo interno negativo? ¿Proviene de las personas que te rodean? ¿Estás pasando más tiempo con personas que te instan a renunciar a tus sueños? ¿Están minando tu autoestima y autovaloración al dudar de tus habilidades? Cuando las personas dicen que algo no se puede hacer, están hablando de su propia incapacidad para hacerlo. Eso no necesariamente define tus habilidades. Aléjate de las personas que te desvían de tus metas porque inevitablemente afecta tu diálogo interno.

Hábito 107 - Di tus afirmaciones

Las afirmaciones son declaraciones positivas poderosas que se pronuncian repetidamente para ayudar a implantar una idea o meta en la mente subconsciente. Este proceso permite que la mente subconsciente crea en estas ideas/metas, y alinee tus acciones con ellas. La clave es seguir diciendo en voz alta estas afirmaciones o escribiéndolas continuamente para que el subconsciente las acepte como tu realidad última.

Cuando decimos algo repetidamente, nuestras palabras tienen un impacto tremendo en la mente subconsciente. Hay ciertas vibraciones energéticas asociadas con palabras específicas, que crean imágenes mentales positivas y empoderadoras o imágenes negativas y derrotistas. La frecuencia energética que alimentamos a nuestra mente a través de palabras y frases que usamos continuamente finalmente impacta nuestras acciones. Por lo tanto, al alimentar imágenes mentales empoderadoras, estamos canalizando nuestra mente subconsciente para el éxito, la riqueza y el dominio de la vida.

Comience de inmediato. Empiece por crear una declaración positiva sobre un aspecto de su vida que desee cambiar. Por ejemplo, si desea desarrollar una actitud más proactiva y emprendedora cuando se trata de reconocer y aprovechar oportunidades, intente decir: "Soy una persona proactiva y orientada a la acción que siempre está lista para identificar y aprovechar nuevas oportunidades".

De manera similar, si quieres ganar dinero, tu afirmación puede ser algo así como, "Soy un imán de dinero poderoso. El dinero viene a mí sin esfuerzo." Si deseas desarrollar una mayor confianza o autoafirmación, di algo como, "Soy una persona segura de sí misma, asertiva y confiada que tiene control sobre las personas y situaciones."

Conclusión

Gracias por descargar este libro.

Espero que haya podido ayudarte a aprender más sobre la autodisciplina y las estrategias prácticas a través de las cuales puedes comenzar a implementar disciplina y hábitos positivos en tu vida de inmediato. He incluido innumerables planes de acción, estrategias prácticas y técnicas comprobadas para construir hábitos ganadores, que pueden ayudarte a lograr todos tus objetivos.

El libro está repleto de numerosos consejos para la gestión del tiempo, la redacción de objetivos, el aumento de la productividad, la lucha contra la procrastinación y otros valiosos trucos para construir hábitos que te ayudarán a adentrarte en el camino de la autodisciplina de inmediato.

El siguiente paso es tomar acción. Una persona que no lee es igual que una persona que no puede leer. De la misma manera, el conocimiento sin acción es inútil. Uno no puede lograr la autodisciplina solo leyendo sobre ella y sintiéndose genial. ¡Tienes que salir ahí afuera y ponerlo en práctica para que funcione! ¡Tienes que esforzarte y darlo todo para salir victorioso!

Por último, si disfrutaste leyendo el libro, por favor tómate un tiempo para compartir tus opiniones y publicar una reseña. Sería muy apreciado.

¡Aquí hay un brindis por una vida más gratificante, plena, realizada y llena de hábitos positivos!

www.ingramcontent.com/pod-product-compliance
Lightning Source LLC
Chambersburg PA
CBHW052130070526
44585CB00017B/1769